청소년을 위한
# 데일카네기 불후의 3부작

인간관계론 · 자기관리론 · 성공대화론

청소년을 위한
# 데일카네기 불후의 3부작
인간관계론 · 자기관리론 · 성공대화론

| | |
|---|---|
| **초판 발행** | 2024년 12월 07일 |
| **초판 인쇄** | 2024년 12월 12일 |

| | |
|---|---|
| **지은이** | 데일카네기 |
| **편역** | 콘텐츠랩 |
| **표지 일러스트** | 지연 |
| **디자인** | 김명선 |
| **펴낸이** | 김태헌 |
| **펴낸곳** | 핑크물고기 |

| | |
|---|---|
| **주소** | 경기도 고양시 일산서구 대산로 53 |
| **출판등록** | 2021년 3월 11일 제2021-000062호 |
| **전화** | 031-911-3416 |
| **팩스** | 031-911-3417 |

# 데일카네기 인간관계론

# Contents

## 제4장 불만 없이 사람들을 변화시키는 9가지 방법

# 내가 이 책을 쓴 이유

　나는 오래전부터 미국 뉴욕에서 강연 활동을 해왔습니다. 그 내용은 대중 앞에서 침착하고 분명하게 자신의 생각을 전달하는 방법에 관한 것이지요. 그런데 나는 강의를 할수록, 사람들에게 그보다 먼저 해결해야 할 과제가 있다고 깨달았습니다. 그것은 바로 다른 사람들과 잘 지내기 위한 '인간관계' 훈련이지요. 정말이지 많은 사람들이 타인을 사귀는 데 필요한 이해심과 기술이 부족했거든요.

　단지 어른들뿐만 아니라 청소년들에게도 인간관계는 매우 중요한 문제입니다. 엔지니어를 예로 든 카네기교육진흥재단의 연구에 따르면, 전문 지식이 성공에 끼치는 영향은 15퍼센트이고 나머지 85퍼센트는 인간관계의 기술이 좌우한다고 하지요. 그와 마찬가지로 청소년 여러분이 좋은 친구들을 곁에 두기 위해서는 재능이나 성격 못지않게 인간관계에 대한 이해와 기술이 중요하다고 할 수 있습니다.

　미국의 석유 사업가 존 록펠러는 "사람을 다루는 능력도 커피나 설탕 같은 상품입니다. 나는 그 능력에 세상 다른 어떤 것보다 더 많은 돈을 지불할 준비가 되어 있지요."라고 말했

15

습니다. 그야말로 사업가다운 발상이기는 하지만, 다른 사람들과 함께하는 인간관계 능력이 그만큼 중요하다는 뜻이지요. 다른 사람들을 설득하고, 나아가 다른 사람들이 내게 호감을 갖게 하는 것이 대단한 능력이라는 의미입니다.

그럼에도 우리 주변에서 인간관계의 훈련에 대해 제대로 설명한 책은 찾아보기 어렵습니다. 서점에 가면 수많은 도서들을 만날 수 있지만, 다양한 자료를 바탕으로 인간관계에 대해 꼼꼼히 설명한 책은 거의 없지요. 청소년을 위한 책은 말할 것도 없고요. 그래서 나는 '친구를 사귀고 사람을 설득하는 법'에 대해 강연하기 시작했습니다. 그런 다음 강연 자료를 차곡차곡 모으고 분석해 내 나름대로 인간관계에 관한 규칙을 만들었지요. 그 결실이 다름 아닌 이 책입니다. 그동안 '데일 카네기의 인간관계론'은 전 세계 독자들에게 큰 사랑을 받았고, 이렇게 청소년를 위한 책으로까지 탄생하게 됐지요.

일찍이 영국의 교육철학자 허버트 스펜서는 "교육의 가장 큰 목적은 지식이 아니라 행동이다."라고 강조했습니다. 그의 말처럼 이 책 『청소년을 위한 데일 카네기의 인간관계론』에 담긴 지식도 청소년 여러분의 성장에 실질적이고 현실적인 도움이 되기를 바랍니다. 청소년 여러분이 이 책을 통해 배우게 될 바람직한 인간관계를 적극적으로 행동에 옮기면 좋겠습니다.

– 데일 카네기

## 이 책을 읽으면서 꼭 실천해 봐요!

1. 인간관계에 관한 규칙을 확실히 공부하겠다는 열정을 가져요.

2. 다음 장으로 넘어가기 전에 앞의 내용을 두 번씩 훑어봐요.

3. 이 책에서 설명한 규칙들을 어떻게 생활에 적용할지 생각하는 시간을 가져요.

4. 중요한 아이디어에는 밑줄을 그어 놓아요.

5. 이 책을 다 읽고 나서도 가까운 곳에 두고 틈틈이 복습해요.

6. 모든 인간관계에 이 책의 내용을 적용하려고 노력해 봐요.

7. 이 책을 읽으면서 내가 어떻게 달라지는지 가까운 친구들에게 물어 봐요. 친구들의 반응이 나의 발전에 도움이 될 거예요.

8. 나의 변화를 스스로 확인해 봐요. 어떤 실수를 하고, 어떤 효과가 있는지, 미래를 위해 어떤 교훈을 얻었는지 스스로에게 묻고 대답해 봐요.

9. 언제, 어떻게 이 책의 규칙을 적용했는지 일기장에 기록해 봐요.

# 제 1 장

# 인간관계의 **기본 규칙**

**첫 번째 이야기** 꿀을 얻으려면 벌집을 걷어차지 마
**두 번째 이야기** 인간관계의 비결
**세 번째 이야기** 상대방이 바라는 게 뭘까?

# 꿀을 얻으려면 벌집을 걷어차지마

이번 이야기의 제목은 무척 상징적입니다. '꿀을 얻으려면 벌집을 걷어차지 마.'라는 말은 다른 사람을 함부로 비난해 인간관계를 망치지 말라는 뜻이지요. 왜냐 하면 인간은 스스로 자기 잘못을 잘 깨닫지 못하는 존재니까요. 거기에 대고 비난을 퍼부어 봤자 반성은커녕 반발심만 불러일으키게 마련입니다.

오래전 미국 뉴욕에서 살인범 크로울리가 경찰 특공대에 붙잡혔습니다. 그는 며칠 전 운전면허증을 보여 달라는 경찰관을 다짜고짜 총으로 쏴 살해했지요. 하지만 크로울리는 자신의 죄를 뉘우치지 않았습니다. 법원에 보내는 탄원서에 "내안에는 지쳐버린 연약한 마음이 있다. 어느 누구도 해치고 싶어 하지 않는 마음이다."라고 쓰기까지 했지요. 그럼에도 사형

판결이 내려지자 "이것이 정당방위를 한 대가란 말인가?"

하며 억울한 표정을 지었습니다.

앞서 말했듯, 인간은 스스로 자기 잘못을 잘 깨닫지 못하는 존재입니다. 어떤 사람들은 살인과 같은 명백한 죄를 짓고도 반성하지 않지요. 어떻게든 자신의 행동을 정당한 것으로 포장하며 다른 이들의 비난을 결코 받아들이려 하지 않습니다.

내가 아는 사업가 존 워너메이커는 이렇게 고백한 적이 있습니다.

"나는 이미 30년 전에 남을 꾸짖는 것이 어리석은 일이라는 것을 깨달았다. 나는 다른 사람들의 말과 행동을 답답해하며 한탄하느니 나의 부족함을 이겨내는 데 더 많은 노력을 기울여왔다."

나는 그의 말이 옳다고 생각합니다. 다른 사람을 비난해 봐야, 그가 곧 방어 태세를 띠며 자신을 변호하려고 애쓰기 때문에 전혀 얻을 것이 없지요. 섣부른 비난은 타인의 소중한 인격에 흠집을 내고 자존심에 상처를 내 분노를 불러일으킬 뿐입니다. 누군가를 막 비난한다고 해서 나의 기분이 좋은 것도 아니고요.

그래서 나는 다른 사람에 대한 비난을 삼가는 것이 인간관계를 좋게 만드는 중요한 규칙 중 하나라고 강조하고 싶습니다. 여기에는 서로 믿지 못해 자꾸 상대방에게 잔소리하고 상처 주는 가족 관계나 툭하면 거친 욕설을 퍼부으며 심술궂게 행동하는 친구 관계 등도 포함되지요. 그들은 서로에 대한 비난부터 멈춰야 행복한 가정, 우정 어린 친구 사이로 변화할수 있습니다. 다른 사람을 비난하는 것이 얼마나 소용없는 짓인지는 역사에서도 그 사례를 어렵지 않게 찾아볼 수 있지요.

그중 미국의 제16대 대통령이었던 에이브러햄 링컨의 일화를 이야기해볼까요?

링컨은 젊은 시절 남을 자주 비난하는 성격이었습니다. 말로써 이웃사람들을 비난했을 뿐만 아니라, 그들을 조롱하는 편지나 시를 써서 길거리에 놓아두고는 했지요. 그 때문에 링컨에게 증오심을 품은 사람이 한둘이 아니었습니다.

그러던 1842년 가을, 링컨은 허세 잘 부리고 시비걸기 좋아하는 정치인 제임스 쉴즈를 조롱하는 익명의 투고를 한 잡지사에 보냈습니다. 그 글이 실리자 사람들은 쉴즈를 볼 때마다 히죽히죽 비웃어댔지요. 머리끝까지 화가 난 쉴즈는 링컨이 그 원고를 쓴 것을 알아내 결투를 신청했습니다. 링컨은 싸우고 싶지 않았지만 피할 방법이 없었지요. 자칫 목숨을 잃을지 모를 위기였습니다. 다행히 쉴즈의 동료들이 싸움을 말려 가까스로 결투가 중지됐지요.

링컨은 그 일을 통해 큰 교훈을 얻었습니다. 그 날 이후 링컨은 남을 비웃거나 모욕하는 글을 쓰지 않았지요. 그 원칙은 대통령이 되고 나서도 어김없이 지켜졌습니다. 그는 마음 깊이 "남의 비판을 받고 싶지 않으면 남을 비판하지 말라."는 다짐을 새겼지요. 어쩌다 자기 부하가 다른 사람과 갈등을 일으키면 "그 사람을 비난하지 말게. 자네나 나도 비슷한 상황에 놓였다면 그와 같이 행동했을 걸세."라며 다독였습니다.

링컨의 달라진 성품은 1863년 게티즈버그 전투에서 다시 한 번 확인할 수 있었습니다. 당시 조지 미드 장군이 지휘하던 북부군은 로버트 리 장군이 이끌던 남부군을 맹렬히 압박했지요. 조금만 더 밀어붙이면 북부군의 승리로 전쟁이 끝날 상황이었습니다. 링컨은 서둘러 전령을 보내 미드 장군에게 명령했지요.

"장군, 절대로 이번 기회를 놓치지 마시오. 때마침 폭우가 쏟아져 강물이 불어나는 바람에 남부군은 달아날 길도 막혀 버렸소. 그러니 작전 회의나 하며 시간을 보내기보다 당장 총공세를 펼쳐 남부군을 무찌르시오! 리 장군을 생포할 수만 있다면, 남부군은 완전히 전의를 상실해 무릎을 꿇을 거요."

그런데 미드 장군은 링컨의 명령을 곧바로 따르지 않았습니다. 그는 군사들의 안전을 염려해 고민하고 또 고민했지요. 대통령에게는 좀 더 완벽하게 준비한 다음에 공격하는 편이 낫겠다고 의견을 전했습니다. 하지만 하늘까지 도운 그 기회가 영원하지는 않았지요. 머지않아 비가 그치고 강물의 수

위가 낮아지자, 리 장군은 캄캄한 밤을 이용해 남부군을 모두 데리고 도망가 버렸습니다. 북부군으로서는 두 번 다시 찾아오기 어려운 절호의 기회를 어이없이 놓친 것이지요. 그 소식을 전해들은 링컨은 몹시 화가 났습니다. 그는 곧 미드 장군을 꾸짖는 편지를 썼지요.

**'친애하는 조지 미드 장군께.**
내가 판단하기에, 장군은 이번에 남부군을 섬멸하지 못한 것이 우리에게 얼마나 큰 불행인지 잘 모르는 것 같습니다. 적군의 리 장군을 생포하기만 했어도 승전고를 울렸을 텐데, 그 좋은 기회를 놓쳤으니 또다시 언제 전쟁이 끝날지 알 수 없게 됐습니다. 나는 앞으로 장군에 대해 어떠한 기대도 하지 않겠습니다. 그렇게 좋은 기회를 날려버린 장군이 어디에서, 어떻게 전투를 승리로 이끌 수 있겠습니까? 장군은 분명 두 번 다시 찾아오지 않을 승전의 기회를 허무하게 망쳐 버렸습니다. 나는 말로 표현할 수 없는 엄청난 실망감을 느끼고 있습니다. 그 책임은 전적으로 장군이 져야 합니다.'

이 편지를 받아든 미드 장군의 심정이 오죽했을까요?
하지만 놀랍게도, 미드 장군은 편지를 받지 못했습니다. 왜냐 하면 링컨이 편지를 보내지 않았으니까요. 편지는 링컨이 죽은 뒤 그의 서류함에서 발견되었습니다. 나는 그 사실을 알고, 편지를 다 쓴 링컨이 창문 밖을 내다보며 깊은 생각에 잠긴 장면을 상상해 봤지요.

'잠깐, 이렇게 서두르지 않는 것이 좋겠어. 평화로운 대통령 집무실에 앉아 전쟁터의 장군에게 공격하라고 명령하는 것은 쉬운 일이지. 내가 직접 게티즈버그에 가서 병사들의 어려움을 살폈다면, 쉼 없이 들려오는 부상자들의 신음 소리와 전사자들의 시신을 보았다면, 그처럼 간단히 공격 명령을 내리지는 못했을 거야. 그래, 모두 지난 일이야. 내가 이 편지를 보내고 나면 화가 좀 가라앉겠지만, 오히려 미드 장군은 자신의 실수를 정당화하며 나에 대한 불만만 키우겠지. 어쩌면 서운한 마음이 들어서 사령관 직을 내려놓고 군대를 떠나려고 할지도 몰라.'

그래서 결국 링컨은 애써 쓴 편지를 서류함에 그대로 넣어두지 않았을까요? 그는 이미 여러 경험을 통해 비난과 꾸짖음이 대개의 경우 아무 소용도 없다는 것을 깨달았으니까요.

혹시 청소년 여러분도 주변의 어떤 친구를 비판하고 나무라서 다르게 변화시키고 싶은가요? 좋아요! 하지만 그보다 먼저 자신을 바꿔보는 것이 올바른 순서가 어떨까요? 다른 사람을 바꾸려고 하는 것보다 자기 자신을 바꾸는 것이 훨씬 쉬운데다 얻는 것도 더 많을 테니까요. 영국의 시인 로버트 브라우

닝은 "인간은 자기 자신과 싸움을 시작할 때 가장 가치 있는 사람이 된다."라고 말했습니다. 중국의 사상가 공자는 "내 집 앞이 더러운데 옆집 지붕에 눈 쌓인 것을 탓하지 말라."라고 했지요.

인간은 나쁜 짓을 해놓고도 반성하기는커녕, 자신이 아닌 다른 사람들 탓을 한다고 생각 들 때가 많습니다. 살인범 크로올리의 뻔뻔함이 특별한 것만은 아니지요. 그런 경우 타인을 향한 비난은 '집비둘기'와 같다고 비유할 수 있습니다. 집비둘기는 언제나 자기 집으로 돌아오는 법이니까요. 우리가 아무리 정당한 비판을 하고 잘못을 바로잡아 주려고 해도 사람들은 이런저런 핑계를 대며 오히려 비난의 화살을 되돌리기 십상입니다. 안타깝지만, 그것이 현실일 때가 적지 않지요. 따라서 다른 사람들에 대한 비난은 매우 신중해야 합니다.

그리고 나 아닌 누군가를 비난하고 싶은 마음이 생길 때는 그보다 먼저 그 사람을 이해하려는 노력이 필요합니다. 그 사람이 왜 그렇게 말하고 행동하는지 따뜻한 마음으로 살펴볼 줄 알아야 하지요. 그런 과정을 통해 '공감'과 '관용'을 이룰 가능성이 높아집니다.

# 인간관계의 비결

사람을 움직이게 하는 방법은 하나밖에 없습니다. 그렇게 되도록 스스로 마음먹게 하는 것이지요. 다른 방법은 없습니다. 물론 겁을 먹게 하거나 엄포를 놓아 강제로 움직이게 할 수는 있지요. 하지만 그것은 언젠가 격렬한 저항을 불러오게 마련입니다. 그러므로 사람을 움직이려면 스스로 마음먹게해야 하고, 그러려면 그 사람을 진심으로 존중해 줘야 합니다.

미국의 심리학자 존 듀이는 인간이 '중요한 존재로 인정받으려는 욕망'이 아주 크다고 주장했습니다. 그러니까 사람들은 너나없이 다른 사람들로부터 인정받아 '자아존중감'을 느끼고 싶어 한다는 말이지요. 그것이 바로 스스로 움직이기 위해 사람들이 바라는 것입니다.

자신의 가치를 인정받으려는 욕구는 인간과 동물을 구분 짓는 중요한 특징입니다. 만약 인간에게 그런 심리가 없다면 오늘날과 같이 문명 발달을 이룰 수 없었겠지요. 문명이 없으면 인간도 동물과 다를 바 없습니다.

사람들 개개인의 삶을 살펴봐도 마찬가지입니다. 따지고 보면, 찰스 디킨스가 불멸의 소설을 쓰게 된 것도 사람들에게 인정받고 싶은 욕구 때문입니다. 영국의 건축가 크리스토퍼 렌이 세인트폴 대성당 같은 위대한 건축물을 만든 것도, 존록펠러가 석유 사업을 벌여 평생 쓸 수도 없을 만큼 큰돈을 번 것도 다 그런 심리 때문입니다. 물론 그와 같은 욕망이 꼭 거창한 결실을 맺는 것은 아닙니다. 그저 남들보다 좋은 옷을 입고, 좀 더 넓은 집에 살며, 거리낌 없이 자식 자랑을 하는 유치한 과시욕도 모두 타인에게 인정받으려는 욕망에서 비롯됩니다.

심지어 중요한 존재로 인정받으려는 욕망이 실패한 경우, 사람들은 환상에서라도 그 꿈을 이루려고 합니다. 그래서 안타깝게도 현실에서 도피하려 하거나, 일부는 심각한 정신 질환에 시달리기도 하지요. 그만큼 인간은 다른 사람들에게 자신을 인정받고 싶은 욕망이 큰 것입니다.

그럼 누군가에게 자신이 중요한 존재로 인정받고 있다는 확신을 주려면 어떻게 해야 할까요? 그것이 다름 아닌 내가 이번 이야기를 통해 전달하려는 인간관계의 비결입니다. 대표적인 사례로, '철강왕'으로 유명한 미국 기업가 앤드류 카네기에 관한 일화를 소개하지요.

어느 날, 카네기의 회사에서 일하던 인사 담당 직원이 사고로 목숨을 잃고 말았습니다. 먼저 유족을 위로한 카네기는 그의 묘비명을 직접 써 주기로 했지요. 그 내용은 '자기보다 슬기로운 사람들을 주변에 모이게 하는 방법을 안 슬기로운 사람 여기에 잠들다.'였습니다. 그 문구는 인사 담당 직원에게 해줄 수 있는 최고의 칭찬이었지요. 그 사람에게 훌륭한 인재를 알아보고 채용하는 뛰어난 능력이 있었다는 뜻이니까요.

언젠가 카네기는 한 언론사와 인터뷰를 하면서 다음과 같은 말을 한 적도 있습니다.

"난 그동안 전 세계를 돌아다니며 여러 훌륭한 분들을 만났습니다. 그런데 아무리 지위가 높은 사람이어도 누군가에게 비난받으면서 일을 더 열심히 하는 경우는 본 적이 없지요. 그들 역시 누군가에게 인정받을 때 무슨 일이든지 더 의욕적으로 해냈습니다."

이 말에도 인간이 칭찬을 통해 중요한 존재로 가치를 인정받아야 스스로 제 역할을 다한다는 의미가 담겨 있습니다.

당시 카네기 회사의 직원 중에는 찰스 슈왑이라는 사람이 있었습니다. 그는 20세기 초에 무려 연봉 100만 달러를 받은 대단한 인물이었지요. 카네기는 왜 찰스 슈왑에게 그처럼 엄청난 연봉을 주었을까요? 슈왑이 천재여서? 아닙니다. 그가 다른 사람들보다 철강 제조 공정에 대해 잘 알고 있어서? 아닙니다. 그보다 철강 제조 공정을 잘 아는 사람은 이미 회사 안에 적지 않았지요.

슈왑은 자신이 연봉을 많이 받는 이유에 대해 스스로 밝힌 적이 있습니다. 그 기업가에 그 직원이라고 해야 할까요? 슈왑이 말한 고액 연봉의 비결은 의외로 간단했습니다.

"사람들의 열정을 불러일으키는 능력이 제가 가진 최고의 자산인 것 같습니다. 열정을 불러일으키는 비결은 칭찬과 격려입니다. 상사의 비난만큼 직원의 의욕을 꺾는 것도 없지요 나는 결코 사람들을 비난하지 않습니다. 그보다는 사람들에게 동기를 부여하는 것이 효과적이라고 믿습니다. 그래서 나는 다른 사람들을 칭찬하려고 애쓰고, 결점을 찾아내지 않으려고 노력합니다. 누군가 해낸 일이 마음에 들면 나는 진심으로 그 성과를 인정하고 아낌없이 칭찬합니다."

슈왑의 이야기는 앞서 옮긴 카네기의 언론사 인터뷰와 다르지 않습니다. 그 역시 상대를 비난하고 꾸짖기보다 존중하고 칭찬해서 그 사람이 가진 능력을 최대한 끌어낼 줄 알았지요. 그래서 카네기가 그에게 고액 연봉을 기꺼이 내주었던 것입니다.

여러 차례 언급한 록펠러의 성공에도 비슷한 일화가 전해집니다. 그는 사업 초기 동업자였던 에드워드 베드포드가 외국에서 물건을 잘못 구매해 회사에 큰 피해를 입혔을 때 비난 대신 칭찬으로 용기를 북돋워 준 적이 있습니다. 록펠러가 보기에 베드포드는 깜빡 실수를 했을 뿐이며, 그래도 회사의 피해를 줄이기 위해 끝까지 최선을 다했으니까요. 더구나 그 일은 이미 어떻게 해볼 수 있는 단계를 넘어섰으니 꾸짖고 다그쳐 봐야 달라질 것이 없었지요. 그는 짐짓 미소를 띠며, 가까스로 투자한 돈의 60퍼센트나마 회수한 동업자를 격려했습니다. "힘든 상황에서 그만큼 피해를 줄인 것만 해도 대단해! 자네, 정말 수고했어!"라고 말이지요.

그런데 보통 사람들은 카네기나 슈왑, 록펠러와 정반대로 말하고 행동할 때가 많습니다. 그들은 어떤 상황이 마음에 안 들면 상대에게 버럭 짜증을 내지만, 자기 마음에 흡족하면 오히려 아무 반응도 보이지 않은 채 지나가지요. 비난은 그토록 쉽게 하면서 칭찬에는 인색한 잘못을 범하는 것입니다. 그렇게 거꾸로 다른 사람들을 대하니까 자신의 성공도 이루기 어렵지요.

부모가 자기 아이들에게 일주일 동안 음식을 가져다주지 못한다면 크나큰 죄책감을 느끼게 마련입니다. 회사 사장이 직원들에게 서너 달 월급을 주지 못해도 마찬가지겠지요. 그런데 사람들은 왜 일주일 동안, 서너 달 동안, 또는 1년이 넘도록 누군가를 칭찬 한 번 하지 않고 넘어가는 것을 대수롭지 않게 여길까요? 생명을 지키는 영양분만큼, 일상생활을 꾸려가는 돈만큼 중요한 것이 자존감인데 말이에요. 다시 강조하건대, 칭찬은 다른 사람들을 중요한 존재로 인정해 스스로 움직이게 하는 가장 효과적인 인간관계의 비결입니다.

그런데 이쯤에서 청소년 여러분이 꼭 주의해야 할 점이 한 가지 있습니다. 언뜻 칭찬과 헷갈릴 수 있는 '아첨'을 구별해야 한다는 것이지요.

아첨은 남에게 환심을 사거나 잘 보이려고 알랑거리는 것입니다. 아첨은 유치하고, 이기적이며, 진실하지 않지요. 길게 보면, 아첨은 결국 얻는 것보다 잃는 것이 많은 한심한 짓입니다. 아첨은 위조지폐와 같아서 말하는 쪽이나 듣는 쪽이나 모두 곤란에 빠뜨리고야 마는 어리석은 짓입니다. 칭찬이 마음에서 우러나오는 것이라면, 아첨은 입술이 가볍게 던지는 뜬구름 같은 말입니다. 칭찬은 모든 사람들이 좋아하지만, 아첨은 끝내 누군가에게 상처를 입히고 맙니다. 한마디로, 아첨은 값싼 칭찬입니다.

"너를 공격하는 적을 두려워 말라. 너에게 아첨하는 자들을 경계하라."

멕시코의 장군 알바로 오브레곤이 남긴 명언입니다. 영국국왕 조지 5세는 다음과 같은 말을 했습니다.

"아첨은 받지도, 주지도 말아야 한다."

그렇다면 청소년 여러분이 아첨이 아니라 칭찬에 익숙해지려면 어떻게 해야 할까요?

사람들은 대부분의 시간을 자신에 대해 생각하면서 보냅니다. 그럼 이제 잠시나마 자신에 대한 생각을 멈추고 다른 사람의 장점에 대해 생각해 보면 어떨까요? 그러면 우리의 말과 행동이 곧 천박한 거짓인 아첨을 버리고 칭찬에 익숙해지게 될 것입니다. 그것이 바로 다른 사람들의 자아존중감을 높여 줄 진실한 칭찬이지요. 당연히 인간관계가 좋아질 수밖에 없습니다.

# 상대방이 바라는 게 뭘까?

내 취미는 낚시입니다. 좋아하는 간식은 딸기빙수고요. 나는 여름마다 낚시를 다니면서 딸기빙수를 즐겨 먹습니다. 그런데 내가 잡으려는 물고기와 딸기빙수는 아무런 연관성이 없지요. 무슨 말인가 하면, 내가 낚시와 딸기빙수를 좋아한다고 해서 물고기 잡을 때 딸기빙수를 미끼로 쓰지는 않는다는 뜻입니다. 당연히 낚시할 때는 물고기가 좋아하는 떡밥이나 지렁이 같은 미끼를 써야 하지요.

내가 어떤 사람의 마음을 얻으려고 할 때도 그와 다르지 않은 규칙이 작용합니다. 상대방을 물고기에 비유한다면, 내가 좋아하는 딸기빙수가 아니라 그 사람이 좋아하는 것이 뭔가를 알아야 한다는 의미입니다.

사람들은 흔히 자신이 원하는 것에 대해서만 이야기합니다.

그것은 정말 미숙한 행동이지요. 물론 인간은 자신이 원하는 것에만 관심이 있습니다. 그러나 다른 사람은 내가 흥미로워하는 것에 시큰둥할 때가 많지요. 당연한 말이지만, 모든 사람이 나처럼 자신이 원하는 것에만 관심을 갖습니다. 그러므로 다른 사람의 마음을 움직이려면 상대방이 원하는 것에 대해 말하고, 상대방이 관심 갖는 것에 공감해야 합니다. 아무리 내 생각이 옳아도 억지로 상대방을 움직이게 할 수는 없지요.

미국의 사상가 중에 랄프 왈도 에머슨이라는 인물이 있습니다. 어느 날, 그는 아들과 함께 들판에 나와 있는 송아지 한마리를 축사에 몰아넣으려고 했지요. 하지만 에머슨과 아들은 자신들이 원하는 것만 생각하는 실수를 저질렀습니다. 두사람은 다짜고짜 온 힘을 다해 송아지의 몸을 밀어붙였지요.

물론 송아지 역시 에머슨 부자와 똑같이 자기가 원하는 것만 생각했습니다. 송아지는 네 다리로 버티고 서서 축사에 들어 가지 않으려 안간힘을 썼지요.

그때 마침 아일랜드 출신 하녀가 그 광경을 보았습니다. 그녀는 에머슨처럼 책을 쓸 지식과 능력은 없지만, 그런 상황에서 어떻게 행동해야 하는지는 잘 알고 있었지요. 송아지의 습성을 꿰뚫고 있었으니까요. 그녀는 잠시 송아지가 원하는 것이 무엇인지 생각해 보았습니다. 그리고는 곧 축사에 있는 우유병을 가져와 송아지의 입속에 집어넣었지요. 그렇지 않아도 배가 고팠던 송아지는 힘차게 우유병 젖꼭지를 빨았습니다. 그러자 그녀는 송아지가 계속 우유병을 빨게 하면서 천천히, 그리고 평화롭게 축사로 이끌었지요.

청소년 여러분, 어떤가요? 상대의 마음을 얻으려면 그 사람이 원하는 것에 관심을 기울여야 한다는 말을 이해했나요?

자동차 왕으로 불리는 헨리 포드는 "나의 성공 비결은 다른 사람의 생각을 정확히 파악하려고 노력한 데 있다. 그것은 나의 입장뿐만 아니라, 상대방의 시각에서 사물을 바라볼 줄 아는 능력이다."라고 말했습니다. 앤드류 카네기 역시 "다른 사람을 움직이게 하는 효과적인 방법은 그가 원하는 것을 이야기하는 것이다."라고 말했지요. 그래서 두 기업가는 모두 사업에 큰 성공을 거둘 수 있었던 것입니다. 그런데 언뜻 간단해 보이는 이 규칙을 90퍼센트가 넘는 대부분의 사람들은 무시하기 일쑤지요.

언젠가 내가 강연을 할 적에 한 할머니가 찾아와 고민을 털어놓았습니다. 6살짜리 손자가 아직도 밤에 오줌을 싼다고 이야기했지요. 몇 번이나 어르고 달랬기만 소용없다고 푸념했습니다. 그러면서 할머니는 손자가 곧 학교에 갈 텐데 이부자리에 오줌 싸는 습관을 어떻게 고칠 수 있을지 물었습니다.

나는 요즘 손자가 무엇을 갖고 싶어 하는지 질문했습니다.

할머니는 아이가 얼마 전부터 새 침대를 사달라고 조른다며 못마땅한 표정을 지었습니다. 잠자리에서 오줌도 못 가리는데 새 침대를 왜 사주냐고 덧붙였지요. 그래서 나는 손자에게 새 침대를 사주라고 조언했습니다. 거기에 더해 아이의 아빠가 입는 것과 비슷한 어른스런 잠옷도 사주라고 했지요. 나는 이어 할머니에게 당부했습니다.

"새 침대와 잠옷을 사주고 나서 손자에게 이렇게 물어보세요. '이렇게 멋진 침대와 어른스런 잠옷을 입고도 어린애마냥 오줌을 싸면 되겠니?'라고요."

그 날 집으로 돌아간 할머니는 나의 조언을 당장 실천에 옮겼습니다. 모든 일이 예상대로 진행됐지요. 나중에 들어보니, 할머니의 물음에 손자가 이렇게 대답했다고 합니다.

"할머니, 나 이제 잠자리에서 절대로 오줌 안 쌀 거예요. 이런 잠옷을 입으면 더 이상 어린애가 아니잖아요. 그리고 깨끗한 새 침대를 오줌으로 더럽힐 수는 없어요!"

어떤가요, 여러분?

바로 이것이 상대방이 바라는 것을 들어줬을 때 생기는 바람직한 효과입니다. 아이는 아빠의 잠옷과 비슷한 것을 입으면 자기도 어른스럽게 행동해야 한다고 생각했지요. 어른이 이부자리에 오줌을 쌀 수도 없는 노릇이잖아요. 또한 아이는 그토록 갖고 싶어 하던 침대를 사준 할머니를 위해 자기도 뭔가 보답하고 싶다고 생각했습니다. 그때 가장 먼저 든 생각이 깔끔하게 오줌을 가리는 일이었지요. 할머니가 그 문제로 속 상해하는 것을 모르지 않았으니까요.

그와 비슷한 사례는 또 있습니다. 내 이웃들 중에 5살짜리 딸을 키우는 젊은 부부가 있었지요. 그들은 아이가 아침 식사를 잘 하지 않아 걱정이 컸습니다. 어느 날 그 집에 초대받아 갔던 나는 아이 엄마의 고민을 듣고 단박에 해결 방법을 떠올렸지요.

"아이가 엄마의 아침 식사 준비를 거든 적이 있나요?"

"아니요. 한 번도 그런 적이 없어요. 아시다시피, 주방에는 어린아이에게 위험한 물건들이 있잖아요."

"그렇군요. 그럼 내일 아침에는 아이에게 식사 준비를 도와 달라고 해보세요. 칼처럼 위험한 주방 도구는 미리 치워 두시고요."

다음날, 그 집의 아침 식사 메뉴는 달걀 프라이와 시리얼이었습니다. 아이는 엄마가 시키는 대로 달걀을 뒤집고 시리얼 접시에 우유를 부었지요. 그리고는 엄마 아빠가 말하기 전에 스스로 식탁에 앉아 그 음식을 먹기 시작했습니다. 그야말로 작은 기적이라고 할 만했지요.

'자기표현 욕구는 인간의 가장 중요한 본성 중 하나다.'라는 말이 있습니다. 본성이란, 사람이 본디부터 가진 성질을 가리키지요.

젊은 부부의 5살짜리 딸은 평소 엄마의 식사 준비에 호기심이 많았습니다. 그러나 어른들이 주방에 가까이 가지 못하게 자꾸 말려 불만이 적지 않았지요. 그러던 중 엄마가 갑자기 아침 식사 준비에 참여시키자 신바람이 난 것입니다. 원체 입이 짧아 식탁에 잘 앉지 않으려 했지만, 스스로 만든 음식은 경우가 달랐지요. 아이는 자기가 만든 달걀 프라이와 시리얼을 얼른 맛보고 싶어 했습니다. 평소 자기가 원하는 것을 엄마가 들어주었으니 그보다 기쁜 일이 없었지요. 그날 아이는 어찌나 신이 났던지 아빠를 보자마자 의기양양하게 "아빠, 오늘 아침 식사는 내가 만들었어!"라고 소리치기까지 했습니다.

"다른 사람의 입장에 서서 그의 마음을 읽는 능력을 가진 사람은 미래를 걱정할 필요가 없다."

이것은 미국의 법률가 오언 영이 한 말입니다. 청소년 여러분도 인간관계에서 이 말을 꼭 명심할 필요가 있습니다. 나의 생각만 고집하지 말고 반드시 상대방의 입장과 바람을 헤아릴 줄 알아야 합니다.

자, 그럼 이번 장에서 배운 내용을 다시 한 번 정리해 볼까요?

첫째, 다른 사람을 함부로 비난하거나 불평하지 말아야 합니다. 그보다 먼저 그 사람을 이해하려고 노력해야 하지요.

둘째, 다른 사람을 진심으로 칭찬해야 합니다. 그러면 그 사람도 스스로 여러분의 장점을 찾으려고 합니다.

셋째, 다른 사람이 바라는 것에 주목해야 합니다. 상대방이 바라는 것을 진지하게 들어주고 공감하면, 그 사람도 틀림없이 여러분에게 마음을 열 것입니다.

⊙ 지금 여러분과 갈등을 겪는 친구가 있나요? 만약 그렇다
면 친구가 칭찬 받을 만한 점 3가지를 생각해 보아요. 그
리고 그 친구를 이해하는 편지를 써 보아요.

# 제 2 장

# 다른 사람의 호감을 얻는
# 6가지 방법

**첫 번째 이야기** 다른 사람에게 진심으로 관심을 가져
**두 번째 이야기** 진심을 다해 환하게 미소 지어
**세 번째 이야기** 친구를 얻으려면 이름부터 기억해
**네 번째 이야기** 상대방의 이야기를 경청해
**다섯 번째 이야기** 상대방의 관심사부터 이야기해
**여섯 번째 이야기** 상대방을 칭찬하고 격려해

# 다른 사람에게 진심으로 관심을 가져

어린이 여러분이 친구를 사귀고 싶다면, 나 아닌 그 사람에게 깊은 관심을 가져야 합니다. 인간은 누구나 이기심이 있지요. 아무리 좋아하는 사람이라고 해도 나의 흥미나 즐거움부터 앞세우게 됩니다.

하지만 그런 태도로는 친구를 사귀기 어렵습니다. 상대방에게 최대한 관심을 기울여야 그 사람도 내게 호의를 갖게 됩니다. 오스트리아 심리학자 알프레드 아들러는 『인생의 의미는 무엇인가』라는 책에서 '인생에서 가장 큰 어려움을 겪는 사람은 타인에게 관심이 없는 사람이다. 그런 인간은 자신이 하려는 일에도 실패하게 마련이다.'라고 말했습니다.

이쯤에서 하워드 서스톤이라는 유명한 마술가의 일화를 이야기해야겠습니다. 그는 40여 년 동안 전 세계를 돌아다니며 공연을 펼쳐 무려 6천만 명의 관객을 불러 모았다고 합니다. 그처럼 큰 성공을 거둔 비결이 무엇이었을까요?

서스톤의 마술 실력이 특별이 뛰어났던 것은 아닙니다. 그 만큼 마술을 할 수 있는 사람은 적잖이 있었지요. 하지만 무 대 위에서 펼치는 그의 마술쇼는 누구도 흉내 내지 못할 만큼 최고였습니다. 그는 자신의 표정과 움직임 하나까지 치밀하 게 계산해 관객들이 마술에 더욱 빠져들게 했지요. 그리고 무 엇보다, 그는 인간에 대한 진실한 관심이 있었습니다.

당시 일부 마술가들은 자신의 공연을 보러 온 관객들을 우 습게 여기는 못된 버릇이 있었습니다. '오늘도 바보 같은 관객 들이 많이 왔군. 저런 멍청이들을 속이는 건 식은 죽 먹기야.' 라고 중얼대면서 말이지요. 그러나 서스톤은 달랐습니다. 그 는 항상 "많은 사람들이 내 쇼를 보러 와 줘서 참 감사한 일이 야. 내가 잘 살 수 있는 것도 다 관객 덕분이지. 오늘도 내가 할 수 있는 최선의 공연을 보여줘야겠어."라고 마음먹었지요. 그런 마음자세를 가진 사람이 어떻게 성공하지 않을 수 있겠 어요?

미국의 제32대 대통령 프랭클린 루스벨트도 서스톤 못지않 게 다른 사람들을 진실하게 대한 인물입니다. 그는 설령 신분 이 낮은 사람이라 하더라도 다정히 관심을 기울였지요.

루스벨트는 대통령 재임 시절, 백악관에서 일하는 사람들에게 먼저 인사를 건넬 때가 많았습니다. 음식 만들고 청소하는 사람들 앞에서도 이름난 정치인을 대하듯 언제나 정중했지요. 또한 그들의 이름을 기억해 일일이 불러주는 다정함도 보였습니다.

"엘리스, 어제 먹은 빵이 아주 맛있었소. 당신의 빵을 맛볼 수 있는 나는 정말 행운아요.", "어이쿠, 백악관 정원이 이렇게 아름다운 이유를 난 오늘에서야 비로소 깨달았군. 헨리, 당신이 최고의 정원사구려!"

이런 말을 들은 요리사와 정원사가 어떻게 루즈벨트 대통령을 사랑하고 존경하지 않을 수 있을까요? 힘들게 일하는 청소부에게도 먼저 다가가 이름을 부르며 고마움을 전하는 대통령을 대체 누가 싫어할까요? 그처럼 다른 사람을 향한 솔직하고 따뜻한 관심은 루스벨트 대통령의 성공에 중요한 밑거름이 되었습니다.

마술사 서스톤이나 루스벨트 대통령 같은 삶의 자세는 어디에서나 환영받게 마련입니다. 인간은 누구나 자신을 존중하고, 자신에게 진솔하게 관심 가져주는 사람을 좋아하니까요. 그러므로 이미 그와 같은 삶의 자세를 가진 사람이라면 친구를 사귀거나 타인을 설득하는 데 별 어려움이 없을 것이 틀림없습니다.

어린이 여러분, 진정한 친구를 사귀고 싶다면 먼저 상대방에게 깊은 관심을 가져야 합니다. 그가 무엇을 좋아하는지, 그의 장래희망이 무엇인지, 또 그의 성격이 어떤지 등을 제대로 알아야 하지요. 그러려면 여러분의 노력과 이해, 때로는 희생이 필요할지도 모릅니다.

내가 질문하겠습니다. 사람들이 여러분을 좋아하게 만들고 싶나요?

정말 그런 바람이 간절하다면, 나는 다시 한 번 "다른 사람들에게 진심으로 관심을 가져라!"라고 말하겠습니다. 그것이 타인의 호감을 얻는 첫 번째 비결입니다.

# 진심을 다해 환하게 미소 지어

얼마 전, 나는 뉴욕에서 열린 한 행사에 참석했습니다. 마침 거기에 엄청난 유산을 상속받은 부잣집 사모님이 와 있었지요. 이따금 신문에서 그녀에 관한 기사를 읽은 터라, 나는 굳이 인사를 나누지 않아도 친밀감을 느꼈습니다.

그런데 사모님의 행동이 왠지 부자연스러워 보이더군요. 그녀는 짐짓 웃음을 띠며 사람들에게 좋은 인상을 주려고 애썼지만 표정이 밝지 않았습니다. 몸에는 여기저기 값비싼 보석을 걸쳤지만 표정이 어두우니 사람들이 서서히 그녀와 거리를 두려고 하더라고요. 나는 그녀가 다른 사람들과 어울리기 귀찮아하는 것을 알아챘습니다. 그녀는 내심 다른 사람들을 얕잡아보기까지 하는 눈치였지요. 그러니 아무리 웃어 보여도 진심이 담기지 않았기에 그녀의 차가움은 사람들에게 금방 탄로 나고 말았지요.

나는 언젠가 100만 달러의 연봉을 받는 찰스 슈왑을 만난 적도 있습니다. 그는 나를 보고 환하게 웃음 지었는데, 그 미소는 행사장의 사모님과 달리 진심이 가득해 보였지요. 그의 말 한마디, 행동 하나가 다 따뜻했으니까요. 슈왑도 자신의 미소에 자부심을 갖고 있었습니다. 그는 스스로 "내 연봉뿐만 아니라 내 미소도 백만 달러짜리요."라며 농담 아닌 농담을 하더라고요. 나 역시 그의 훌륭한 인격과 더불어 매력적인 미소가 성공의 열쇠였다는 점을 잘 알고 있었습니다.

네, 그렇습니다. 때로는 백 마디 말보다 진심어린 미소가 훨씬 더 설득력이 있습니다. 그 미소에는 "나는 당신을 좋아해요. 당신은 나를 행복하게 해줍니다. 나는 당신을 만나게 되어 정말 기쁩니다."라는 의미가 담겨 있으니까요. 하지만 거짓 웃음에는 아무도 속지 않습니다. 그런 가식적인 미소에는 오히려 화가 치밀기도 합니다.

진심어린 미소의 위력이 얼마나 대단한지 편지 한 통을 소개하겠습니다. 이 편지는 나의 강연을 듣고 삶의 태도가 변화한 어느 증권 거래인의 사연입니다.

'저는 결혼한 지 18년이 되었습니다. 그동안 아침에 일어나 출근하기 전까지 아내에게 미소 띤 얼굴을 보이거나 다정한 말을 건넨 적이 별로 없지요. 회사로 가는 길에도 내 표정은 아주 무뚝뚝하기 그지없었고요. 그러다가 선생님의 강연을 듣고 나 자신을 깊이 반성했습니다. 나는 당장 삶의 태도를 바꿔, 아침에 일찌감치 일어난 아내에게 웃음 띠며 따뜻하게 인사했지요. "여보, 잘 잤어? 일찍 식사 준비를 하느라 피곤하겠네?"라고 말이에요. 그러자 아내가 휘둥그레진 눈으로 감격한 표정을 짓더군요. 그 날 이후 우리 가정은 전에 없던 행복을 만끽하게 됐습니다.

저는 그와 같은 삶의 태도를 회사에서도 이어 갔습니다. 다른 직원들에게 먼저 인사하고, 업무에 의견 차이가 있더라도 되도록 미소를 잃지 않으려고 했지요. 그러자 다른 직원들도 제게 호감어린 얼굴로 다가왔습니다. 자연히 회사 일이 잘 풀렸고, 승진도 하게 됐지요. 아울러 저는 선생님의 말씀대로 다른 사람들을 함부로 비난하는 대신 감사와 칭찬의 말로써 대하려고 노력했습니다. 저는 옛날과 완전히 달라졌지요. 이제 저는 지난날보다 더 행복하고, 친구도 많아졌습니다. 가족을 더 사랑하게 된 것은 말할 것도 없고요.'

어린이 여러분, 이 사람의 변화가 정말 놀랍지 않나요? 삶의 태도를 바꾼 것만으로도 더 즐거운 인생을 살아가게 된 이 사람의 변화가 정말 대단하지 않나요?

그러나 나의 강연을 들은 모든 사람이 그와 같은 변화에 성공한 것은 아닙니다. 아직도 많은 사람들이 잘못된 습관과 태도를 버리지 못하고 있지요. 그러면 대체 어떻게 해야 그 증권 거래처럼 긍정적인 변화를 맞이하게 될까요?

나는 여러분에게 이렇게 이야기하겠습니다. "웃어라! 억지로라도 웃어라!"라고 말입니다. "행동이 감정을 따라오는 것 같지만, 사실 행동과 감정은 동시에 일어난다. 그러므로 유쾌해지기 위한 최고의 방법은 스스로 유쾌한 마음을 가져 이미 기분이 좋은 것처럼 행동하고 이야기하는 것이다."라는 하버드대학 교수 윌리엄 제임스의 주장에 우리는 귀기울여 볼 필요가 있습니다.

결국 인생의 행복은 외부 조건이 아니라 우리의 마음가짐에 달려 있다는 것입니다. 일찍이 영국의 대문호 윌리엄 셰익스피어는 "세상에는 좋고 나쁜 것이 없다. 사고방식이 그렇게 만들뿐이다."라고 이야기했습니다. 지금 자신의 처지가 불우하다며 속상해하는 어린이가 있나요? 그렇다면 셰익스피어의 말을 꼭 명심하기 바랍니다.

어린이 여러분, 이제 학교에 가려고 대문을 나설 때마다 하늘을 올려다보며 맑은 공기를 실컷 들이마셔 봐요. 가슴을 펴고 따사로운 햇볕을 한껏 안아 봐요. 그리고 친구를 만나면 활짝 미소 지으며 다정한 목소리로 먼저 인사해 봐요. 그러면 여러분의 하루가 더없이 즐거울 거예요. 여러분의 인생도 점점 행복해질 것이 틀림없습니다.

그럼 미국에서 한때 유명했던 광고 문안을 옮기며 이번 장을 마치겠습니다. 여러분도 한번 큰 소리로 따라 읽어보도록 해요.


'미소는 돈 들이지 않고도 많은 것을 이루어 냅니다.

미소는 주는 사람을 가난하게 만들지 않으면서 받는 사람의 마음을 풍족하게 합니다.

미소를 살 수 있는 부자는 없고, 미소를 누리지 못할 만큼 가난한 사람도 없습니다.

미소는 가정에 행복을 주고, 사회생활을 성공으로 이끌며, 우정의 약속이 됩니다.

미소는 지친 사람에게 위로를, 낙심한 사람에게 희망을, 아픈 사람에게 자연의 해독제가 됩니다.

하지만 진심으로 미소를 전하지 않으면, 절대로 미소의 가치를 알 수 없습니다.'

# 친구를 얻으려면 이름부터 기억해

앞서 앤드류 카네기에 관한 이야기를 몇 차례 했습니다. 이미 설명했듯, 그는 '철강왕'으로 불리던 대단한 사업가였지요. 당시만 해도 미국 역사상 가장 돈을 많이 번 기업인으로 손꼽힐 정도였습니다. 그렇다면 카네기의 성공 비결은 무엇이었을까요?

놀랍게도, 카네기는 정작 철강 제조에 대해 자세히 알지는 못했다고 합니다. 그는 다만 철강 제조 전문가 수백 명을 고용해 열심히 일하도록 이끌었을 뿐이지요. 그러니까 그는 재능 있는 사람들이 자신의 능력을 최대한 발휘하도록 하는 뛰어난 리더십을 가졌던 것입니다. 그와 같은 리더십에는 타인의 이름을 기억하고 존중했던 습관이 포함되어 있지요.

카네기가 10살 때 있었던 일입니다. 그는 집에서 토끼를 키웠는데, 그 수가 점점 불어나 어느새 20마리 가까이 됐지요. 토끼는 번식력이 매우 강한 동물이거든요. 그래서 매일 먹잇 감을 구하는 일이 만만치 않았습니다. 카네기는 고민 끝에 한 가지 묘안을 생각해낸 뒤 친구들을 불러 모았지요. 그리고는 진지한 표정으로 말했습니다.

"우리 함께 토끼들에게 먹일 풀을 베러 갈래? 나를 도와주 면 우리 집 토끼들한테 각각 너희의 이름을 붙여줄게."

그러자 친구들은 환호성을 지르며 기뻐했습니다. 많은 친구 들이 도와준 덕분에, 얼마 지나지 않아 닷새 넘게 토끼들에게 먹일 클로버와 민들레 같은 풀들을 잔뜩 모을 수 있었지요. 그 날 이후 카네기는 사업을 하면서도 그때의 기억을 떠올리 고는 했습니다. 그는 일찌감치 사람들이 너나없이 자신의 이 름에 남다른 가치를 갖고 싶어 한다는 사실을 깨우쳤지요.

카네기가 젊은 시절 한창 사업을 키울 때, 미국 펜실베이니 아의 한 철도 회사에 강철 레일을 납품할 일이 있었습니다. 그는 그 철도 회사에 계속 납품을 하고 싶어 자신의 공장 하 나에 '에드가 톰슨 제련소'라는 간판을 내걸었지요. '에드가 톰슨'은 다름 아닌 펜실베이니아 철도 회사 사장의 이름이었 습니다. 레일을 납품하는 사람이 자기 이름을 기억하고 존숭 하자, 그 철도 회사 사장은 그 후로도 계속 카네기와 거래하 기를 희망했지요.

또 한 번은 카네기가 자신의 계열 회사들 중 하나와 센트럴 철도 회사의 합병을 추진한 적이 있었습니다. 두 회사는 사업권을 따내기 위해 번번이 경쟁해 왔는데, 카네기는 차라리 두 회사가 하나로 합쳐야 앞으로 이익이 더 커질 것이라고 판단했지요. 그런데 센트럴 철도 회사의 사장인 조지 풀먼은 합병에 적극적이지 않았습니다. 그는 마지못해 카네기와 마주한 자리에서 시큰둥하게 대꾸했지요.

"대체 왜 나한테 합병을 제안하는 거요? 우리와 경쟁할 자신이 없어서 그렇소?"

"아닙니다. 우리가 지나치게 경쟁해 자꾸 납품 가격을 낮추면 두 회사 어디에도 도움이 되지 않아서 그러는 것입니다."

그럼에도 풀먼은 선뜻 합병에 찬성하지 않았습니다. 그때 카네기가 그의 마음을 돌릴 만한 마지막 카드를 내밀었지요.

"나는 우리가 합병하면 회사 이름을 '풀먼 팰리스'라고 할 생각입니다. 어떻습니까?"

여기서 '팰리스'는 '궁전'이라는 뜻입니다. 그러니까 '풀먼이 사장인 궁전 같은 회사'라는 의미쯤 되겠네요. 그 말에 풀먼은 마침내 환하게 웃음 지으며 합병에 동의했습니다. 그것은 자기 이름에 가치를 부여하면 남달리 좋아하는 풀먼의 심리를 꿰뚫어본 카네기의 승리나 다름없었지요. 훗날 그 회사는 카네기의 예상대로 나날이 매출이 늘며 성장했습니다.

앤드류 카네기는 꼭 사업 때문이 아니더라도 평소 친구와 이웃, 그리고 회사 직원들의 이름을 잘 기억하고 존중했습니다. 누가 자기 이름을 정확히 기억하고 다정히 대해 주는데 싫어할 사람이 있을까요? 내가 아는 한 신사는 단골 식당 종업원에게도 항상 정중히 이름을 불러 줍니다. "코퍼 씨, 냅킨을 좀 가져다주십시오." 하는 식으로 말이지요. 당연히 그 종업원은 자신을 기억하고 예의를 갖추는 신사에게 진심어린 서비스로 보답합니다.

나는 이미 이번 장 첫 번째 이야기에서 프랭클린 루스벨트 대통령에 관한 일화를 들려 줬습니다. 한 가지 사례를 더 말해 볼까요?

1930년대만 해도 자동차는 무척 귀한 물건이었습니다. 그 무렵 크라이슬러 사에서 새 차를 개발해 대통령에게 선물했지요. 개발 책임자와 기술자 한 사람이 백악관으로 들어가 새로 생산한 자동차에 대해 설명했습니다. 루스벨트는 개발 책임자의 말에 귀기울이며 여러 가지 기능을 신기한 눈으로 바라봤지요. 그리고는 개발 책임자의 설명이 끝나자 그의 이름을 부르며 찬사를 보냈습니다.

"챔벌린 씨, 정말 훌륭합니다. 당신같이 뛰어난 인재가 있어 앞으로 미국의 자동차 산업은 더욱 발전할 것이 틀림없습니다."

개발 책임자는 단 한 번 소개했을 뿐인 자신의 이름을 기억해 불러주는 대통령이 고마웠습니다. 그런데 루스벨트의 다음 행동은 더 놀라움을 자아내게 했지요. 대통령이 갑자기 뒷자리에 서 있던 기술자를 자기 곁으로 불렀기 때문입니다. 더구나 이번에도 단 한 번 들었을 뿐인 기술자의 이름을 부르면서 말이지요. 루스벨트는 기술자와 악수하며 개발 책임자에게 한 것과 다름없는 칭찬을 건넸습니다. 그리고는 사양하는 두 사람에게 자동차 값을 지불하고, 백악관 방문 기념품을 선물했지요. 두 사람은 오래도록 그날의 일을 떠올리며 감격했습니다.

이 사례에서 보듯, 루스벨트는 다른 사람의 호의를 얻는 가장 간단하고 확실한 방법을 알고 있었습니다. 그는 상대방의 이름을 기억하고 존중해 자기가 중요한 사람이라는 느낌이 들도록 했지요. 그것은 단지 정치적인 행동이 아니라 진심이 담겼기에 많은 사람들이 감동할 수밖에 없었습니다.

어린이 여러분은 친구를 부를 때 어떻게 하나요?

그냥 "야!"라고 소리치거나, 심지어 욕설을 섞어 부르지는 않나 모르겠군요. 만약 그렇다면 다음부터는 다정히 이름을 부르도록 해 봐요. 처음 만난 친구가 이름을 이야기했는데 잘못 알아들었으면 "미안해. 다시 한 번 말해 줄래."라고 부탁해 봐요. 그리고 잘 기억해 두었다가 다음에 만났을 때 이름을 불러 봐요. 혹시 처음 만난 친구의 이름이 기억하기 어렵다면 공책이나 핸드폰 메모장에 적어 두는 것도 좋은 방법이지요. 그런 습관이 몸에 밴 어린이는 훗날 많은 사람들에게 호감을 얻을 것이 틀림없습니다.

# 상대방의 이야기를 경청해

나는 얼마 전 한 모임에 나갔다가 처음 보는 여성과 인사를 나누었습니다. 그녀는 라디오 방송에 출연했던 나의 이야기를 들었다면서 반가워했지요. 알고 보니, 그녀와 남편은 사람들 사이에 제법 소문난 부부였습니다. 남편은 사업을 했고, 부인은 이름난 부동산 중개인이었지요. 그녀가 내게 물었습니다.

"선생님께서는 해외여행을 자주 다니셨더라고요?"

"네, 제가 원체 여행을 좋아하는데다 강연이 많아서요."

"그렇군요. 그럼 선생님이 가장 감명 깊었던 여행지 이야기를 좀 해주세요."

그녀는 호기심어린 눈빛으로 나를 바라봤습니다. 나는 어떤 이야기를 들려줄까 잠시 고민하다가 입을 뗐지요.

"저는………."

그런데 그때 그녀가 나의 말을 끊고 끼어들었습니다.

"저는 지난달에 아프리카에 다녀왔는데 참 좋더라고요!"

나는 잠시 당황했지만, 그녀의 말에 먼저 호응해 주었습니다.

"저도 아프리카에 꼭 한 번 가보고 싶은데 그럴 기회가 없었네요. 초원을 누비는 동물들을 직접 보면 얼마나 신기할까요? 부인의 아프리카 여행 이야기가 듣고 싶군요."

그러자 그녀는 기다렸다는 듯 자신의 여행기를 길게 늘어놓기 시작했습니다. 무려 45분씩이나 말이지요. 그녀는 내게 여행 이야기를 들려달라고 했던 일은 새까맣게 잊어버린 듯했습니다. 그날 모임이 끝나자, 그녀가 굳이 내게 다시 다가와 인사를 건넸습니다.

"선생님, 오늘 대화 즐거웠습니다. 다음에 또 만나면 좋겠네요."

나는 그 말을 듣고 어이가 없었습니다. 우리가 언제 대화를 했던가요? 그녀는 자기 혼자 45분 동안이나 수다를 떨어댔을 뿐입니다.

그런데 안타깝게도 그녀와 같은 행동을 하는 사람들이 우리 주위에는 아주 많습니다. 사람들은 흔히 상대방의 말에 귀기울이기보다 자기 이야기를 하고 싶어 하지요.

언젠가 내가 만났던 식물학자도 다르지 않았습니다. 그는 한동안 이 사람 저 사람과 이야기를 나누는가 싶더니 내게 다가왔지요. 그리고는 내가 식물에 관심이 있는지 슬쩍 떠보았습니다. 평소 정원 가꾸기를 좋아하는 내가 두어 가지 간단한 질문을 하자, 그는 식물에 관한 자신의 지식을 한껏 뽐내기 시작했지요. 이번에도 자그마치 30분씩이나 말입니다. 그 식물학자 역시 자리를 떠나며 내게 환히 웃는 얼굴로 인사했습니다.

"오늘 만남 정말 즐거웠습니다. 제게 흥미로운 대화 상대가 되어 주셔서 감사합니다."

어이쿠, 나는 너무 황당해 말문이 막혔습니다. 내가 식물학자의 이야기를 성심껏 들어주기는 했지만, 그것은 단지 그에 대한 예의였지요. 솔직히 30분이나 계속된 그의 이야기 중에 나의 관심사는 별로 없었습니다. 그는 나와 대화했다고 말했지만, 나는 분명 그의 이야기를 잠자코 들어 주었을 뿐입니다. 어찌나 목소리가 크고 말이 빠른지 다른 주제로 말머리를 돌릴 새도 없었지요.

어린이 여러분이 앞서 언급한 여성이나 식물학자를 만난다면 어떤 기분일까요? 당연히 지루하고 불쾌하다는 생각이 들겠지요. 만약 여러분이 다른 사람과 진지하게 대화를 나누며 친해지고 싶다면 한 가지 꼭 명심해야 할 단어가 있습니다.

바로 '경청'이지요.

경청은 '귀를 기울여 듣는다.'라는 뜻입니다. 상대방의 말을 듣기만 하는 것이 아니라, 그 사람이 전하고자 하는 말의 내용을 비롯해 감정까지 헤아리는 것이지요. 하버드대학교 총장이었던 찰스 엘리엇은 "대단한 성공의 비결은 없다. 상대방의 이야기에 집중하는 것이 가장 중요하다. 그 이유는 경청이 상대방에 대한 최고의 찬사이기 때문이다."라고 말했습니다.

경청의 효과는 일상생활에서도 쉽게 경험할 수 있습니다. 나는 며칠 전 백화점에 가서 바지 하나를 샀습니다. 가격과 디자인은 썩 마음에 들었는데, 단 한 가지 금세 탈색되지 않을까 찜찜했지요. 나는 그 매장의 매니저를 불러 나의 걱정을 설명했습니다. 때마침 손님이 많아 꽤 피곤할 법한데도 매니저는 조용히 내 말에 귀기울여 주었지요. 그리고는 내가 말을 멈추자 비로소 자기 생각을 이야기했습니다.

"저도 고객님의 걱정을 충분히 이해합니다. 저 같아도 새로 산 바지가 금방 탈색되면 속상할 테니까요. 고객님, 이렇게 하시면 어떨까요? 일주일쯤 이 바지를 입고 생활하시다가, 혹시 탈색이 일어난다면 우리 매장으로 가져오십시오. 제가 환불 받으실 수 있도록 도와드리겠습니다."

나는 매니저 덕분에 새로 산 바지에 대한 찜찜한 마음을 덜기도 했지만, 무엇보다 그의 태도가 무척 만족스러웠습니다. 그는 타인의 말을 경청할 줄 아는 슬기로운 사람이었지요. 나의 이야기를 경청하는 사람에게는 신뢰감이 생기게 마련입니다.

오랫동안 여러 유명인을 만나 인터뷰했던 아이작 마코슨은 자신의 경험을 통해 중요한 깨달음을 얻었다고 합니다. 그는 한 잡지에 다음과 같은 글을 쓴 적이 있지요.

'많은 사람들이 상대방의 이야기를 주의 깊게 듣지 않아 첫인상을 좋게 하는 데 실패한다. 그런 사람들은 자기가 다음에 무슨 말을 할지 골몰하느라 상대방의 이야기에 집중하지 않는다. 내가 그동안 만났던 성공한 사람들은 말 잘하는 사람보다 상대방의 말을 잘 들어주는 사람을 좋아했다. 그들 역시 그런 자세로 큰 성공을 이루었다. 하지만 경청하는 능력은 다른 어떤 재능보다 터득하기가 어렵다.'

어린이 여러분, 경청하는 자세가 얼마나 중요한지 알겠지요?

경청은 진실한 친구를 사귀고, 나와 다툰 친구와 화해하고, 또 나와 의견이 다른 친구를 이해시키는 데 반드시 지켜야 할 태도입니다. 경청하지 않으면서 자아도취에 빠져서는 대화를 잘 이끌어갈 수 없지요. 마지막으로, 미국 콜롬비아대학 총장을 지낸 니콜라스 버틀러 박사의 말을 옮기며 이번 장의 네 번째 이야기를 마치겠습니다.

"자기 자신밖에 생각하지 않은 사람은 교양 없는 인간이다.

아무리 교육을 잘 받아도 교양 있는 사람이라고 말할 수 없다."

한 번 더 강조합니다.

어린이 여러분, 상대방의 이야기를 경청하세요.

# 상대방의 관심사부터 이야기해

프랭클린 루스벨트가 대통령이 되기 전, 그는 이미 주변 사람들로부터 존경과 사랑을 받았습니다. 특히 분야를 가리지 않는 그의 해박한 지식에 놀란 사람들이 많았지요.

"루스벨트 씨는 만나는 사람이 카우보이든, 기병대 장교든, 뉴욕의 정치가이든, 외교관이든 상관없이 상대방에게 적합한 대화거리를 늘 갖고 있었습니다."

이 말은 루스벨트와 친분이 깊은 가말리엘 브래드포드의 평가입니다.

그렇다면 루스벨트는 어떻게 모든 상대와 즐겁게 대화를 나눌 만큼 폭넓은 지식을 갖고 있었을까요?

그 해답은 의외로 간단합니다. 루스벨트는 방문객이 찾아오기 전날 밤에 그 손님이 흥미로워할 만한 주제를 다룬 책을 꼼꼼히 읽었지요. 때로는 밤을 지새우는 것도 개의치 않았습니다. 그렇습니다. 루스벨트는 사람의 마음을 얻는 최고의 방법이, 그 사람이 가장 좋아하는 것을 화제로 삼는 것임을 알고 있었지요.

미국 예일대 교수였던 윌리엄 펠프스도 프랭클린 루스벨트 못지않게 그와 같은 사실을 일찌감치 깨우친 인물입니다. 그는 8살 때 친척 아주머니 댁에서 며칠 지낸 적이 있었지요. 그때 한 신사가 그 집을 방문했습니다. 신사는 어린 펠프스를 무척 귀여워했지요. 아주머니가 내온 차를 마시며 신사가 펠프스에게 물었습니다.

"애야, 너는 요즘 뭐가 제일 재밌니?"

"보트요! 나중에 어른이 되면 꼭 보트 운전을 할 거예요!"

그 무렵 펠프스는 보트에 관심이 아주 많았습니다. 펠프스의 대답을 들은 신사는 빙그레 미소 지으며 보트에 관한 여러 이야기를 들려주었지요. 그는 어린아이가 상상조차 하기 어려운 다채로운 정보로 펠프스의 눈길을 사로잡았습니다. 그의 이야기에 귀기울이느라 시간 가는 줄 모를 정도였지요.

한참 뒤 신사가 돌아가자, 펠프스가 흥분이 채 가시지 않은 목소리로 아주머니에게 말했습니다.

"방금 전 제가 만났던 그 아저씨는 정말 최고예요! 다음에도 또 만나면 좋겠어요."

그러자 아주머니가 펠프스의 머리를 쓰다듬으며 말했습니다.

"그분은 항상 예의바르고 상대방의 마음을 헤아려 주는 신사란다. 오늘도 네가 보트에 관심 있는 것을 알고, 너를 기분좋게 해주려고 그 이야기를 대화거리로 삼은 거야. 어른이면서도 대화 주제를 어린 너한테 맞춘 거지."

그 날 이후 펠프스는 신사가 몸소 보여준 가르침을 잊지 않았습니다. 훗날 대학 교수가 되고 나서도 제자들이 무엇에 관심을 갖는지부터 유심히 살폈지요. 그런 스승을 제자들이 누구보다 존경하며 따른 것은 당연한 일입니다.

어린이 여러분은 혹시 친구와 심하게 갈등을 겪은 경험이 있나요? 그 경우 여러분은 어떻게 친구와 관계를 회복했나요?

내 생각에 그와 같은 상황에서 다짜고짜 본론을 이야기하는 것은 바람직하지 않습니다. 그것은 자칫 또 다른 오해를 사 충돌을 빚을 위험이 크니까요.

만약 여러분이 그런 상황에 처해 있다면 우선 편안한 주제로 대화의 실마리를 풀어 나가는 것이 좋습니다. 이를테면 친구 집에서 키우는 강아지라든가, 친구가 즐겨 하는 게임 등에 관한 이야기 말이지요. 그러면 대부분의 친구는 자기도 갈등을 해결하고 싶어 슬그머니 마음을 열게 마련입니다.

어른들도 다르지 않습니다. 예를 들어 사업을 할 때도 상대방의 관심사부터 이야기해 대화 분위기를 부드럽게 만드는 것이 아주 중요하지요. 또 상품을 잘 파는 영업사원들 역시 그와 같이 사람들의 심리를 잘 활용해 성공하는 사례가 많습니다. 가벼운 주제로 상대방의 기분을 좋게 하다보면 그쪽에서 먼저 "그런데, 저를 찾아오신 용건이 뭔가요?"라며 호기심을 내보이니까요.

어린이 여러분, 이번 장에서 전하는 인간관계의 규칙이 무엇인지 확실히 이해했나요?

그것은 '누군가와 대화할 때 그 사람이 관심 있어 하는 주제부터 이야기하라.'입니다. 이 규칙만 잘 지켜도 여러분은 상대방의 호감을 얻게 됩니다.

# 상대방을 칭찬하고 격려해

나는 얼마 전에 등기 우편을 보내려고 우체국에 갔습니다. 그런데 우편물 접수를 담당하는 직원의 표정이 영 따분해 보였지요. 그도 그럴 것이, 매일 똑같은 일을 반복하다 보면 업무에 심드렁할 수밖에 없으니까요. 그 직원은 한 발 더 나아가 자신의 인생까지 몹시 지루하다는 분위기였습니다.

나는 짧은 시간 곰곰이 궁리해 보았습니다. '내가 이 직원을 기분 좋게 만들 방법이 뭘까?' 그리고 나는 곧 결심했지요. 그 사람에게 가벼운 칭찬을 건네기로 말입니다.

"직원 분 머릿결이 참 아름답습니다. 저는 머리카락이 가늘고 건조해서 부럽네요."

내가 정중히 말했습니다. 그런 말은 자칫 오해를 불러올 수 있어, 절대 장난기어린 말투로 하면 안 되지요. 나의 진심은 곧 그 직원에게 닿았습니다.

"고맙습니다, 손님. 예전만큼은 아니지만, 그래도 종종 제 머릿결이 좋다는 말을 듣고는 하지요."

그 순간, 나는 우체국 직원의 표정이 한결 밝아진 것을 느꼈습니다. 그는 겸손하면서도 은근히 자신의 머릿결에 대한 자부심을 드러냈지요.

나는 우체국을 나오면서, 오늘은 그 직원이 점심 식사를 좀 더 맛있게 먹을 것이라고 생각했습니다. 또 오늘 하루는 동료 직원들과 좀 더 상냥한 목소리로 대화할 것이라고 생각했습니다. 어쩌면 퇴근 후 집에 가서 자기 가족들에게 오늘 내가 했던 이야기를 유쾌히 전할지 모른다고도 생각했습니다.

맞아요, 칭찬이란 그런 것입니다. 언뜻 사소해 보이는 칭찬 한 마디가 무기력에 빠져 있는 어떤 사람에게는 썩 훌륭한 격려가 되는 것입니다.

나는 이 이야기를 어느 강연에서 한 적이 있습니다. 강연이 끝나고 나서 한 사람이 나에게 질문하더군요.

"선생님은 우체국 직원을 칭찬한 대가로 무엇을 기대했습니까?"

내가 무엇을 바랐느냐고요? 아닙니다. 만약 우리가 어떤 대가도 바라지 않고 다른 사람을 칭찬해 행복하게 해줄 수 없다면, 그렇게 우리의 마음이 옹졸하다면, 세상이 얼마나 삭막할까요? 그럼 이 세상이 얼마나 불행할까요?

하기야 내가 우체국 직원에게 뭔가를 바란 것이 있기는 했습니다. 그리고 나는 바라던 것을 틀림없이 얻었습니다. 그에게 아무런 부담도 주지 않으면서, 그를 기분 좋게 해주었다는 사실 바로 그것 말입니다. 그런 일은 시간이 지나서도 기억 속에 남아 잔잔한 기쁨을 안겨줍니다.

"항상 다른 사람에게 자신이 중요하다는 기분을 갖게 하라."

이 말이 내가 이번 장 여섯 번째 이야기에서 어린이 여러분에게 강조하려는 내용입니다. 미국의 철학자 존 듀이는 "타인에게 중요한 존재가 되려는 소망은 인간의 가장 뿌리 깊은 욕구이다."라고 말했습니다. 또 다른 철학자 윌리엄 제임스 역시 "인간 본성의 가장 깊은 본질은 다른 사람들로부터 인정받고 싶어 하는 마음이다."라고 말했지요.

나는 두 철학자의 말에 완전히 공감합니다. 내가 항상 지적해온 것처럼, 인간을 여느 동물과 다르게 만들어 주는 것이 바로 그 욕구지요. 지금까지 인류의 문명이 발전되어 온 것도 바로 그와 같은 욕구가 있어 가능했습니다.

우리는 모두 주위 사람들에게서 인정받고 싶어 합니다. 우리의 진정한 가치를 세상이 알아주기를 간절히 바랍니다. 그것을 통해 우리는 자신이 세상에서 아주 중요한 존재라는 사실을 깨닫고 싶어 합니다. 입에 발린 형식적인 칭찬은 듣고 싶지 않지만, 주변 사람들의 마음속에서 우러나오는 칭찬에는 늘 목말라 합니다.

그러면 우리는 어떻게 해야 할까요? 앞서 사례로 든 찰스 슈왑의 주장처럼 타인의 의견에 진심으로 동의하며 아낌없이 칭찬해 주어야 합니다. 내가 상대방에게 인정받고 싶다면, 내가 먼저 상대방을 인정해야 합니다.

다른 사람들을 향한 칭찬과 격려는 일상생활에서 충분히 실천할 수 있습니다. 예를 들어 식당 종업원에게 무언가를 부탁할 때 "미안합니다만 ~을 해주세요."라고 말해야 합니다. 그리고 종업원이 나의 부탁을 들어주었으면 "고맙습니다."라는 말을 전해야 합니다. 그것이 식당 종업원에게는 또 다른 의미의 칭찬이고 격려입니다.

내 돈 쓰러 간 식당이라고 해서 바쁘게 일하는 종업원을 당연한 듯 부려먹는 자세는 옳지 않습니다. 그런 모습은 다른 사람들에게 호감은커녕 손가락질 받기 십상입니다. 상대방의 마음을 얻는 확실한 방법은 그가 세상에서 꼭 필요하고 중요한 인물이라는 사실을 깨닫게 하는 것입니다.

어른들의 세계에서는 칭찬과 격려가 뜻밖의 성과를 거두게 할 때도 많습니다. 조경 사업을 하는 도날드 맥마흔의 사례를 이야기해 볼까요?

그는 자신의 정원 조경을 맡기려는 어느 판사의 집을 방문한 적이 있습니다. 판사는 몇몇 조경 사업가를 따로 집으로 불러 능력과 가격을 비교해 보려고 했지요.

맥마흔은 정원 이곳저곳을 둘러보며 판사가 바라는 점을 꼼꼼히 노트에 적었습니다. 공사 가격은 판사의 요구를 충분히 들어줄 만했지요. 이제 남은 것은 판사가 맥마흔의 능력을 얼마나 신뢰하느냐 하는 문제였습니다.

그때, 판사가 키우는 개가 조경 사업가 맥마흔의 눈에 들어왔습니다. 그는 개를 바라보며 솔직하게 감탄했지요.

"판사님, 개가 정말 훌륭합니다! 반려견을 키우는 일은 좋은 취미이면서, 또 하나의 가족을 만드는 보람을 갖게 하지요."

그러자 순간 기분이 좋아진 판사는 뒷마당에 있는 개 사육장으로 맥마흔을 데려갔습니다. 거기에는 정원에서 본 개만큼 멋지고 활기 찬 여러 마리의 개들이 있었지요. 판사가 그에게 물었습니다.

"선생도 개를 좋아하십니까?"

"그럼요, 저도 얼마 전까지 키우던 반려견이 있었지요. 지금은 무지개다리를 건너갔지만……."

그 말에 판사는 맥마흔을 위로했습니다. 그리고는 사육장에서 작은 강아지 한 마리를 꺼내 와 건네며 말했지요.

"이 강아지를 선물로 드릴 테니 잘 키워 보세요. 그리고 다음 주에 다시 우리 집에 와서 정원 공사를 시작해 주세요."

그 날 맥마흔은 판사가 키우는 개를 칭찬했을 뿐입니다. 그런데 그 개는 판사가 사랑하는 반려견이었기에, 판사를 칭찬하는 것과 다를 바 없었지요. 그것은 곧 단조로운 일상생활에 갇혀 지내는 판사에게 적지 않은 격려가 되었습니다. 그처럼 상대방을 향한 진심어린 칭찬은 뜻밖에 좋은 결과를 낳기도 하지요.

그럼 이쯤에서 어린이 여러분에게 묻겠습니다.

세상에서 칭찬과 격려의 규칙이 가장 먼저 필요한 곳은 어디일까요? 그곳은 다름 아닌 가정입니다. 우리는 가장 가깝다는 이유로, 식구들에게 그 규칙을 가장 소홀히 하니까요.

여러분은 가정에서 부모님에게 어떻게 행동하는지 모르겠군요. 혹시 부모님의 장점을 보고, 부모님의 수고에 감사하기보다는 뭔가를 자꾸 바라기만 하지 않나요? 부모님의 조언을 한낱 잔소리로 여겨 번번이 짜증을 내지는 않나요?

또 형제에게는 어떤가요? 누나나 형, 오빠나 동생에게 함부로 거친 말을 내뱉거나 지나친 욕심을 부리지는 않나요?

만약 여러분이 그렇게 행동해 왔다면 이제라도 반성해 생활 태도를 바꿔야 합니다. 말하나 마나, 가족은 여러분에 가장 소중한 존재니까요. 가장 먼저 가정에서 내 가족을 칭찬하고 격려할 줄 알아야 밖에 나가서도 좋은 친구를 사귀고 즐겁게 사회 활동을 할 수 있으니까요.

어린이 여러분, 지금 당장 식구들의 장점과 수고를 찾아 진심으로 칭찬해 봐요. 여러분의 부모님과 형제가 자기 자신을 중요한 사람이라고 느낄 수 있게 노력해 봐요. 그러면 여러분의 가정에 더욱 큰 행복이 찾아올 것이 틀림없습니다.

그럼 이번 장을 마치면서, 다른 사람의 호감을 얻는 6가지 방법을 복습해 보도록 해요. 그 내용을 다시 한 번 차례대로 정리하면 다음과 같습니다.

1. 다른 사람에게 진심으로 관심을 가져.
2. 진심을 다해 환하게 미소 지어.
3. 친구를 얻으려면 이름부터 기억해.
4. 상대방의 이야기를 경청해.
5. 상대방의 관심사부터 이야기해.
6. 상대방을 칭찬하고 격려해.

모두 기억하나요? 다음 장에 들어가기 전에 위에 적은 6가지 방법을 큰 소리로 따라 읽어 봐요.

⊙ 여러분과 가까운 친구 10명의 이름을 적어 봐요. 그리고
   그 친구들이 무엇을 좋아하고 무엇을 싫어하는지, 어떤 일
   에 관심이 많은지 차례대로 정리해 봐요.

# 제3장

## 상대를 설득하는 **12가지 방법**

첫 번째 이야기 쓸데없는 논쟁은 그만

두 번째 이야기 적을 만들지 마

세 번째 이야기 잘못하면 솔직히 인정해

네 번째 이야기 친밀한 표정으로 다정히 말해

다섯 번째 이야기 상대방이 '예'라고 대답하게 시작해

여섯 번째 이야기 상대방이 더 말하게 해

일곱 번째 이야기 상대방이 스스로 나를 돕게 해

여덟 번째 이야기 상대방 입장에서 생각해

아홉 번째 이야기 상대방 이야기에 공감해

열 번째 이야기 고상한 마음에 호소해

열하나 번째 이야기 나의 생각을 효과적으로 표현

열두 번째 이야기 경쟁심을 자극해

# 쓸데없는 논쟁은 그만

몇 해 전, 항공 모험가 로스 스미스의 업적을 기념하는 축하 행사가 열렸습니다. 나도 거기에 초대받아 여러 사람들과 어울릴 기회가 있었지요. 저녁 식사 시간이 되어 나는 오랜 친구 프랭크 가먼드와 같은 테이블에 앉았습니다. 그리고 한 사람 더, 말쑥하게 잘 차려입은 신사가 우리와 함께했지요. 우리 세 사람은 서로 인사를 나누고 나서 즐겁게 식사를 시작했습니다. 잠시 뒤, 신사가 말했습니다.

"두 분은 혹시 '인간이 엉성하게 벌여놓은 일을 완성하는 이는 신이시다.'라는 성경 구절을 아시는지요?"

신사는 나와 가먼드에게 뭔가 할 말이 있는 듯했습니다. 그런데 나는 순간 그의 잘못을 지적하고 싶은 충동이 일었지요. 왜냐 하면 그 문장은 성경에 나오는 것이 아니라 윌리엄 셰익스피어의 작품 속 문장이었기 때문입니다. 물론 영문학자로서 오랜 시간 셰익스피어를 연구해 온 가먼드도 절대 모를 리 없었지요.

나는 곧장 그것이 셰익스피어의 작품에 나오는 문장이라고 바로잡았습니다. 하지만 신사는 자신의 생각을 굽히지 않았지요. 서로 몇 마디 대화를 더 나누었지만 쉬 결론이 나지 않았습니다. 나는 셰익스피어 전문가인 가먼드에게 도움을 청했지요.

"이보게, 친구. 자네 생각은 어떤가? 그 문장이 어디에 등장하는지 이야기해 보게."

나는 가먼드의 말 한마디로, 내가 옳다는 것이 증명되기를 바랐습니다. 그런데 그의 입에서는 뜻밖의 말이 나왔지요.

"글쎄, 내 생각에도 그 문장은 성경에 나오는 것 같네. 자네가 틀렸어, 데일."

그러면서 가먼드는 자기 발로 식탁 아래의 내 발을 가볍게 건드렸습니다. 그것은 더 이상 논쟁을 벌이지 말라는 신호였지요.

나는 그 날 행사를 마치고 집으로 돌아가는 길에 가먼드에게 물었습니다.

"친구, 그 문장은 셰익스피어의 작품에 나오는 게 틀림없잖아. 자네도 잘 아는 사실 아닌가?"

그러자 가먼드가 빙그레 미소 지으며 대답했습니다.

"그럼, 물론이지. 〈햄릿〉의 5막 2장에 나오는 문장일세. 하지만 오늘 우리는 잔치에 초대받은 사람들이야. 서로 잘 알지도 못하는 상대방이 틀렸다고 굳이 다그칠 필요가 뭐 있나? 그렇게 되면 그가 자네를 좋아하겠어? 그 사람 체면도 생각해 줘야지. 그는 처음부터 자네의 의견을 물어 본 것이 아니야. 쓸데없이 그 사람과 논쟁을 왜 벌이나? 어떤 경우에도 모나는 짓은 하지 말게, 데일."

지금 그 친구는 죽고 없지만, 가먼드는 나에게 평생 잊을 수 없는 교훈을 깨우쳐 주었습니다. 평소 논쟁을 좋아하는 나에게 그것은 정말 꼭 필요한 교훈이지요. 나도 이제는 이따금 논쟁에서 이기는 최선의 방법이 바로 논쟁을 피하는 것이라는 사실을 잘 알고 있습니다.

왜 그럴까요? 논쟁을 벌이는 사람들은 대개 자기가 틀렸어도 그것을 인정하는 데 인색합니다. 사람들은 자신의 생각을 고치려고 논쟁하는 것이 아니라, 자신의 생각을 더욱 굳건히 하려고 논쟁을 벌일 따름이지요.

설령 상대방의 논리를 나의 논리로 굴복시켜 잘못을 증명했다 해도 문제는 남습니다. 그래서 뭐가 달라지나요? 당연히 나의 기분은 좋겠지요. 그러면 상대방은 어떨까요? 그 사람은 열등감을 느끼고 자존심에 상처를 입을 것이 분명합니다.

결국 논쟁에서 패한 상대방은 오래도록 당신의 승리를 혐오할 뿐이지요.

종종 나의 강연을 들으러 오는 사람들 중에 패트릭 오헤어라는 트럭을 판매하는 영업사원이 있습니다. 그 역시 논쟁을 좋아하는 사람이라 툭하면 다른 사람들과 의견 충돌을 빚었지요. 문제는 트럭을 사려는 고객과도 논쟁을 벌인다는 점이었습니다. 그러니 영업 활동이 제대로 될 리 없었지요.

나는 트럭 영업 실적이 형편없다는 그의 고민을 듣고 해결책을 이야기해 주었습니다. 그것은 단 하나, 고객들과 논쟁을 벌이지 말라는 제안이었지요. 몇 달 후 그는 자신이 다니는 화이트자동차 회사에서 판매왕이 되었다며 나에게 인사를 하러 왔습니다. 그의 성공에 나 역시 무척 기뻤지요.

그럼 오헤어는 어떻게 판매왕이 될 수 있었을까요?

그는 내게 한 고객과 상담했던 사례를 들려주었습니다. 그 고객은 오헤어를 만난 자리에서 화이트자동차 회사의 트럭을 얕잡아보며 경쟁사인 후지트 트럭의 장점만 길게 나열했지요. 불과 몇 달 전만 같았어도 오헤어는 고객과 한바탕 논쟁을 벌였을 것이 틀림없습니다. 하지만 그날은 달랐지요. 오헤어가 차분한 목소리로 말했습니다.

"고객님, 후지트 트럭도 훌륭합니다. 만약 후지트 트럭을 구입한다면 올바른 판단을 하시는 겁니다. 후지트 트럭은 좋은 회사에서 숙련된 기술자들이 만드는 제품이니까요."

그러자 고객은 갑자기 할 말이 없어졌습니다. 논쟁할 틈이 없어진 셈이지요. 오헤어가 자신의 말에 맞장구치는데, 고객 입장에서 후지트사 트럭이 최고라는 말을 계속 할 필요는 없었습니다. 고객이 후지트 트럭 이야기를 멈추자, 오헤어는 비로소 화이트자동차 회사 트럭의 장점에 대한 이야기를 시작했지요. 결국 그 고객은 오헤어를 통해 화이트자동차 회사의 트럭을 사기로 결심했습니다.

어린이 여러분, 이제 쓸데없는 논쟁을 피하라는 나의 말뜻을 이해하겠지요?

일찍이 미국의 정치인 벤저민 프랭클린은 "당신이 정확한 증거로 제대로 반박하면 논쟁에서 이길 수도 있다. 하지만 상대방의 호감은 절대로 얻지 못하므로, 그것은 진정한 승리가 아니다."라고 말했습니다. 내가 여기에 한 가지 덧붙이고 싶은 이야기는 '논쟁에서 이겨 자기가 똑똑하다고 증명하고 싶은가?' 아니면 '상대방의 호감을 얻고 싶은가?', 둘 중 하나를 선택하라는 것입니다. 우리가 세상을 살아가다 보면 그와 같은 갈림길에 서는 경우가 적지 않지요. 두 가지 모두 내가 바라는 대로 되기는 어려울 때가 많습니다.

그럼 에이브러햄 링컨의 일화로 이번 장 첫 번째 이야기를 마무리하겠습니다. 그는 동료와 자주 논쟁을 벌여 다툼에 이르고는 하는 청년 장교에게 다음과 같은 말로 충고했습니다.

"자기 발전을 위해 노력하는 사람은 논쟁할 시간이 없네. 더구나 불쾌감에 빠지거나 자제심을 잃게 되는 논쟁이라면 더 더욱 할 필요가 없는 것일세. 앞으로는 자네가 완전히 옳다고 생각되지 않으면 양보하고, 전적으로 자네가 옳다고 생각되어도 가능한 한 양보하게. 좁은 골목에서 개와 마주쳤을 때, 괜히 개에게 맞서 물리기보다 길을 양보하는 편이 낫지 않나? 설령 그 자리에서 개를 물리친다 하더라도 자네 역시 개에 물린 상처는 남기 십상일세. 다시 당부하지만, 쓸데없는 논쟁을 할 시간에 자기 발전을 위해 더욱 노력하게."

링컨의 이 말은 어린이 여러분도 곰곰이 생각해 봐야 합니다.

# 적을 만들지 마

미국의 제32대 대통령이었던 프랭클린 루스벨트는 취임 초
기 이렇게 말한 적이 있습니다.

"나는 앞으로 우리나라의 운명을 결정할 중요한 판단들을
내려야 합니다. 내 생각이 75퍼센트만 맞아도 더 바랄 나위
없겠군요."

어린이 여러분, 루스벨트의 솔직한 이야기를 듣고 어떤 느
낌이 드나요?

네, 이 책에서 이미 몇 차례 설명했듯 루스벨트는 인간관계
에 있어 여러 장점을 가진 인물이었습니다. 나아가 그는 스스
로 자신을 되돌아볼 줄 아는 슬기로운 사람이었지요. 루스벨트
같은 위대한 인물도 자기 판단의 75퍼센트만 맞아도 좋겠다고
했는데, 하물며 대부분의 평범한 사람들이야 오죽할까요.

우리는 세상을 살아가면서 어떤 일과 타인에 대해 섣부른 판단을 내리고는 합니다. 그래서 자주 일이 틀어지고, 다른 사람들에게는 상처를 주기 일쑤지요. 특히 우리는 너무 쉽게 상대방의 잘못을 지적하며 우월감을 느낍니다. 상대방의 자존심까지 무너뜨리면서 말입니다.

고대 그리스 철학자 소크라테스는 제자들에게 되풀이해서 말했습니다. "나는 단 한 가지만 분명히 안다. 그것은 내가 아무것도 모른다는 사실이다."라고요. 나는 처음 소크라테스의 고백을 접하고 큰 감명을 받았습니다. 나같이 평범한 사람이 결코 위대한 철학자 소크라테스보다 지혜로울 수는 없지요. 그래서 그때부터 나는 다른 사람들에게 "당신이 틀렸어!"라고 함부로 말하지 않았습니다. 소크라테스의 겸손을 배워 실천한 것이지요.

나는 상대방이 뭔가를 잘못 알고 있다고 판단할 때 좀 더 정중히 나의 생각을 밝혔습니다. "글쎄요, 저는 그렇게 생각하지 않습니다. 하지만 제 생각이 틀렸을지도 모르겠네요. 저도 자주 실수를 범하니까요. 만약 제 생각이 틀렸으면 이번 기회에 바로잡고 싶습니다. 우리, 이 문제를 같이 검토해 볼까요?" 하는 식으로 말이지요. 그와 같은 태도는 매우 긍정적인 효과를 불러 왔습니다. 어느 누구도 "제가 틀렸을지 모르니까, 그 문제를 같이 검토해볼까요?"라고 말하는데 자기 고집만 내세우지는 않았으니까요.

또한 나는 스스로 내린 판단이 잘못된 것을 깨달았을 때 솔직히 실수를 인정했습니다. 누구든 자신의 실수를 흔쾌히 인정하면 더 이상 곤란할 일이 거의 없지요. 나의 잘못을 순순히 인정하면 논쟁을 하지 않아도 되고, 상대방도 나처럼 열린 마음을 갖게 됩니다. 내가 실수를 인정하는 만큼 상대방도 자신의 실수를 인정하게 마련이지요.

아울러 어쩔 수 없이 상대방의 잘못을 지적해야 하는 상황이라도 나름의 규칙을 지켜야 합니다. 한국에 '아 다르고 어 다르다.'라는 속담이 있다지요? 내가 겪었던 어떤 일을 통해 그 의미를 자세히 설명해 보겠습니다.

나는 얼마 전 집 안의 커튼을 전부 바꾸었습니다. 집 단장을 마치고 나서 한 친구를 초대했지요. 나는 한껏 신나는 표정으로 새로 바꾼 커튼을 자랑했습니다. 그런데 친구는 두 눈을 동그랗게 뜨며 어이없어했지요.

"아이고, 이런 커튼을 그렇게 비싸게 사다니……. 바가지 썼네, 바가지 썼어. 게다가 이 커튼은 자네 집에 잘 어울리지도 않는걸."

나는 친구의 말을 듣고 기운이 쑥 빠졌습니다. 한마디로 김이 새 버렸다고나 할까요? 그 친구는 큰맘 먹고 바꾼 우리 집 커튼을 칭찬하기는커녕 깎아내리느라 바빴습니다.

그런데 며칠 후 찾아온 다른 친구는 그와 전혀 다르게 이야기했습니다. 그 친구는 커튼을 이리저리 유심히 살펴보더니 미소 띤 표정으로 자기 생각을 밝혔지요.

"이 커튼은 품질이 아주 좋군. 햇빛을 완전히 가릴 수 있을 만큼 천도 두툼하고 말이야. 내가 보기에는 지난 번 커튼보다 자네 집에 더 잘 어울리는 것 같아. 집 안이 한결 환해졌는걸."

아, 그 친구의 말은 내가 다시 잃어버린 기운을 되찾게 해 주었습니다. 나의 선택이 잘못됐다고 판단해 며칠 동안 우울했는데 마음이 편안해지는 것도 느꼈지요.

물론 누구나 우리 집 커튼을 보고 다른 평가를 내릴 수는 있습니다. 다만 상대방에게 자기 생각을 드러낼 때도 나름의 규칙을 지켜야 하지요. 먼저 우리 집에 찾아온 친구처럼 이야기하면 아무리 옳은 소리라고 해도 상대방의 기분을 상하게 하니까요.

나는 나중에 우리 집에 찾아온 친구의 말이 무척 고마웠습니다. 그래서였을까요. 오히려 나는 "자네 말을 듣고 보니 내가 커튼을 잘 바꾼 것 같군. 그런데 품질에 비해 좀 비싸기는 했어."라고 솔직한 마음을 털어놓았지요.

그처럼 다른 사람의 말과 행동을 지적하게 되는 경우라도 정중히 규칙을 지키면 그 사람이 스스로 자신의 잘못을 인정하게 됩니다. 그와 달리 타인에게 공격적으로 말과 행동을 지적받으면 누구라도 반발심부터 드러내게 마련이지요.

나는 강연을 들으러 온 사람들에게 책을 추천할 때가 종종 있습니다. 그중 하나가 벤저민 프랭클린의 자서전이지요. 그 책을 보면 지나칠 만큼 논쟁을 좋아하던 그가 어떻게 미국에서 가장 유능하고 온화하며 사교적인 사람이 되었는지 잘 설명되어 있습니다. 자서전의 내용을 일부 소개하면 다음과 같습니다.

어느 날 프랭클린은 여느 때처럼 친구들과 내가 옳니, 네가 옳니 하며 논쟁을 벌였습니다. 그러다가 목소리 높여 다툼을 벌이기까지 했지요. 다른 친구들이 모두 돌아간 뒤, 끝까지 곁에 남아 있던 한 친구가 조심스레 말문을 열었습니다.

"벤저민, 너한테는 참 나쁜 습관이 하나 있어. 너는 상대방의 생각이 다르면 지나치게 공격적으로 반발해 모욕을 주고는 하지. 솔직히 말하면, 다른 친구들은 네가 없을 때 더 재미있게 잘 지내. 네가 나타나서 매사에 다 아는 척을 하면 분위기가 갑자기 싸늘해지지. 그래서 아무도 너와는 깊은 이야기를 나누고 싶어 하지 않아. 너와 논쟁해 봤자 기분만 나빠지니까. 좀 심한 말 같지만, 내가 보기에 너는 지금 알고 있는 얄팍한 지식 이상으로 발전할 가능성이 별로 없어."

친구의 말을 들은 프랭클린은 충격을 받았습니다. 그는 한

동안 멍하니 앉아 정신을 차리지 못했지요.

　그러나 다행히 프랭클린은 그와 같은 진심어린 충고를 받아들여 자신을 반성할 줄 아는 사람이었습니다. 그는 자신이 달라지지 않으면 주변 사람들로부터 영영 소외당할지 모른다고 생각했지요. 그래서 프랭클린은 단호히 방향 전환을 하기로 마음먹었습니다. 그는 다른 사람들에게 섣불리 자기 생각을 강요하며 공격적으로 반응하는 태도를 당장 바꾸기로 결심했지요.

　그날 이후 벤저민 프랭클린의 태도는 완전히 달라졌습니다. 그는 누군가와 대화할 때 '확실히'나 '의심할 여지없이' 같은 단정적인 표현을 쓰지 않았지요. 그 대신 '나는 ~라고 생각합니다.', '현재로서는 그렇게 생각합니다.' 같은 표현을 자주 사용했습니다. 상대방이 잘못된 주장을 하더라도 곧바로 잘못을 지적하지 않고, 적절한 상황을 보아 가능한 한 부드럽게 그 사람을 설득하려고 노력했지요.

　그러자 사람들은 프랭클린과 대화하는 것을 즐겼고, 설령 논쟁을 펼치더라도 서로 상처를 주고받지는 않게 됐습니다. 그 후 프랭클린은 인생을 살아가며 다른 사람들에게 독선적이라는 평을 두 번 다시 듣지 않았지요. 적어도 대화할 때만큼은 그에게 적이 없었습니다.

# 잘못하면 솔직히 인정해

미국 작가 엘버트 허버드는 『가르시아 장군에게 보내는 편지』라는 책으로 잘 알려져 있습니다. 그 밖에도 그는 자신의 감정을 숨기지 않는 신랄한 글들을 여러 지면에 발표해 왔지요. 그의 솔직한 글을 좋아하는 독자들이 많았지만, 그만큼 그의 글에 반감을 갖는 독자들도 적지 않았습니다. 그중에는 몹시 화가 치밀어 허버드에게 항의 편지를 보내는 사람들도 있었지요.

그런데 그런 편지를 받은 허버드는 덩달아 흥분하는 법이 없었습니다. 오히려 그는 정성어린 답장을 보내 분노를 내보인 독자들을 자기 편으로 만들었지요. 그의 답장에는 다음과 같은 내용이 담기고는 했습니다.

'독자님, 저도 제 의견에 전적으로 동의하지는 않습니다. 어제 쓴 글을 오늘 다시 읽어보면 자주 다른 생각이 드니까요. 이번에 발표한 글에 대해서도 저와 생각이 다른 분의 의견을 알게 되어 정말 기쁩니다. 혹시 제 사무실 근처에 지나실 일이 있으면 꼭 방문해 주십시오. 차라도 한잔 대접하겠습니다. 그리고 제 글에 대해 서로 다른 생각을 함께 이야기해 보면 좋겠습니다. 그럼 오늘은 이만. 멀리에서나마 독자님의 삶에 박수를 보냅니다.

– 엘버트 허버드 드림.'

어떤가요, 여러분? 이렇게 솔직하고 다정하게 편지를 보내온 사람에게 계속 화를 낼 수 있을까요?

그처럼 허버드는 자신도 잘못 생각할 수 있다는 점을 기꺼이 인정할 줄 아는 사람이었습니다. 실제로 그는 자기의 잘못이 드러나면 어느 누구에게라도 흔쾌히 사과했지요. 그런 성격은 자신에게 적대적인 상대방을 순식간에 친구로 변화시키는 마법을 부리고는 했습니다.

여기서 얼마 전 내가 직접 경험했던 일을 사례로 들어 보겠습니다.

내가 사는 집 근처에는 숲이 우거져 있습니다. 여러 종류의 새들을 비롯해 다람쥐와 야생 토끼들도 종종 눈에 띄는 아름다운 곳이지요. 나는 렉스라고 이름붙인 반려견 불도그와 그

숲을 즐겨 산책하며 기쁨을 만끽합니다. 뉴욕주 법률에 따라 불도그는 목줄과 입마개를 하게 되어 있지만, 그곳에 워낙 인적이 드물어 나는 이따금 아무런 안전 장비 없이 렉스를 데리고 나갔지요. 실은 릭스가 입마개 하는 것을 무척 싫어했거든요. 언제든 내가 렉스를 통제할 수 있다는 자신감도 있었고요.

나는 그것이 잘못된 행동인 줄 뻔히 알면서, 그날도 '설마, 아무 일 없겠지.' 하며 안전 장비 없이 렉스와 숲으로 향했습니다. 그런데 숲에 다다르기 전 경찰관과 맞닥뜨렸지요. 그가 나를 불러 세우더니 단호한 목소리로 말했습니다.

"불도그를 목줄도, 입마개도 안 하고 데리고 다니면 어떡합니까? 뉴욕주 법에 어긋난다는 것을 모르시나요?"

"그럴 리가요. 견주로서 어떻게 해야 하는지 잘 알고 있습니다. 하지만 인적 드문 숲으로 산책 가는 길이라 괜찮겠거니 생각했습니다."

"괜찮겠거니 생각했다고요? 법은 선생님의 생각에 따라 이 랬다저랬다 할 수 있는 것이 아닙니다. 이 개가 갑자기 나타난 어린아이, 아니면 다람쥐 같은 야생동물이라도 물어 죽이면 어떻게 합니까?"

그제야 나는 나의 잘못을 뼈저리게 느꼈습니다. 자신의 임무에 충실한 경찰관과 더 이상 언쟁하는 것은 아무 소용없다는 사실을 깨달았지요. 잘못은 분명 나에게 있었습니다.

나는 경찰관에게 서둘러 잘못을 인정했습니다. 그리고 곧장 렉스를 데리고 집에 가서 목줄과 입마개를 채우겠다고 약속했지요.

나의 솔직한 사과와 다짐에 경찰관도 슬며시 미소 지으며 다음부터는 꼭 주의를 당부한다고 말했습니다. 원칙대로라면 과태료를 물어야 했지만, 그 경찰관은 자신의 권한 범위 안에서 나의 잘못을 용서했지요. 만약 내가 그 자리에서 잘못을 시인하지 않은 채 계속 따지고 들었다면 경찰관도 가차 없이 과태료를 부과했을 것이 틀림없습니다.

그 밖에도 자신의 잘못을 순순히 인정해 오히려 상황을 좋게 만드는 경우는 많습니다. 한 가지 사례를 더 이야기해 보겠습니다.

내가 아는 출판 디자이너 중에 페르디난드 워렌이라는 사람이 있습니다. 어느 날 그는 한 출판사 편집장의 호출을 받았지요. 그가 그려 보낸 일러스트에 문제가 있었기 때문입니다. 워렌과 마주한 편집장은 불같이 화를 내며 소리쳤지요.

"아니, 일을 이렇게 하면 어떡합니까? 이달 안에 꼭 출판해야 하는 책인데, 일러스트 때문에 일정이 완전히 꼬이게 됐어요!"

"………."

워렌은 한동안 아무 말도 하지 않았습니다. 굳이 잘잘못을 따지고 든다면 지나치게 일을 독촉한 편집장에게도 책임을 물을 수 있었습니다. 하지만 어쨌거나 일러스트를 그린 것은 자신이었고, 시간에 쫓겨 실수한 것도 자신이었지요. 잠시 뒤 그는 조심스런 표정으로 잘못을 인정했습니다. 오랜 세월 출판 디자이너로 일해 온 자존심을 뒤로 하고 말이지요.

"이번 일의 잘못은 전적으로 저에게 있습니다. 정말 죄송합니다. 오랫동안 일해 와 이제는 실수하지 않을 법도 한데, 제 자신이 부끄럽습니다."

그러자 뜻밖에 편집장이 당황했습니다. 그의 얼굴빛이 살짝 붉어지더니 급히 손사래를 쳤지요.

"아닙니다. 아니에요, 디자이너 님. 제가 일을 너무 빨리 해 달라고 재촉한 잘못도 크지요. 이왕 이렇게 된 것 어쩔 수 있나요? 제가 출판사 사장님과 함께 거래처들을 설득해 일정을 좀 조정해 보겠습니다."

페르디난드 워렌의 경우도 앞서 이야기한 엘버트 허버드나 내가 경험한 사례와 다르지 않습니다. 이러쿵저러쿵 변명하지 않고 솔직히 자신의 잘못을 인정해 좋은 방향으로 사태를 수습할 수 있었지요. 그 후 워렌은 오히려 그 출판사와 신뢰를 유지하며 더 많은 일을 함께 했다고 합니다.

어린이 여러분, 사람이 살아가다 보면 누구나 실수나 잘못을 하게 마련입니다. 곰곰이 생각해 봐서, 만약 내가 옳다면 상대방을 이해시키고 설득하면 됩니다. 그런데 내가 잘못하거나 틀렸다면 즉시 인정하는 태도가 필요하지요. 자기가 잘못해 놓고도 이 핑계 저 핑계 대며 다투면 **얻는** 것이 아무것도 없습니다. 그와 달리 스스로 잘못을 인정하면 상대방과 더 이상 갈등 없이 이전보다 더 좋은 관계를 지속할 수 있습니다.

# 친밀한 표정으로 다정히 말해

상대방과 논쟁하다가 내 기분대로 막 소리를 질러대면 어떤 가요? 내 말이 옳고 상대방의 의견이 틀렸다며 비아냥대거나 윽박지르면 어떤가요? 순간 나의 기분이 좋아질 수는 있겠지요. 잠깐이나마 내가 이겼다는 승리감에 도취되어 우쭐할 수는 있겠지요.

하지만 그와 같은 태도로 상대방을 설득할 수 있을까요? 상대방이 그냥 내 앞에서 고개를 끄덕이는 게 아니라, 진심으로 나의 생각에 동의할 수 있을까요? 만약 상대방이 친구라면 그후에도 사이좋게 우정을 나눌 수 있을까요?

미국의 제28대 대통령이었던 우드로 윌슨은 다음과 같이 말했습니다.

"당신이 주먹을 쥐고 덤비면 상대방도 주먹을 쥐고 달려들게 마련입니다. 그렇지만 만약 당신이 '우리 함께 이성적으로 이야기해 봅시다. 우리가 서로 다른 견해를 갖고 있다면, 그 이유와 차이점을 곰곰이 따져 봅시다.'라고 차분히 말한다면 상황이 달라질 겁니다. 두 사람은 머지않아 서로의 의견 차이보다 오히려 비슷하게 생각하는 점이 더 많다는 사실을 깨닫게 될 것이 틀림없지요. 인간관계에서 인내와 솔직함과 선의를 가지면 대부분의 문제는 큰 충돌 없이 해결되는 법입니다."

윌슨의 이 말을 누구보다 잘 실천한 사람은 존 록펠러 2세입니다. 그가 아버지의 회사를 물려받아 사업에 몰두할 무렵 미국 역사상 최악의 노동자 파업이 일어났지요. 무려 2년 동안 이어진 파업으로 노동자와 기업의 갈등이 갈수록 심해졌습니다. 록펠러 2세가 경영하는 회사도 마찬가지였지요.

어느 날, 성난 노동자들이 록펠러 2세가 운영하는 콜로라도 석유 회사에 몰려가 임금 인상을 요구했습니다. 그들의 폭력으로 회사 기물이 파괴되자 군대까지 동원되기에 이르렀지요. 당시에는 오늘날처럼 평화적이고 민주적인 노사 문화가 뿌리내리지 못했습니다. 군인들이 실제로 총을 쏴 노동자들이 죽거나 다치는 일이 심심치 않게 벌어졌지요.

그런데 그토록 증오와 폭력이 난무하던 때, 록펠러 2세는 자신만의 방식으로 파업에 참가한 노동자들의 마음을 사로잡았습니다. 그는 약 보름 동안 수많은 노동자들을 만나 그들의 불만과 바람을 경청했지요. 노동자 당사자뿐만 아니라 그의 가족까지 만나 어려움을 살폈습니다. 그리고는 노동자 대표들을 한 자리에 모아 놓고 진지하게 말문을 열었지요. 노동자 대표들은 처음에 시큰둥했지만, 록펠러 2세의 솔직한 연설에 점점 귀를 기울였습니다. 그 날 길게 이어졌던 록펠러 2세의 연설 중 일부를 옮겨 보도록 하지요.

"저는 오늘 이 자리에 선 것이 무척 자랑스럽습니다. 지난 보름 남짓, 제가 여러분을 비롯해 여러분의 가족들과 진솔하게 이야기를 나눠 왔기에 오늘 우리는 남이 아니라 친구로서 만나는 것이라고 생각합니다. 아울러 제가 이 회사의 경영자로서 살아갈 수 있는 것은 오랜 시간 노동자 여러분이 열심히 일하고 희생하신 덕분인 것을 잘 알고 있습니다.

여러분, 오늘은 제 인생에서 특별한 날입니다. 기업을 이끌어 가는 경영자로서 여러 임원들과 노동자 대표들을 만나 회사의 미래를 위해 함께 이야기할 수 있는 것은 매우 큰 행운이라고 생각합니다. 저는 오늘의 모임을 평생, 영원히 기억하겠습니다. 만약 이 모임이 3주 전에 열렸다면, 저는 임원진을 제외하고는 대부분의 노동자 대표 분들과 낯설고 서먹서먹한 사이였을 것입니다. 그러나 지난 보름 동안, 비록 충분하지는 않아도, 제가 여러 노동자 분들과 그 가족 분들을 만나 대화한 덕분에 지금의 노사 갈등을 해결할 방법도 찾을 수 있게 되었습니다.

여러분, 우리 모두 이 회사의 운명 공동체라는 사실을 명심해 우호적인 분위기에서 진지한 대화를 나눴으면 합니다. 노동자 여러분의 바람을 전부 들려주십시오. 저와 임원진이 열심히 듣고 최대한 그 내용을 실천하도록 하겠습니다. 회사 경영에 심각한 피해를 입히지 않는 선에서 임금 인상도 적극 고려하겠습니다. 다시 한 번 강조하건대, 여러분과 저는 이 회사의 운명 공동체입니다. 서로를 적대시하지 말고, 친밀한 얼굴로 다정히 이야기를 나누면 좋겠습니다."

그 날 록펠러 2세의 연설은 기대보다 더 큰 성과를 거두었습니다. 적어도 그 회사에서는 노사 갈등이 줄어들어 파업이 막을 내렸지요. 그와 같은 록펠러 2세의 일화야말로 서로를 적대시하던 관계를 친구로 변화시킨 더없이 훌륭한 사례입니다.

어린이 여러분, 자신이 상대방에게 나쁜 감정을 품고 있으면 어떤 논리로도 그 사람의 마음을 돌릴 수 없습니다. 좋은 말로 타일러 보지도 않고 무작정 아이들을 꾸짖는 부모, 앞뒤 설명조차 없이 냅다 윽박지르는 선배나 친구가 결코 상대방을 설득할 수는 없는 법입니다. 내가 강하게 밀어붙여 상대방이 머리를 조아린다고 해서, 그것이 나의 의견에 진짜 동의하는 것은 절대로 아닙니다. 하지만 그와 달리 상대방을 친절하고 다정하게 대하면 그 사람의 생각이 진심으로 달라질 수 있습니다.

여러분은 지금 내가 쓴 글을 읽으면서, 혹시 머릿속에 떠오르는 이솝 우화가 있나요? 「바람과 해님의 내기」라고요? 네, 맞습니다. 많은 어린이들이 알고 있겠지만, 그 이야기를 여기에 옮겨 보겠습니다. 이미 알고 있는 내용이라 하더라도 이번 기회에 다시 한 번 곰곰이 생각해 중요한 교훈을 얻게 되기를 바랍니다.

'바람이 해님 앞에서 자기 힘이 더 세다며 우쭐댔습니다. 해님은 얼굴 가득 미소를 지을 뿐 아무 대꾸도 하지 않았지요. 제 분에 못 이긴 바람이 해님에게 서로의 힘을 겨뤄 보자고 떠들어댔습니다. 때마침 한 나그네가 언덕을 넘어오는 것이 보였는데, 누가 그의 외투를 더 빨리 벗기는지 내기를 하자고 말했지요. 해님도 바람의 말에 고개를 끄덕였습니다.

먼저 바람의 차례였습니다. 바람은 있는 힘껏 돌풍을 일으켜 나그네를 휘몰아쳤지요. 돌풍으로도 모자라 태풍이라 할 만한 세찬 바람을 일으켰습니다. 하지만 그럴수록 나그네는 옷을 더 단단히 여몄지요. "오늘따라 왜 이렇게 바람이 부는 거야? 외투를 단단히 여며야겠군."이라고 중얼거리면서 말이에요. 결국 바람은 나그네의 외투를 벗기지 못했습니다.

이번에는 해님의 차례였습니다. 해님이 부드럽고 따뜻한 빛을 내리쬐자 나그네는 이마에 맺힌 땀방울을 연신 닦아냈지요. 그러다 해님이 점점 더 뜨거운 열기를 내뿜자 더는 견디지 못해 외투를 훌렁 벗어 버렸습니다. "아이, 더워! 갑자기 한여름 날씨가 됐네. 외투를 그냥 입고 있다가는 온 몸이 땀으로 젖겠어."라고 투덜대면서 말이지요. 자기 스스로 외투를 벗은 나그네를 바라보며 바람은 창피해 몸 둘 바를 몰라 했습니다.'

그래요, 많은 어린이들이 알고 있듯 그날 내기의 승자는 해님이었습니다. 나그네의 외투를 벗기겠다며 다짜고짜 힘으로만 밀어붙인 바람이 아니라, 부드러운 온기를 쏟아 부어 나그네 스스로 외투를 벗게 한 해님의 승리였지요.

여러분은 내가 새삼 이솝 우화 「바람과 해님의 내기」를 들려준 이유를 알겠습니까?

이 이야기에는 친절한 태도와 칭찬이 호통과 비난보다 더 효과적으로 사람의 마음을 바꾼다는 교훈이 담겨 있습니다. 에이브러햄 링컨도 "한 방울의 꿀이 한 통의 쓸개즙보다 더 많은 나비를 불러 모은다."라고 강조했지요. 어린이 여러분이 친구나 부모 형제를 설득할 때도 한 통의 쓸개즙보다 한 방울의 꿀이 필요합니다. 한 방울의 꿀이란, 바로 친밀한 표정과 다정한 말투를 의미하지요. 그래야만 상대방의 마음을 얻어 바람직한 인간관계를 계속 이어갈 수 있습니다.

# 상대방이 '예'라고 대답하게 시작해

여러분이 학급 회의를 한다고 가정해 볼까요? 20명 남짓한 한 학급에서도 모든 사람들의 생각이 같을 수는 없겠지요. 당연히 서로 다른 의견이 있게 마련입니다.

그런데 친구들과 이야기할 때 서로 의견이 다른 문제부터 논의하는 것은 바람직하지 않습니다. 그보다는 서로 의견이 같은 주제로 이야기를 시작하는 것이 좋지요. 그래야만 나와 상대방이 같은 목표를 향해 나아가고 있다는 사실을 깨닫게 되니까요. 서로 생각이 다를 뿐이지, 결국 학급을 위하는 마음은 똑같다는 사실을 이해하게 되는 것이지요.

만약 처음부터 서로 의견이 엇갈리는 주제부터 꺼내게 되면 상대방으로부터 "아니!" 또는 "절대 안 돼." 같은 대답을 듣기 십상입니다. 어떤 안건을 논의하자마자 그런 대답을 듣게 되면 서로 반발심을 갖게 되지요. 사람들은 한 번 '아니!'라고 대답하면 자존심 때문에라도 그 말을 번복하지 않으려 합니다. 나중에 자신의 대답이 너무 경솔하지 않았을까 후회해도 체면이나 고집 때문에 말을 바꾸려 하지 않지요. 그러므로 처음부터 상대방이 "응, 좋아."나 "나도 그렇게 생각해."라고 대답할 수 있는 분위기를 만드는 것이 중요합니다.

사람은 "아니오!"라고 했을 때와 "네!"라고 했을 때의 신체 반응이 다릅니다. 사람이 진심으로 "아니오!"라고 말하면 단순히 입으로만 그러는 것이 아니라 신체 곳곳에도 많은 변화가 일어나지요. 분비샘과 신경, 근육 등 다양한 조직이 일제히 거부 반응을 나타내는 것입니다.

그와 달리 "네!"라고 말할 경우 신체 거부 반응은 일어나지 않습니다. 각 신체 기관이 긍정적이면서 개방된 태도를 보이게 되지요. 그러므로 "네!"라는 반응을 최대한 이끌어낼수록 내가 생각하는 방향으로 상대방을 이해시키기 더 쉬워집니다. 대화와 토론을 시작하자마자 상대방으로부터 "아니오!"라는 반응을 얻는 순간, 그것을 "네!"로 바꾸기까지는 생각보다 훨씬 많은 시간과 노력이 필요하지요.

나는 뉴욕에서 일하는 제임스 에버슨이라는 은행원을 알고 있습니다. 어느 날 은행에서 일하고 있는 그에게 한 사람이 찾아왔지요. 그는 꽤 부자라 이미 다른 은행에 많은 돈을 예금한 최우수 고객이었습니다. 그날 그는 새로운 예금 통장을 만들려고 처음 에버슨의 은행에 방문한 것입니다. 에버슨은 정중히 예의를 갖춰 고객을 대했습니다. 미소 띤 얼굴로 각종 서류를 가져와 고객의 서명을 받았지요.

그런데 웬 일인지 그 고객은 자신의 주소를 제대로 쓰지 않으려 했습니다. 자기가 사는 아파트까지는 흔쾌히 밝히면서 몇 동 몇 호에 거주하는지는 적지 않으려고 했지요. 다른 은행원 같았으면 곧장 규정을 내세워 세부 주소까지 전부 적어야 한다고 말했을 것이 틀림없습니다. 만약 그랬다면, 그 고객은 십중팔구 "아니, 싫소!" 라고 말하며 불쾌한 표정을 지었겠지요. 이 은행과는 절대 거래하지 않겠다며 자리에서 벌떡 일어섰을지도 모를 일입니다.

하지만 에버슨은 달랐습니다. 그는 다음과 같은 말로 고객을 설득했지요.

"고객님, 주소를 좀 더 자세히 적어 주세요. 그래야만 저희 은행에서 명절에 선물을 보내 드릴 수 있습니다. 최우수 고객에게는 특별히 좋은 선물을 보내 드리거든요. 그리고 은행에서 알려야 하는 중요한 소식이 있을 때 우편물을 보내기도 하고요."

그러자 까다로운 고객이 고개를 끄덕였습니다. 비로소 은행이 고객을 위해 자세한 정보를 요구한다고 생각한 것이지요.

그 고객은 더 이상 고집부리지 않고 자신의 집 주소를 전부 다 정확히 적어 냈습니다.

이 이야기에서 알 수 있듯, 처음부터 상대방의 긍정적인 반응을 이끌어내는 것이 인간관계에 있어 매우 효과적입니다. 처음에 상대방과 갈등을 일으키면 그 상황이 호의적으로 마무리되기 어렵지요. 아마도 그 고객은 나중에도 에버슨과 좋은 관계를 유지했을 것이 분명합니다. 다시 강조하지만, 대화를 시작할 때 "아니오!"가 아니라 "네!"의 반응을 이끌어내야만 내가 바라는 결론에 다다를 수 있습니다.

고대 그리스 철학자 소크라테스는 '문답법'이라는 방식으로 제자들에게 진리를 깨우쳐 주었습니다. 문답법이란, 말 그대로 '질문하고 대답을 듣는 방식'이라는 뜻이지요. 소크라테스는 자신의 지식을 일방적인 가르침으로 전달한 것이 아니라, 문답법을 통해 제자들 스스로 깨닫게 했습니다. 다시 말해, 소크라테스식 문답법을 통해 제자들에게서 "네!"라는 대답을 이끌어냈다는 뜻입니다.

소크라테스의 문답법에는 강요가 없었습니다. 그는 제자들 앞에서 질문에 질문을 거듭해 자연스럽게 "네!"라는 대답이 나오게 했지요. 불과 몇 분 전에 부정하고 있던 문제에 대해 제자들이 긍정적인 답변을 하도록 이끌어낸 것입니다. 그랬기에 소크라테스는 오랜 세월 동안 인류 최고의 철학자 중 한 사람으로 추앙받고 있지요.

어린이 여러분, 그럼 이번 장 다섯 번째 이야기의 핵심을 정리해 보겠습니다.

그것은 바로 상대방이 "네!"라고 반응할 수 있도록 대화를 이끌어가라는 것입니다. 그렇게 차분히 대화를 이어가다 보면 상대방을 진심으로 설득할 수 있는 길이 열리게 마련입니다. 당장 다음번 학급 회의에서 오늘 배운 교훈을 실천해 보기 바랍니다.

# 상대방이 더 말하게 해

혹시 여러분 주변에 쓸데없이 말 많은 친구가 있나요? 그런데 불필요하게 말을 많이 하면, 오히려 상대방이 핵심을 놓치게 되는 경우가 많습니다. 상대방을 설득한다고 수다스럽게 떠들어대면 역효과를 불러오기 십상이지요.

그러면 어떻게 하는 편이 좋을까요? 한마디로, 상대방이 말을 많이 하게 만들어야 합니다. 그들은 자신의 일이나 문제에 관해 여러분보다 훨씬 더 많이 알고 있지요. 그러니 이런저런 질문을 해서 상대방이 저절로 자신의 이야기를 하게 이끌어야 합니다.

그때 여러분이 상대방과 의견이 다르면 말을 끊고 끼어들고 싶을 때가 있을 것입니다. 하지만 절대 그러면 안 됩니다. 인간관계에서 그런 행동은 반드시 피해야 합니다. 상대방은 스스로 하고 싶은 말이 많기 때문에, 사실 여러분에게 별 관심이 없습니다. 그러니 열린 마음으로 인내심을 갖고 듣기만 하는 편이 바람직합니다. 진심으로 상대방의 말을 경청하며, 상대방이 충분히 자신의 생각을 이야기할 수 있도록 맞장구를 쳐 주는 것이 좋습니다.

어떻게 보면 우습게 들릴지 모를 사례 하나를 소개하겠습니다.

얼마 전 뉴욕의 한 신문에 '남다른 능력과 경험을 가진 사람을 구합니다.'라는 제목을 단 구인 광고가 실렸습니다. 인터넷이 발달하기 전에는 그와 같은 직원 모집 광고가 자주 신문에 실렸지요.

찰스 큐벨리스라는 사람이 구인 광고를 보고 이력서를 냈습니다. 며칠 후 그는 회사에서 인터뷰하러 오라는 연락을 받았지요. 그는 인터뷰하러 가기 전에 회사를 설립한 창업주에 대해 가능한 한 많은 조사를 했습니다. 그리고 인터뷰하는 날, 큐벨리스는 몇 가지 질문에 차분히 대답하다가 뜻밖에 그 회사 사장에게 물었지요.

"이 회사처럼 훌륭한 역사를 가진 기업에 제가 지원하게 되어 영광입니다. 그런데 한 가지 궁금한 것이 있습니다. 사장님께서는 28년 전 책상 하나와 속기사 한 명만 데리고 회사를 창업하셨다는데 사실입니까?"

그렇게 당돌한 행동을 하는 사람은 오직 큐벨리스밖에 없었습니다. 사장과 함께 있던 회사 임원들이 순간 당황했지요. 하지만 사장의 표정은 더없이 밝아졌습니다. 사업에 성공한 사람들은 대부분 자신이 창업 초기에 겪었던 어려움을 회상하는 것을 좋아하지요. 사장은 큐벨리스의 질문을 받고 과거로 시간 여행을 하는 듯 옛 기억을 쏟아내기 시작했습니다.

"자네의 말을 듣고 보니 내가 고생한 날들이 새삼 떠오르는구먼. 나는 단돈 4천500달러와 빛나는 아이디어만으로 사업을 시작했지. 정말이지 하루에 12시간에서 16시간씩 하루도 쉬지 않고 일했다네. 많은 사람들이 나를 비웃었고, 종종 절망적인 상황에 맞닥뜨리기도 했지만 그와 같은 노력이 있어 모두 극복해낼 수 있었지. 결국 이제는 많은 사람들이 나의 조언을 들으러 올 만큼 사업에 크게 성공했다네."

사장의 얼굴에는 스스로 감격해하는 표정이 떠올랐습니다. 그는 다시 큐벨리스를 바라보며 경력 사항 등을 좀 더 묻더니 옆에 앉은 한 임원에게 말했지요.

"이 청년이 바로 우리가 찾는 사람 같소. 직원으로 채용해 함께 일해 보도록 합시다."

어린이 여러분, 이 일화를 읽고 어떤 생각이 드나요?

찰스 큐벨리스가 너무 영악한 사람이라고요? 물론 그렇게 판단할 수도 있겠지요. 사장의 심리를 교묘히 이용해 자신의 목적을 이루었으니까요.

하지만 큐벨리스는 분명 자신의 고용주가 될지 모를 사람을 알기 위해 열심히 노력했습니다. 그리고 상대방이 그 사실을 스스로 되새기게 해 자신에게 호감을 갖도록 했지요. 그는 상대방에 대한 정보를 이용해 아첨을 떤 것이 아니라, 상대방이 즐겁게 말문을 열어 자신을 남다른 사람으로 기억하게 만들었습니다.

여러분의 친구들도 마찬가지입니다. 인간은 누구나 자신의 이야기를 하고 싶어 하니까요. 프랑스 철학자 라 로슈푸코는 이렇게 말했습니다. "적을 만들고 싶으면 친구를 이겨라. 친구를 얻고 싶으면 친구가 이기게 해주어라."라고요.

이 말이 왜 옳은 말일까요? 친구가 나보다 잘하면, 그 친구는 자존감을 느끼며 행복해합니다. 그와 반대로 내가 친구보다 잘하면, 그 친구는 열등감을 느끼며 질투하게 되지요. 어느 면에서는 안타깝지만, 인간의 본능에 그런 마음이 있는 것이 사실입니다. 친구의 성공을 내가, 나의 성공을 친구가 진심으로 축하해 주는 경우도 많지만 말이지요.

심지어 독일에는 이런 속담이 있다고 합니다. "우리가 부러워하는 사람이 잘못되는 것을 보는 것이 가장 큰 즐거움이다."라고요. 인간의 마음이 때로는 그런 모습을 보이는 것도 부정할 수 없는 현실이지요.

그러니 내가 무엇을 잘해냈다고 해서 큰소리치며 잘난 척할 일은 아닙니다. '벼는 익을수록 고개를 숙인다.'라는 한국 속담이 있지요. 그 속담이 주는 교훈을 명심해 나의 성공을 떠벌여 상대방의 질투를 불러일으키는 행동을 하면 절대 안 됩니다. 그것은 바람직하지 않은 인간관계로 이어지게 마련이지요. 그러면 상대방은 말문을 닫고 나를 외면하게 됩니다. 그보다는 나를 낮춰 상대방이 스스로 즐겁게 말문을 열도록 하는 편이 훨씬 낫습니다.

어린이 여러분, 우리는 좀 더 겸손해져야 합니다. 여러분은 아직 실감하지 못하겠지만, 인생은 생각보다 짧습니다. 쓸데없이 자기 자랑을 하며 낭비할 시간이 없습니다. 그러니 이제부터라도 내가 아닌 다른 사람이 더 많은 이야기를 하도록 해봐요. 솔직히, 실컷 내 자랑을 해봤자 신나는 것은 나밖에 없을 때가 많지 않나요?

# 상대방이 스스로 나를 돕게 해

다른 사람에게 자신의 의견을 강요하는 것은 바람직하지 않습니다. 그 대신 이런 의견도 있을 수 있다고 넌지시 암시하면서 상대방이 스스로 결정을 내리도록 하는 것이 현명한 방법입니다. 인간은 누구나 다른 사람의 의견보다 자신의 판단을 더 신뢰하기 때문입니다.

몇 가지 사례를 들어볼까요?

내 강의를 자주 들으러 오는 수강생 중에 아돌프 셀츠라는 중년 남성이 있습니다. 그는 자동차 영업 사무소의 책임자지요. 하루는 그가 부쩍 저조해진 실적 탓에 울적한 표정으로 내게 상담을 신청했습니다. 셀츠는 어떻게 해야 영업사원들이 차를 더 열심히 팔게 이끌 수 있을까 고민했지요. 나는 그의 이야기를 다 듣고 한 가지 조언을 건넸습니다.

"셀츠 씨, 사원들의 요구 사항에 먼저 귀 기울여 보세요. 그 다음에 책임자로서 바라는 바를 말해도 늦지 않습니다."

그러고 나서 2달이 지났을 때, 셀츠가 다시 나를 찾아왔습니다. 그는 한층 밝아진 얼굴로 그동안 있었던 일을 전했지요.

"선생님 말씀대로 사원들이 바라는 것을 먼저 제안하게 했습니다. 그 내용을 사무실 칠판에 일일이 옮겨 적었지요. 저는 도저히 실현 가능성이 없는 몇 가지만 빼고 나머지 요구 사항을 전부 들어주겠다고 약속했습니다. 그리고는 사원들에게, 당신들은 앞으로 어떻게 회사 생활을 할 것이냐고 물었지요. 그러자 회의 때마다 시큰둥해하던 사원들이 그날은 앞다퉈 자신들이 해야 할 바를 스스로 이야기했습니다."

"그랬군요. 사원들이 어떤 말을 하던가요?"

나는 미소 지으며 그에게 물었습니다.

"사실 사원들은 자신들의 문제를 이미 알고 있는 듯했습니다. 그들은 출퇴근 시간을 엄격히 지키겠다고, 고객들과 좀 더 소통하겠다고, 우리 회사 자동차의 장점을 꼼꼼히 파악해 홍보 활동을 더욱 적극적으로 하겠다고 약속했지요. 그 결과 얼마 전부터 영업 매출이 꾸준히 오르고 있습니다."

그렇습니다. 셀츠는 영업사원들과 긍정적인 거래를 한 셈입니다. 그가 영업사원들이 바라는 점을 먼저 이해해 들어주니까, 영업사원들 역시 판매 실적을 올리기 위해 진심어린 노력을 다짐한 것이지요. 셀츠가 자신의 의견을 강요하지 않고 영업사원들 스스로 문제점을 깨닫도록 유도해 매출 부진을 극복할 수 있었던 것입니다.

인간은 다른 사람에게 강요당하거나 명령에 따라 움직이는 것을 좋아하지 않습니다. 누구나 자기 스스로 생각하고 판단해 자발적으로 행동하기 바라지요. 사람들은 상대방이 자신이 바라고 요구하는 것에 대해 관심을 가져줄 때 진심으로 마음을 열기 시작합니다.

또 다른 사례도 있습니다.

이번에는 톰 왓슨이라는 중고 자동차 판매업자에 관한 이야기입니다. 내 강의를 들은 적도 있는 그 사람은 회사에서 남다른 실적을 올리는 것으로 유명했습니다. 그 비결이 과연 무엇이었을까요?

오래전, 왓슨에게 어느 노부부가 찾아왔습니다. 그는 여느 때처럼 노부부에게 어울릴 만한 중고 자동차를 골라 열심히 설명했지요. 그러나 노부부는 그것을 사지 않았습니다. 차가 너무 비싸다, 어디가 찌그러졌다, 디자인이 너무 구닥다리다 하며 트집 잡기 바빴지요. 그런데 왓슨 역시 나와 상담한 후 다른 판매 전략을 구사하기 시작했습니다. 이제 그는 자신을 찾아온 고객을 상대하면서 이렇게 말합니다.

"자동차를 판단하는 고객님의 안목이 대단하십니다. 고객님 생각에 이 정도 차라면 얼마의 가격이 적당하고 보시는지요?"

그러면 고객은 시운전까지 해보고 나서 곰곰이 궁리하다가 "내 생각에는 3천 달러 정도면 될 것 같군요."라는 식으로 대답하지요. 그때부터 거래 속도는 빨라져 곧 계약 체결로 이어집니다. 왓슨이 그 가격을 받아들이면, 고객은 자신이 선택한 금액이기에 별다른 거부감 없이 구매를 결정하는 것입니다.

물론 고객이 말한 금액이 터무니없는 경우도 있습니다. 그런 경우는 거래가 성사되기 어렵겠지요. 하지만 대부분의 고객은 나름대로 합리적인 선에서 가격을 이야기합니다. 그 금액이 종종 왓슨의 기대에 조금 못 미치기도 하지만 거래 자체가 실패하는 것보다는 훨씬 나은 결론이지요. 이익이 약간 줄더라도 더 많이 팔아 실적을 올리는 편이 나으니까요.

그와 같은 상황도 앞서 설명했듯 상대방이 스스로 생각하고 판단해 자발적인 행동에 이르게 한 성공 사례입니다. 역시 인간은 다른 사람의 의견에 따르기보다 자신의 판단을 더욱 신뢰하는 것이지요.

어린이 여러분, 이번 장 네 번째 이야기에서 언급한 미국 제28대 대통령 우드로 윌슨을 기억하나요? 당시 그에게는 에드워드 하우스라는 인물이 매우 훌륭히 보좌관 역할을 했습니다. 윌슨은 중요한 정책을 결정할 때마다 그에게 의견을 물었지요. 그런데 그럴 때마다 하우스가 반드시 지키는 규칙이 하나 있었습니다. 그는 훗날 한 인터뷰에서 다음과 같이 말했지요.

"대통령과 백악관에서 어떤 정책에 대해 토론할 때였습니다. 우리는 서로 의견이 달랐지요. 그래서 나의 주장을 계속 펼치기보다, 여러 자료를 보여드리며 대통령께서 다시 한 번 생각하실 시간을 갖게 했습니다. 놀랍게도, 대통령께서는 며칠 후 나의 의견과 같은 결정을 내리셨지요. 대통령 스스로 변하게 하려는 나의 계획이 적중했던 것입니다. 대통령께서는 처음부터 자신이 그렇게 생각했다고 느끼실 정도였어요. 그처럼 나는 늘 대통령 스스로 생각하고 판단해 행동하시도록 분위를 만들었습니다."

여러분, 에드워드 하우스가 참 슬기로운 사람이라는 생각이 들지 않나요? 그만큼 상대방이 스스로 나의 생각을 따르며, 나를 돕게 해야 의미가 있는 것입니다. 강요하거나 명령하는 듯한 말은 상대방을 영영 나에게서 멀어지게 할 뿐입니다.

# 상대방 입장에서 생각해

누군가에게 잘못이 있어도 정작 그 사람은 그렇게 생각하지 않습니다. 다른 사람이 자기 방식대로 생각하고 행동하면서 자신이 옳다고 평가하는 데는 다 그만한 이유가 있지요. 그 이유를 차분히 알아보면 그의 행동, 더 나아가 그 사람의 성격까지도 파악할 수 있습니다. 그러므로 설불리 상대방을 비난하는 것은 바람직하지 않지요. 한번쯤 상대방의 입장에서, 그들을 이해하려고 노력할 필요가 있습니다.

아주 오래전, 중국의 노자는 다음과 같이 말했습니다.

"강과 바다가 시냇물보다 넓고 깊은 까닭은 자신을 낮추기 때문이다. 그래서 강과 바다는 시냇물을 다스릴 수 있다. 그 것을 교훈삼아 백성들 위에 서려고 하는 자는 자신을 낮춰야 한다. 그렇게 하면 다스리는 사람이 위에 있어도 백성들이 무겁다 하지 않고, 앞서 있어도 백성들이 해롭다고 생각하지 않는다."

이것은 어린이 여러분에게 정말 큰 도움이 될 만한 이야기입니다. 상대방을 쉽게 비난하지 말고, 이해하고 배려하며 겸손을 잃지 않아야 그들의 존중을 받을 수 있다는 의미입니다.

혹시 여러분 주변에 밉살스런 친구가 있나요?

그렇다면 한 번쯤 "내가 그의 입장이면 어떻게 느끼고 반응할까?" 하고 생각해 보아요. 그러면 저절로 쓸데없이 화를 내지 않게 됩니다. 친구가 하는 행동의 원인에 관심을 갖게 되면 그 결과를 이해할 수 있지요. 그러다 보면 앞으로 여러분이 성장하면서 인간관계 기술이 더욱 발전할 것이 틀림없습니다.

상황극 하나를 떠올려 보겠습니다.

우리 집 근처에 나무가 우거진 공원이 있습니다. 가을이 오면, 그 공원에는 마른 나무들과 낙엽이 가득하지요. 그곳의 가을 냄새는 사람들의 마음을 평온하게 만드는 묘한 매력이 있습니다.

그런데 근래 들어 그곳에 큰 문제가 생겼습니다. 초등학생으로 보이는 몇몇 학생들이 삼삼오오 모여 불장난을 하지 뭐예요. 나는 공원을 산책하다가 그 광경을 몇 차례 목격했습니다. 한두 번 그러다 말겠지 했지만, 오히려 아이들의 불장난은 점점 더 과감해지고 있었습니다. 만에 하나 마른 나무들과 낙엽에 불씨가 옮겨 붙으면 어떡합니까. 나는 고민 끝에 아이들의 위험한 행동을 말리기로 결심했습니다. 그러면서 생각했지요.

'저 놈들에게 냅다 큰 소리를 칠까? 당장 불장난을 그만두지 않으면 경찰서에 신고하겠다고 겁을 줄까? 아니면, 이마빡에다 꿀밤이라도 한 방씩 먹여 줄까?'

그러다가 나는 금세 생각을 바꿨습니다.

'아니야! 그렇게 했다가는 녀석들이 잔뜩 화가 나서, 다른 곳에 숨어 불장난을 할 게 틀림없어. 그러면 더 위험해질지 몰라.'

결국 나는 바뀐 생각을 따르기로 마음먹었습니다. 천천히 아이들에게 다가가 부드러운 목소리로 타일렀지요.

"얘들아, 이러다가 마른 나무와 낙엽에 불씨가 튈까 걱정이구나. 여기에 불이 붙으면 너희가 상상하는 것보다 훨씬 빠르게 번지거든. 아저씨도 어렸을 적에 불장난을 좋아해 너희의 기분은 잘 알아. 하지만 그 행동은 분명 잘못된 거야. 사람은 아무리 조심해도 뜻밖에 실수할 수 있거든. 만약 공원에 불이 나 너희가 처벌받게 되면 부모님들의 마음이 얼마나 아프겠니? 그러니 어서 불을 끄고, 조금이라도 불씨가 남지 않았는지 꼼꼼히 확인하렴. 공원 화장실에서 물을 가져다 붓거나 흙을 긁어 덮으면 도움이 될 거야. 그리고 앞으로는 저쪽에 있는 놀이터에 가서 노는 편이 더 재미있지 않을까?"

나의 차분한 충고에 다행히 아이들은 조금의 불만도 갖지 않았습니다. 그들의 마음을 헤아리며, 만에 하나 일이 잘못됐을 때 생길 걱정거리들을 자세히 설명해 준 덕분이었지요. 특히 자신들의 부모님이 어려움을 겪을 수 있다는 말이 큰 효과를 나타냈습니다. 내 말에 아이들은 스스로 불을 끄고 자리를 떠났지요. 아이들은 내게 공손히 인사까지 했습니다.

다른 사람에게 뭔가를 부탁하는 경우도 마찬가지입니다. 그때는 잠시 눈을 감고 상대방의 입장에서 상황을 정리해 볼 필요가 있습니다. 앞서 이야기했듯, "내가 그의 입장이면 어떻게 느끼고 반응할까?"라고 생각해 볼 줄 알아야 합니다. 그러면 시간이 걸리겠지만, 분명 상대방을 기분 나쁘게 만들지 않으면서 내가 바라는 바를 얻을 수 있습니다. 어떤 일이든 내가 목표하는 좋은 결과를 이끌어낼 수 있습니다.

# 상대방 이야기에 공감해

나는 가끔 라디오 방송에 출연합니다. 한번은 방송에서 소설 『작은 아씨들』을 쓴 루이자 메이 알콧에 대해 이야기한 적이 있지요. 그런데 진행자와 이런저런 대화를 나누던 중, 나는 그녀가 뉴햄프셔 주 콩코드에서 작품을 집필했다고 말했습니다. 사실은 콩코드의 소재지가 매사추세츠 주이고, 나는 그것을 너무나 잘 알고 있었는데 순간 실수를 하고 만 것이지요.

일부 미국인들은 자기 고장에 대한 자부심이 지나칠 만큼 강합니다. 그날 내가 범한 실수는 적지 않은 후유증을 남겼습니다. 몇 날 며칠 방송국으로 항의 전화가 빗발쳤지요. 나는 어느 새 콩코드의 위치도 모르면서 아는 척을 하는 허풍쟁이가 되어 버리고 말았습니다. 특히 필라델피아 시에 사는 한 부인은 여러 차례 전화로 항의한 것도 모자라, 나에게 온갖 조롱을 담은 편지를 보내기까지 했지요. 그녀는 편지 마지막에 자기의 전화번호를 남길 만큼 당당했습니다.

"거참, 내가 루이자 메이 알콧을 식인종이라고 소개했어도 이렇게 비난을 듣지는 않겠군……"

나는 당시 상황이 너무 어이없었지만 그래도 최대한 사람들을 이해하려고 했습니다. 어쨌든 내가 실수한 것은 사실이었으니까요.

그로부터 얼마 후, 나는 필라델피아로 출장 갈 일이 생겼습니다. 마침 콩코드 사건이 다시 생각나 내게 항의 편지를 보냈던 부인에게 전화를 걸었지요. 그녀와 곧 통화가 이루어졌습니다.

"부인, 저는 데일 카네기라고 합니다. 몇 주 전 제가 한 루이자 메이 알콧에 관한 방송을 들으셨지요? 그때 제가 뉴햄프셔 주 콩코드에서 작가가 원고를 썼다고 잘못 말했습니다. 그래서 그 실수에 대해 사과하고 싶어 이렇게 연락 드렸어요. 부인께서 일부러 시간 내 저의 잘못을 꾸짖는 편지까지 보내주셔서 고마웠습니다. 그 일로 저는 방송을 좀 더 신중히 해야 한다는 소중한 교훈을 얻었지요."

나의 솔직한 이야기에 부인은 선뜻 대꾸하지 못했습니다. 잠깐 시간이 흐른 뒤, 그녀가 부드러운 목소리로 말했지요.

"실은, 저도 좀 흥분했나 봐요. 그게 편지까지 보낼 일은 아니었는데…… 미안합니다."

"아닙니다, 부인. 아마 중고등학생들도 저 같은 실수는 하지 않을 겁니다. 어떻게 여기저기 강연을 하러 다닌다는 사람이 콩코드가 어느 주에 있는지도 모를 수 있겠어요? 위대한 작가에 관한 정보를 그렇게 엉터리로 말하면 안 되지요. 제가 그 일을 나중에 방송을 통해 사과하기는 했지만, 부인께만큼은 꼭 개인적으로 사과드리고 싶었습니다."

서로의 사과로 우리 두 사람의 마음은 한결 홀가분해졌습니다. 그러자 부인은 자기가 왜 그토록 화를 냈는지 이유를 설명했지요.

"저는 매사추세츠 주 콩코드에서 태어났어요. 저희 집안은 지난 2백 년 동안 콩코드의 소문난 명문가였지요. 저는 지금도 고향을 무척 자랑스럽게 생각합니다. 루이자 메이 알콧이 제 고향에서 『작은 아씨들』을 썼다는 사실에도 굉장한 자부심을 느끼지요. 그러다 보니, 그날 선생님께서 방송에서 하신 실수에 지나치게 반응했나 봅니다. 세상을 살다 보면 누구나 그만한 실수는 하게 마련인데……."

부인의 말을 듣고 나도 가만있을 수는 없었습니다.

"그런 사정이 있으셨군요. 저 역시 다른 사람이 제 고향에 대해 잘못된 정보를 이야기하면 화를 낼 것이 틀림없습니다.

그날 실수를 하고 나서 저 또한 스스로에게 실망했지요. 앞으로는 그런 잘못을 범하지 않게 각별히 조심하겠습니다. 두 번다시 부인처럼 자기 고향을 사랑하는 교양 있는 분들을 실망시켜 드리면 안 되니까요. 그럼에도 또다시 제게 부족한 점이보이면 언제든 편지를 보내 주십시오. 기꺼이 부인의 지적을받아들이겠습니다."

"아이고, 이렇게 훌륭한 선생님의 인품도 모르고……. 제가한 일을 너그럽게 이해해주시니 정말 감사합니다. 선생님은참 멋진 분이세요."

그날의 전화 통화 이후 부인은 내 강연과 방송의 열렬한 팬이 되었습니다. 내가 책을 내면 직접 사서 읽고 정성껏 독후감을 보내오기도 했지요.

그렇습니다. 내가 먼저 솔직히 잘못을 사과하고 부인의 입장을 이해했기 때문에, 그녀도 똑같이 사과하며 나의 입장을이해해 주었던 것입니다. 나를 비난하는 사람에 대한 분노를참아낸 덕분에, 나를 모욕했던 사람의 태도가 얼마 지나지 않아 누구보다 친절하게 바뀌었지요. 나는 그런 변화에 기분이정말 좋았고 새삼 깨달은 바가 컸습니다.

어린이 여러분, 나에게 불만을 가진 친구의 화를 누그러뜨리고 나아가 호감을 갖게 하는 비밀의 문장을 알려 줄까요?

그것은 바로 "네가 그렇게 생각하는 것은 당연한 일이야.

나라도 너처럼 행동했을 게 틀림없어."라는 문장입니다. 이 문장은 내가 상대방을 먼저 이해해 그의 마음을 열면, 그 사람도 나를 이해하고 친밀한 감정을 갖는다는 놀라운 비밀을 담고 있습니다. 그렇게 이야기를 시작하면 아무리 화가 난 사람이라도 금방 누그러지게 마련이지요.

교육심리학자 아더 게이츠는 자신의 저서에서 다음과 같이 말했습니다. 그의 주장을 곱씹어 보면서 이번 이야기를 마치겠습니다.

"인간은 모두 공감 받고 싶어 한다. 특히 어린이는 자신의 상처를 보여주고 싶어 하며, 심지어 동정을 얻기 위해 일부러 상처를 내기도 한다. 어른이라고 크게 다르지 않다. 어른들 역시 자신의 육체적, 정신적 상처를 드러내 상대방의 관심을 사려고 한다. 어떤 상황에서든 불행에 대한 자기 동정은 모든 인간이 느끼는 감정이며, 그것으로 타인에게 공감 받으려는 심리 또한 모든 인간의 본능이다."

# 고상한 마음에 호소해

'고상하다'라는 단어의 뜻은 '품위나 몸가짐의 수준이 높고 훌륭하다.'입니다. 사람들은 누구나 고상한 마음을 갖고 있지요. 다만 그것이 얼마큼 밖으로 드러나는지는 그 사람의 인격과 가치관에 따라 달라집니다.

미국의 은행가 존 피어폰트 모건은 일찍이 인간의 심리에 깊은 관심을 가졌습니다. 그는 "인간의 행위에는 두 가지 이유가 있다. 하나는 자기의 이익과 입장을 따진 진짜 이유고, 다른 하나는 그럴듯해 보이는 고상한 이유이다. 인간은 이상주의적인 경향을 띄고 있어 자신의 행위에 그럴듯한 이유를 붙이기 좋아한다. 그것은 때때로 진짜 이유보다 큰 힘을 발휘하므로, 상대방의 생각을 바꾸려면 그럴듯해 보이는 고상한 마음에 호소하는 것이 매우 효과적이다."라고 말했지요.

여러분이 이해하기 내용이 좀 어려운가요? 이 말은, 인간의 심리에 있는 고상한 마음에 호소하면 내가 바라는 대로 상대방을 움직일 수 있다는 의미입니다. 몇 가지 사례를 들어 보겠습니다.

비스카운트 노스클리프라는 유명한 언론인이 있었습니다. 그는 은퇴 후 한 신문에 자신의 글과 함께 사진이 대문짝만하게 실린 것을 보고 기분이 언짢았지요. 당시 그는 여러 질병에 시달려 낯빛이 매우 어두웠습니다. 자신도 신문사에 근무해 봤지만, 늙고 병든 모습을 세상에 내보이기는 싫었지요. 노스클리프는 곧장 담당 기자에게 연락해 다음부터는 자신의 사진을 절대로 신문에 싣지 말라고 당부했습니다. 하지만 담당 기자는 원고와 함께 글을 쓴 사람의 사진을 싣는 것이 자기 회사의 규칙이라며 난처해했지요.

그러자 노스클리프는 다른 이야기를 꺼내, 결국 담당 기자의 약속을 받아냈습니다. 그는 "내 어머니께서 아직 살아 계십니다. 아흔 살이 훌쩍 넘은 어머니지만, 어느덧 칠십 노인이 된 아들의 병약한 모습이 신문에 실린 것을 보고 싶어 하시지 않습니다."라고 말했지요. 그 이야기가 담당 기자의 고상한 마음을 건드려 노스클리프의 부탁을 들어주기로 한 것입니다.

존 록펠러 2세에게도 그와 비슷한 일화가 있었습니다. 그는 워낙 유명 인사이다 보니 자식들까지 언론에 노출되기 일쑤였지요. 그 역시 그런 일을 막기 위해 기자들에게 편지를 보냈습니다. 그의 편지에는 다음과 같은 내용이 담겼지요.

'나는 기자 분들의 직업 정신을 존중합니다. 하지만 나에 대한 기사를 쓰면서 굳이 자식들의 사생활까지 침해할 필요가 있을까요? 여러분도 자녀가 있어 잘 아시겠지만, 어린 아들딸의 얼굴이 마구 세상에 알려지는 것은 좋지 않은 것 같습니다.'

이 편지를 받은 기자들은 그날 이후 록펠러 2세의 자녀 사진을 함부로 보도하지 않았습니다. 어쩔 수 없이 아이들의 사진을 실어야 할 때는 사전에 양해를 구했지요. 록펠러 2세의 일화 역시 기자들의 고상한 마음에 호소해 자신이 원하는 목적을 이룬 좋은 사례입니다.

얼마 전, 내가 아는 한 상인도 그와 같은 방식으로 상대방의 결심을 바꾼 일이 있습니다. 그는 한 건물에서 점포를 임대해 식당을 했는데, 건물 주인으로부터 계약 기간이 끝나기 전에 점포를 비워 달라는 통보를 받았습니다. 일정 금액을 피해 보상액으로 준다고 했기에, 당시 미국에서는 법적으로 크게 문제될 것이 없었지요. 그러나 상인은 그 점포에서 좀 더 장사를 하고 싶었습니다. 갑자기 가게를 옮기는 것이 쉬운 일은 아니었으니까요.

어떤 사람은 계약 기간 전까지 절대로 점포를 비울 수 없다며 건물 주인과 한바탕 다툼을 벌였을 수 있습니다. 또 어떤 사람은 계약 파기로 인한 피해 보상액을 더 많이 받아내기 위해 변호사를 찾아갔을 수도 있지요. 하지만 내가 아는 상인은 건물 주인에게 진심을 담아 편지를 썼습니다. 건물 주인의 생각을 돌리고 싶었던 것이지요.

'제가 이 자리에서 장사한 지 벌써 2년의 시간이 흘렀습니다. 이제 계약 기간이 1년쯤 남았지요. 그동안 저는 이곳에서 열심히 장사해 많은 단골손님을 만들었습니다. 그런 사정을 잘 아시는 사장님께서 계약 기간이 끝나기 전에 점포를 비워 달라는 데는 분명 그만한 이유가 있겠지요. 그럼에도 저는 사장님께서 계약 기간을 지켜 주시기 바랍니다. 제가 다른 곳에 점포를 알아보고, 단골손님들에게 가게 이전 소식을 알릴 수 있도록 말입니다. 저는 이 점포에 세 들어 지낸 2년 동안 사장님이 얼마나 훌륭한 인격을 갖추신 분인지 여러 차례 지켜보았습니다. 사장님께서는 형편이 어려운 다른 임차인들의 처지를 번번이 헤아려 주시기도 했지요. 이번에도 부디 저의 입장을 살펴 계약 기간을 지켜주시면 좋겠습니다.'

그로부터 며칠 후, 건물 주인이 직접 상인을 찾아왔습니다. 그리고는 자신의 선부른 결정에 얼마나 고민이 컸겠느냐면서 그를 위로했지요. 결국 점포를 비우는 것은 상인의 바람대로 없던 일이 되었습니다. 그것 또한 상인이 건물 주인의 고상한 마음을 움직였기 때문에 가능한 변화였지요.

다시 말하지만, 인간은 누구나 고상한 마음을 갖고 있습니다. 다른 사람을 동정하거나, 자신의 손해를 알면서도 타인을 위해 희생하는 태도가 다 그 마음에서 비롯되지요. 설령 이기적이고 나쁜 짓을 일삼는 사람이라 하더라도 그의 고상한 마음을 일깨우면 결심과 행동을 바꿀 수 있습니다.

# 나의 생각을 효과적으로 표현해

케네스 굿과 젠 코프만이 지은 『사업과 쇼맨십』이라는 책이 있습니다. 거기에는 기발한 기획과 연출을 통해 부쩍 매출을 높인 여러 기업의 사례가 소개되어 있지요. 이를테면 이런 것들입니다.

시어즈 로벅 회사는 창업 초기 패션 소품을 만들어 팔았습니다. 그들은 저렴한 가격의 모자에 유명인의 사인을 넣는 디자인 아이디어로 수많은 소비자들의 사랑을 받았지요. 또한 해리 알렉산더가 창업한 회사에서 자사 제품과 경쟁사 제품이 벌이는 가상의 복싱 시합으로 광고를 만든 것도 사람들에게 강렬한 인상을 남겼습니다. 이제는 세계 최고의 자동차 기업으로 성장한 크라이슬러 사가 자기 제품의 견고함을 증명하기 위해 차 위에 코끼리를 세운 일화도 그 책에 등장하지요.

『사업과 쇼맨십』이 독자들에게 전하려는 메시지는 분명합니다. 어떤 사실이나 자기의 장점을 상대방에게 각인시키려면 보다 효과적인 방식으로 자신을 드러내야 한다는 것이지요. 그냥 밋밋하게 사실 그대로 이야기해서는 기대만큼 그 내용이 잘 전달되지 않습니다. 사람들은 재미와 흥미가 있어야 타인의 말이나 행동에 더 집중하니까요.

흔히 요즘은 연출의 시대라고 합니다. 단순히 사실을 나열하는 것만으로는 충분하지 않은 시대라는 뜻입니다. 사실에 극적인 요소를 더해 호기심을 불러일으켜야만 대중의 관심을 끌 수 있습니다. 어떤 사람들은 그것을 일컬어 쇼맨십이라고도 표현하지요. 오늘날의 대중매체가 바로 그와 같은 변화를 주도해 왔습니다.

그런데 이제는 기업이나 유명인들뿐만 아니라, 평범한 사람들의 일상생활에서도 그런 태도를 가져야 할 때가 적지 않습니다. 우리의 인간관계에서도 나의 생각을 좀 더 효과적으로 드러내 극적인 변화를 가져올 필요가 있다는 말입니다. 그때의 연출은 거짓이 아니라 진심을 담아 상대방의 눈길을 끄는 멋진 포장입니다. 인간관계에서도 내용만큼 그것을 전달하는 방식이 중요한 시대입니다.

몇 년 전, 신문사 「필라델피아 이브닝 불리틴」은 나쁜 소문에 시달리고 있었습니다. 그 신문의 기사는 양도 적고 품질도 별 볼 일 없는데, 영업사원들의 수완으로 많은 광고를 싣고 있다는 모함이었지요. 그런 소문을 그대로 두었다가는 머지않아 신문사 경영이 큰 어려움에 빠질 것이 틀림없었습니다. 신문사 경영진과 기자들이 한 자리에 모여 대책을 논의했지요. 그리고 한 가지 해결책을 내놓았습니다.

「필라델피아 이브닝 불리틴」은 일주일치 신문 기사를 모아 한 권의 책으로 엮었습니다. 거기에 광고나 독자 편지 같은 내용은 하나도 싣지 않았지요. 오로지 기자들이 취재한 여러 기사들만 차례대로 모아 놓았을 뿐입니다. 그리고 일주일치 기사만으로도 307쪽에 달하는 그 책을 1달러도 안 되는 돈에 팔았지요. 사람들은 곧 호기심을 가졌고, 공짜나 다름없는 가격에 흔쾌히 책을 사기 시작했습니다.

그럼 그 결과는 어땠을까요?

307쪽에 달하는 책을 읽은 사람들은 「필라델피아 이브닝 불리틴」의 기사 수준이 얼마나 괜찮은지 저절로 실감하게 되었습니다. 광고 등을 이용한 화려한 편집 때문이 아니라, 「필라델피아 이브닝 불리틴」의 기사 자체의 품질이 훌륭하다는 사실을 깨달았지요. 따라서 내실 없이 운 좋게 광고만 잔뜩 싣는다는 오해를 벗어던질 수 있었습니다.

어린이 여러분, 만약 「필라델피아 이브닝 불리틴」이 자신들의 억울함을 감정적인 말로 토해내거나 나쁜 소문을 퍼뜨리는 사람들을 일일이 법원에 고소했다면 어땠을까요?

아마도 그런 방식은 사람들의 호응을 거의 불러일으키지 못했을 것입니다. 그냥 목소리 높여 사실만 떠들어대서는 아무도 관심 갖지 않으니까요.

그 신문사의 사례는 우리가 일상생활을 하면서도 꼭 참고할 필요가 있습니다. 다른 사람을 설득하려면 무미건조하게 사실만 나열하기보다 최대한 효과적인 방법을 고민해야 하지요. 그것이 극적일수록 상대방은 나의 이야기에 귀를 기울이게 됩니다. 다짜고짜 큰 소리로 내 주장만 펼쳐서는 아무도 눈길조차 주지 않지요. 이제는 분명 그런 시대입니다.

# 경쟁심을 자극해

철강왕 앤드류 카네기가 인정한 인재 찰스 슈왑 이야기를 다시 해야겠습니다.

어느 날, 슈왑은 자기가 관리하는 공장들 중 생산 실적이 가장 낮은 곳을 찾아갔습니다. 그가 공장장에게 물었지요.

"공장장님처럼 유능한 분이 있는데, 왜 이렇게 생산 실적이 안 좋지요?"

"글쎄요, 저도 잘 모르겠습니다. 직원들을 달래고, 재촉하고, 때로는 강하게 밀어붙여 보기도 하는데 기대만큼 성과가 없네요. 죄송합니다."

그때 마침 주간 근무조가 하루 일과를 마치고 밖으로 몰려나왔습니다. 이제 곧 야간 근무조가 들어가 그 자리를 대신할 시간이었지요.

슈왑은 공장장에게 분필을 하나 가져다 달라고 부탁하더니 퇴근하는 직원에게 물었습니다.

"오늘 쇠 녹이는 용해 작업을 몇 번 했나요?"

"6번 했습니다."

그러자 슈왑은 한마디 말없이 바닥에다 숫자 '6'을 크게 쓰고는 공장을 떠났습니다. 잠시 뒤, 야간 근무조가 들어오다 바닥의 숫자를 보고는 공장장에게 물었지요.

"이게 뭡니까?"

"방금 전 찰스 슈왑 사장님이 써놓고 가셨네. 주간 근무조 직원에게 용해 작업 횟수를 물어보더니 여기에 적어 놓으시더라고. 이유는 나도 모르겠네."

그런데 다음날 아침 일찍 슈왑이 다시 그 공장을 방문했습니다. 그리고는 자기가 써 놓았던 숫자 6을 지우고 숫자 '7'을 적은 뒤 공장에서 나갔지요. 곧이어 공장에 출근한 주간 근무조 직원들이 바닥에 쓰인 숫자 7을 보고 고개를 갸웃했습니다.

"아니, 이게 뭐야? 야간 근무조가 한 용해 작업 횟수인가?"

"그런 것 같군. 어제 쓰여 있던 6은 우리가 한 작업 횟수였으니까."

그 생각이 든 순간, 주간 근무조 직원들은 갑자기 경쟁심이 불타올랐습니다. 그들은 그날 용해 작업을 9번이나 했지요.

그들은 퇴근하면서 공장 바닥에 스스로 커다랗게 숫자 '9'를 썼습니다.

그럼 야간 근무조는 어땠을까요? 네, 그렇습니다. 그들 역시 주간 근무조에 경쟁심을 느꼈지요. 공장 바닥의 숫자는 자연스럽게 '10', '11', '12'로 점점 늘어 갔습니다. 어느새 생산성이 2배나 높아진 것이지요.

훗날 찰스 슈왑은 그 일을 회상하며 이렇게 말했습니다.

"사람들에게는 내가 남들보다 뛰어나고 싶다는 본능이 있습니다. 기업을 경영하다 보면 그와 같은 경쟁심을 북돋워야 할 필요가 있지요. 물론 직원들에게 그 대가는 충분히 보상해 줘야 합니다."

그처럼 경쟁심을 자극하는 것은 상대방을 설득할 때도 큰 도움이 됩니다. 말로써 어르고 달래는 것보다, 상대방 스스로 더 잘하고 싶다는 생각이 들게 만드는 것이 중요하지요. 그러다 보면 나의 바람대로 상대방이 변화하게 됩니다.

과거 뉴욕 주 주지사였던 알 스미스도 경쟁심을 통한 설득의 기술을 잘 활용한 인물입니다. 그는 주지사 재임 시절, 악명 높기로 유명한 씽씽교도소 소장을 임명하지 못해 골머리를 앓았지요. 아무도 그곳에 가려고 하지 않았으니까요. 스미스는 고민 끝에 루이스 로즈라는 사람을 설득해 보기로 했습니다.

"자네가 씽씽교도소 소장을 맡아 주게."

"아니, 그곳은……."

"나도 알고 있네. 씽씽교도소의 죄수들이 얼마나 거칠고 험악한지. 지난 1년 동안 무려 6명의 소장들이 사표를 낸 것만 봐도 충분히 짐작할 만하네. 그래서 이렇게 자네에게 부탁하는 것 아닌가?"

"그래서 제게 부탁하신다고요?"

"그렇다네. 씽씽교도소는 내가 아는 몇몇 뛰어난 인재가 아니면 도저히 감당할 수 없는 곳일세. 나는 자네를 시작으로 그들과 차례차례 상담해 볼 생각이네."

처음에 로즈는 씽씽교도소 소장이 될 생각이 전혀 없었습니다. 그 일을 잘해내면 출세 길이 열리겠지만, 자칫 생명이 위태로울 수도 있는 곳이니까요. 그런데 주지사가 한 '몇몇 뛰어난 인재'와 '그들과 차례차례 상담해 볼 생각이야'라는 말에 마음이 흔들렸습니다. 그의 경쟁심을 자극하려던 스미스 주지사의 계획이 제대로 맞아떨어진 것이지요. 결국 로즈는 씽씽교도소 소장을 맡기로 결심했습니다.

그로부터 1년이 지났을 때, 루이스 로즈는 여전히 씽씽교도소 소장 자리에 앉아 있었습니다. 그 사이 씽씽교도소는 많은 것이 개선됐지요. 죄수들은 소장이 자신들을 인격적으로 대하는데다 여러모로 환경이 좋아지자 더는 말썽을 부리지 않았습니다.

어린이 여러분, 지나친 경쟁심은 인간성을 삭막하게 만드는 단점이 있습니다. 하지만 적당한 경쟁심은 자신과 사회의 발전에 도움이 되지요. 나아가 인간관계에도 윤활유 같은 역할을 할 때가 적지 않습니다.

**어린이 여러분!**

우리는 이번 장에서 모두 12가지 이야기를 통해 상대방을 설득하는 방법을 자세히 알아봤습니다. 그 내용을 순서대로 정리하고 나서 다음 장으로 넘어가도록 하지요.

1. 쓸데없는 논쟁은 하지 마.
2. 적을 만들지 마. 상대방 의견을 존중해.
3. 잘못했으면 솔직하게 인정해.
4. 친밀한 표정으로 다정히 말해 봐.
5. 이야기할 때, 상대방이 '예'라고 대답하게 시작해.
6. 나보다 상대방이 더 많이 말하게 해.
7. 상대방이 내 의견에 동의해서 스스로 나를 돕게 해.
8. 한번쯤 상대방 입장에서 생각해 봐.
9. 상대방 이야기에 적극적으로 공감해.
10. 누구에게나 있는 고상한 마음에 호소해.

11. 나의 생각을 효과적으로 표현해.

12. 긍정적인 경쟁심을 자극해.

⊙ 여러분이 새로운 컴퓨터를 사고 싶다고 가정해서, 부모님을 설득하는 편지를 써 봐요. 이번 장에서 배운 내용 중 적어도 3가지 규칙을 적용해 봐요.

# 제 4 장

# 불만 없이 사람들을
# 변화시키는 9가지 방법

첫 번째 이야기 칭찬과 감사의 말로 시작해

두 번째 이야기 미움 받지 않게 비판해

세 번째 이야기 나의 잘못을 먼저 이야기해

네 번째 이야기 명령하지 마

다섯 번째 이야기 상대방의 자존심을 살려 줘

여섯 번째 이야기 칭찬이 성공을 이끈다

일곱 번째 이야기 장점을 북돋아 스스로 변하게 해

여덟 번째 이야기 격려해서 자신감을 심어 줘

아홉 번째 이야기 기꺼이 수긍하게 해

# 칭찬과 감사의 말로 시작해

이발사는 수염을 면도하기 전 손님의 얼굴에 비누거품을 넉넉히 칠합니다. 그래야만 날카로운 면도칼이 닿아도 손님의 피부를 상하게 하지 않기 때문이지요. 우리가 다른 사람들과 의사소통을 할 때도 그와 같은 규칙을 지켜야 합니다. 다짜고짜 면도칼 같은 말부터 꺼내면 상대방이 마음을 다치기 십상이지요. 그러면 상대방은 반발심만 커지게 마련입니다.

1896년, 윌리엄 매킨리가 미국 공화당 대통령 후보였을 때 일화입니다. 중요한 선거 유세를 앞두고 홍보 담당자가 연설문을 써 왔지요. 그런데 매킨리가 꼭 담고 싶었던 내용들이 빠져 있었습니다. 매킨리는 어떻게 해야 홍보 담당자가 감정 상하지 않고 원고를 수정할지 고민했지요. 그가 생각 끝에 말문을 열었습니다.

"이보게, 자네는 나의 기대대로 훌륭한 연설문을 써 왔네. 수고했어. 아마도 이런 연설문을 쓸 수 있는 사람은 자네밖에 없을 걸세. 그런데…… 이 연설문은 오늘 유세에는 좀 어울리지 않는 것 같군. 다음 기회에 이 원고를 잘 살리면 정말 굉장한 반향을 불러일으킬 걸세. 그러니 미안하지만, 이번에는 연설문을 다시 써 보면 좋겠네. 내가 몇 가지 내용을 메모해 줄 테니 손을 봐서 다시 가져오게."

홍보 담당자 입장에서 애써 쓴 연설문이 받아들여지지 않으면 기분이 좋을 리 없습니다. 같은 일을 다시 하려면 귀찮기도 하겠지요. 그러나 홍보 담당자는 흔쾌히 연설문을 수정하겠다고 말했습니다. 매킨리가 칭찬과 감사를 잊지 않으면서 자신의 바람을 전했기 때문입니다. 매킨리는 홍보 담당자의 자존심을 살려 주면서 연설문을 수정하는 최선의 결과를 이끌어 낸 것입니다.

어린이 여러분, 앞서 에이브러햄 링컨이 조지 미드 장군에게 썼던 편지를 기억하나요?

미국의 남북 전쟁 당시 조지 미드 장군은 조셉 후커 장군의 후임 지휘관이었습니다. 전임자 후커는 치밀함이 부족한 성격 탓에 링컨의 기대만큼 북부군을 통솔하지 못했지요. 무려 18개월 동안 북부군이 계속 수세에 몰리는 일까지 벌어졌습니다.

날이 갈수록 사상자가 늘어가자 링컨은 큰 고민에 빠졌습니다. 그는 후커 장군에게 마지막 기회를 주기로 마음먹고 편지를 써 보냈지요. 그런데 훗날 알려진 편지의 내용이 사람들에게 놀라움을 안겨 줬습니다. 대통령으로서 마구 꾸짖고 책임 추궁을 해도 시원찮을 상황에, 링컨은 끝까지 예의를 갖추며 후커 장군을 독려했지요.

링컨의 편지 내용을 옮겨 보면 다음과 같습니다.


**'친애하는 조셉 후커 장군에게.**

나는 장군을 포토맥 전선의 총 지휘관으로 임명했습니다. 신념을 가지고 내린 그 결정이 잘못되었다고는 결코 생각하지 않습니다. 다만, 이제는 장군에게 불만인 점도 있다는 사실을 알아줬으면 합니다.

장군은 용감하고 지략을 갖춘 군인입니다. 그리고 나는 장군이 정치와 군대를 혼동하지 않는 인물인 것을 확신합니다. 장군은 항상 자신감이 넘칩니다. 이것은 군인으로서 소중한 자산입니다. 또한 장군은 이성적인 범위 안에서 야심이 있습니다. 장군을 믿고 따르는 부하들이 아주 많다는 것도 나는 잘 알고 있습니다.

하지만 지금 내가 장군에게 요구하는 것은 전투에서 승리하는 것입니다. 앞으로도 정부는 최선을 다해 장군을 지원하겠습니다. 그러니 장군이 다시 한 번 마음을 다잡아 병사들의 사기를 되살려

주기 바랍니다. 더 이상 패배감에 젖어 의욕을 잃지 말고 하루빨리 전세를 역전시켜 주십시오. 나는 장군을 믿습니다. 반드시 전력을 다해 승리를 거둘 수 있도록 노력해주십시오.

안타깝지만, 이것이 내가 장군에게 해 줄 수 있는 마지막 기회입니다. 나는 장군이 다시 승전고를 울리며, 오랫동안 북부군을 통솔해 줄 것을 기대합니다.'


어린이 여러분이 보기에 편지의 내용이 어떤가요? 여러 차례 반복되는 패전에도 불구하고 이렇게 자신의 자존심을 지켜 주고 믿어 주는 상관이라면 더욱 충성을 다하고 싶지 않을까요? 만약 링컨이 후커를 조롱하고 억누르는 태도로 대했다면 어떤 일이 벌어졌을까요?

비록 그 후에도 후커 장군이 전세를 뒤집지는 못했지만, 링컨의 마음씀씀이는 우리에게 큰 교훈을 전합니다. 그것이 바로 반감이나 반발 없이 상대방을 변화시키는 효과적인 방법입니다.

# 미움 받지 않게 비판해

다시 찰스 슈왑 이야기입니다. 그 시절에는 지금만큼 담배에 대한 사회적 인식이 부정적이지 않았지요. 금연 구역이 별로 없었을 때의 이야기입니다.

찰스 슈왑이 공장을 둘러보고 있는데, 한쪽 구석에서 직원들이 담배를 피우고 있었습니다. 당시로는 드물게, 그들의 머리 위에는 '금연'이라는 표지가 붙어 있었지요. 그곳은 정밀하고 위험한 작업이 이루어지는 장소라 담배를 피우지 못하게 했습니다. 그런 곳에서 규칙을 어기고 흡연하는 행위는 지적받아 마땅했지요.

그런데 슈왑은 금연 표지를 가리키며 "자네들은 글 읽을 줄 모르나!"라는 식으로 호통 치지 않았습니다. 그렇게 했더라도 누구 하나 불만을 내비칠 수 없었지만, 그는 결코 그런 말은 하지 않았지요. 그 대신 슈왑은 직원들에게 다가가 자기가 갖고 있던 담배를 한 개비씩 나눠 주었습니다. 그리고는 차분한 목소리로 말했지요.

"자네들, 공장 밖으로 나가서 담배를 피워주면 고맙겠네."

"……."

갑작스런 사장의 등장에 당황했던 직원들은 그 말을 듣고 아무런 대꾸도 할 수 없었습니다. 금방이라도 불호령이 떨어질 것 같아 바짝 긴장했는데 의외의 상황이 벌어진 것이지요. 직원들은 아무 말도 하지 못한 채 슬금슬금 공장 밖으로 걸음을 옮겼습니다.

어떤가요, 어린이 여러분? 찰스 슈왑의 행동이 참 슬기롭지 않나요?

그는 마구 감정을 드러내며 섣불리 직원들을 나무라지 않았습니다. 그 대신 담배까지 나눠 주면서 직원들 스스로 잘못을 절감하게 했지요. 그러니 그 회사에서 많은 직원들이 슈왑을 존경하지 않을 수 없었습니다.

미국에서 워너메이커라는 유명 백화점을 설립한 존 워너메이커도 찰스 슈왑 못지않게 슬기로운 사람이었습니다. 그는 하루에 한 번씩 필라델피아에 있는 자신의 백화점 매장을 둘러보았지요.

그런데 어느 날, 어떤 상품을 구매하려는 고객이 종업원을 찾아 주위를 두리번거리는데 아무도 관심을 기울이지 않았습니다. 그 광경을 본 워너메이커는 발걸음을 멈추고 잠시 상황을 지켜보았지요. 그 매장에는 분명 2명의 직원이 있었는데, 한쪽 구석에 모여 잡담에 빠져 있었습니다. 그들은 고객이 무엇을 원하는지 전혀 모르는 눈치였습니다.

어린이 여러분 생각에 워너메이커가 어떻게 행동했을 것 같나요? 잔뜩 화난 표정으로 종업원들에게 다가가 어서 손님 응대를 하라며 큰 소리쳤을 것 같나요?

워너메이커는 그렇게 행동하지 않았습니다. 그는 말 한마디 하지 않고 조용히 고객에게 다가가 어떤 상품을 구매하려는지 물었지요. 그리고는 진열대를 뒤져 고객이 원하는 상품을 찾아왔습니다. 그제야 깜짝 놀란 종업원들이 허둥지둥 달려왔지요. 워너메이커가 침착한 목소리로 말했습니다.

"고객님께서 이 상품을 구매하시려 하네. 예쁘게 포장해 드리게."

그리고 나서 워너메이커는 조용히 자리를 떠났습니다. 종업원들을 꾸짖는 말은 한마디도 하지 않았지요. 그러나 그가 매장을 떠난 뒤, 2명의 종업원 모두 자신들의 잘못을 깊이 깨달았습니다. 크게 소리쳐 나무라지 않아도 그 효과는 훨씬 더 컸지요.

우리는 찰스 슈왑과 존 워너메이커의 행동을 통해 중요한 사실 하나를 배울 수 있습니다. 그것은 다른 사람이 실수나 잘못을 범했을 때, 직접 드러내 질책하기보다 간접적인 방법으로 스스로 깨달을 수 있게 하는 것이 더 바람직하다는 사실이지요.

# 나의 잘못을 먼저 이야기해

내 조카들 중에 조세핀 카네기라는 아이가 있습니다. 그는 캔자스시티에서 고등학교를 졸업한 뒤 뉴욕으로 와 나의 비서로 일했지요. 당연한 말이지만, 그때까지 그 아이는 직장 생활 경험이 전혀 없었습니다. 고향을 떠나 낯선 곳에서 처음 사회생활을 하려니 한동안 실수할 때가 많았지요.

어느 날, 조세핀이 제법 심각한 잘못을 저질렀습니다. 그가 중요한 스케줄을 내게 말해 주지 않아 고객에게 실례를 범하게 됐지요.

'이 녀석, 이번에는 아주 혼쭐을 내줘야겠네. 삼촌 회사에서 근무한다고 너무 부주의하게 일하는 거 아냐?'

하지만 나는 곧 조세핀을 야단치려던 마음을 바꾸었습니다. 순간 머릿속에 이런 생각이 스쳐 지나갔지요.

'잠깐만, 데일 카네기. 네 나이는 조카보다 두 배나 더 많잖아? 사회생활 경험은 그 애보다 몇 백 배, 몇 천 배나 더 많고. 그런데 왜 자꾸만 너의 눈높이에서 조카를 판단하려고 하는 거야? 아직 어린 조카에게 어떻게 너만큼의 주의력과 판단력을 기대할 수 있겠어? 그건 절대로 공평하지 않아. 네가 열아홉 살 때 어땠는지 생각해봐. 그때는 너도 툭하면 실수를 저질렀잖아?'

나의 생각이 여기에 미치자 도저히 조세핀을 나무랄 수 없었습니다. 더구나 나는 그동안 조카에게 따뜻한 칭찬의 말도 건넨 적이 없었습니다. 그냥 회사 대표로서 늘 엄격하게 조카를 대했지요. 나는 스스로 자신을 반성한 끝에 조카를 불러 다정히 말했습니다.

"조세핀, 이번에 실수하고 너도 걱정이 많았지? 다음부터는 회사 일을 할 때 좀 더 신중해야 해. 자칫 다른 사람들한테 실례를 범할 수 있으니까 말이야. 하지만 너에 앞서 내게도 잘못이 있어. 이제 막 사회생활을 시작한 너에게 그동안 너무 많은 일을 시킨 것 같아. 돌이켜보면, 나는 네 나이 때 훨씬 더 자주 실수를 범했지. 그래도 너 정도면 첫 직장생활을 썩 잘해내고 있는 편이야."

나의 말에 잔뜩 풀이 죽어 있던 조세핀의 얼굴빛이 한결 밝아졌습니다. 내가 덧붙여 말했지요.

"사실 모든 사람은 오랜 시간에 걸쳐 이런저런 경험을 통해 배우는 게 있어. 그 과정에서 점점 실수도 줄여 나가게 되지. 나는 네가 머지않아 이 회사의 든든한 기둥이 될 거라고 믿어. 그러니 앞으로는 모든 일을 좀 더 꼼꼼히, 좀 더 적극적인 자세로 해나가렴. 그러다 보면 너도 이 뉴욕에서 당당한 사회인으로 살아갈 수 있을 거야."

나의 계속된 당부와 칭찬에 조세핀은 용기 내 의지를 다지는 듯했습니다. 조카가 고개를 끄덕이며 다시 한 번 얼마 전 잘못에 대해 사과했지요. 그리고는 씩씩하게 사무실 한쪽 자신의 자리로 돌아갔습니다.

그렇습니다. 우리는 상대방을 비난하기 전에 자신을 낮추는 모습을 보일 필요가 있습니다. 누구나 실수와 잘못을 범하게 마련이니까요. 그리고 지금 자신의 입장에서가 아니라, 상대방의 상황을 헤아릴 줄 알아야 합니다. 자기보다 나이가 어리거나, 가진 것이 적거나, 사회 경험이 적은데 무턱대고 최선의 결과만 요구할 수는 없지요.

어린이 여러분도 이따금 친구들과 다툼을 벌이지요?

그럴 때 꼭 나와 조세핀 사이에 있었던 일을 떠올려 보아요. 상대방의 잘못을 탓하기 전에, 나의 잘못을 먼저 솔직히 이야기해 봐요. 그러면 친구도 꽁꽁 얼었던 마음이 스르르 풀려 다시 예전처럼 사이좋게 지낼 수 있을 거예요.

# 명령하지 마

다른 사람들에게 명령조로 이야기하는 사람이 있습니다. 마치 자기가 군대 상관이라도 되는 양 상대방의 마음은 헤아리지 않고 막무가내로 말하지요. 그런 사람은 다른 사람들의 반발을 사기 십상입니다. 눈앞에서는 고분고분 따르는 시늉을 해도 마음속으로는 불평이 쌓이게 마련이지요.

나는 최근에 전기 작가 아디다 타벨 여사와 식사할 기회가 있었습니다. 그녀와 나는 공통 관심사인 인간관계를 화제로 즐거운 대화를 나누었지요. 그녀는 얼마 전 법률가 오언 영의 전기를 쓰면서, 그와 같은 사무실에서 3년 간 근무했던 사람을 인터뷰했던 내용을 들려주었습니다. 나는 그 이야기를 통해 오언 영에 관해 새로운 사실을 알게 됐지요.

오언 영은 부하 직원들을 대할 때 누구에게도 명령한 적이 없다고 합니다. 그는 '명령'이 아니라 '제안'을 했지요. 무슨 말이냐고요? 이를테면 이런 식입니다. 그는 "이렇게 해. 저렇게 해." 또는 "이렇게 하지 마. 저렇게 하지 마."라는 식으로 말하지 않았습니다. 그 대신 "이렇게 판단해 볼 수 있지 않을까?" 또는 "이렇게 하면 잘 되지 않을까?"라며 상대방이 스스로 생각해 볼 기회를 줬지요.

부하 직원이 보고서를 써 왔을 때도 마찬가지였습니다. 그는 보고서를 꼼꼼히 살펴보며 "자네는 이 점에 대해 어떻게 생각해?"라거나 "이 부분을 이런 식으로 고치면 더 좋을 것 같아."라는 식으로 의견을 묻고 문제점을 지적해 상대방을 존중했지요.

그렇듯 오언 영은 항상 주변 사람들에게 스스로 생각할 수 있는 기회를 주었습니다. 절대로 명령하지 않고 상대방이 스스로 자신이 한 일을 되돌아보게 했지요. 그런 과정을 통해 상대방은 자기의 실수를 깨달아 좀 더 능력 있는 사회인으로 성장해 나갔습니다. 아울러 그들은 마음 깊이 오언 영에게 존경심을 가졌지요.

어린이 여러분도 누군가를 상대할 때 오언 영 같은 태도를 지녀야 합니다. 그래야만 상대방이 여러분의 충고를 기꺼이 받아들이며 조금씩 발전하게 되니까요. 그리고 여러분을 진심으로 좋아하게 되니까요.

# 상대방의 자존심을 살려 줘

미국에 제너럴일렉트릭이라는 세계적인 기업이 있습니다. 1878년 발명가 토머스 에디슨이 설립한 전기 조명 회사에서 출발해 최고의 첨단 기술과 서비스 기업으로 성장했지요. 오래전 그 기업에 찰스 스타인메츠라는 인물이 재무실장으로 임명됐습니다. 그는 전기 분야의 전문가로 명성이 대단했지요. 그런데 재무실장으로서 관리해야 할 회계 업무에는 아는 지식이 별로 없었습니다.

제너럴일렉트릭의 경영진은 곧 인사 발령이 잘못된 것을 깨달았습니다. 아무리 전기 회사라고 해도 재무실장은 무엇보다 회계 업무 전문가가 맡아야 한다고 생각했지요. 그래서 스타인메츠를 재무실장 자리에서 물러나게 하기로 결정했습니다. 문제는 그것을 통보하는 방법이었지요. 경영진은 긴 회의

에게 더 이상 맡길 업무가 없습니다. 물론 처음부터 여름철에만 일하기로 계약했으니까, 오늘까지 근무하고 내일부터는 출근하지 마십시오."

만약 어린이 여러분이 인정이라고는 눈곱만큼도 없는 이런 말을 듣게 된다면 기분이 어떨까요?

그와 달리, 다음과 같은 방식으로 이야기할 수도 있습니다.

"스미스 씨, 그동안 열심히 일해 주셔서 고맙습니다. 덕분에 우리 마트의 매출이 많이 늘었어요. 이제 여름철이 끝나 아쉽게 계약을 만료하게 됐지만, 성실하고 실력도 있으니 어디든 더 좋은 일자리를 찾을 수 있을 겁니다. 그리고 다음에 기회가 닿으면, 다시 우리와 함께 일할 수 있게 되기를 기대합니다."

다행히 대형 마트에서는 두 번째 방식을 채택했습니다. 그 결과 스미스를 비롯한 몇몇 계약직 직원들은 별 불만 없이 회사를 떠났지요. 아니, 그들은 오히려 그 대형 마트에 대해 좋은 인상을 갖게 됐습니다. 언제든 구인 공고가 올라오면 다시 이력서를 내봐야겠다고 생각했지요.

제너럴일렉트릭과 대형 마트의 사례에서 보듯, 인간관계에 있어 상대방의 자존심을 지켜 주는 것은 매우 중요합니다. 그런데 의외로 그 규칙을 실천에 옮기는 사람은 많지 않지요.

다른 사람의 자존심을 가볍게 여기는 사람은 자기의 목적을 이루기 위해 상대방의 기분을 처참히 짓밟고는 합니다. 상대방의 감정이 상처 입는 것은 개의치 않은 채 자녀나 친구, 부하 직원 등을 함부로 꾸짖고 비난하지요. 상대방의 자존심을 헤아리는 따뜻한 이야기가 훨씬 효과적인데도 말입니다.

# 칭찬이 성공을 이끈다

나는 서커스단 동물 조련사의 행동에서 우리가 배울 점을 보았습니다. 그들은 동물을 훈련시킬 때 '칭찬'이라는 도구를 적절히 사용하지요. 사람들 앞에서 공연을 펼칠 원숭이를 조련할 때도 마찬가지였습니다.

"비비, 차렷! 손님들께 인사!"

그러자 신기하게 원숭이 비비가 관객석을 향해 꾸벅 고개를 숙였습니다. 조련사는 자신의 지시를 잘 따른 원숭이의 머리를 쓰다듬어주며 큰 소리로 "잘했어!"라고 칭찬했지요. 그리고는 주머니에서 간식을 꺼내 원숭이에게 건넸습니다.

사실 손님들을 향해 인사하는 것은 그 원숭이가 배워야 할 여러 재주 중 하나일 뿐이었습니다. 그 후에도 조련사는 원숭이 비비에게 이런저런 재주를 가르쳤지요. 색다른 재주를 배울 때마다 시행착오를 겪기도 했지만, 조련사는 결국 원숭이가 훌륭히 공연할 수 있게 훈련시키는 데 성공했습니다. 그 비결이 칭찬이었지요. 조련사는 원숭이가 자신의 지시를 잘 따를 때마다 "잘했어, 비비!"하며 큰 소리로 격려했습니다. 그뿐 아니라 맛있는 간식거리로 보상하는 것도 잊지 않았지요.

앞서 씽씽교도소의 환경을 크게 개선한 루이스 로즈 소장 이야기를 기억하나요? 그 역시 죄수들을 올바르게 교화하는 데 칭찬만큼 효과적인 것이 없었다며 다음과 같이 말했습니다.

"죄수들의 노력을 적절히 칭찬해주면, 그들은 새로운 사람이 되려고 더 모범적으로 생활하는 모습을 보였습니다. 무작정 잘못을 비판하는 것보다 훨씬 나은 방법이었지요."

나는 감옥에 투옥된 적이 없지만 그의 말을 충분히 이해했습니다. 내 인생을 돌아보아도 몇 마디의 칭찬으로 더욱 열정을 발휘하게 된 경험이 있으니까요. 어린이 여러분도 그런 적이 있지 않나요? 칭찬은 사람들에게 그야말로 마법 같은 기적을 불러옵니다.

오래전, 이탈리아 나폴리의 한 공장에서 열 살짜리 소년이 일하고 있었습니다. 당시에는 인건비가 저렴하다는 이유로 어린아이들을 고용하는 공장이 많았지요. 그런데 그 소년은 힘든 하루하루를 보내면서도 성악가가 되고 싶다는 희망을 간직했습니다. 그 사실을 알게 된 주변 사람들이 비아냥거렸지만 소년은 결코 꿈을 잃지 않았지요. 그에게는 칭찬과 격려를 아끼지 않는 엄마가 있었기 때문입니다.

"얘야, 너는 반드시 훌륭한 성악가가 될 수 있단다. 비록 지금은 우리가 가난 탓에 힘겨운 삶을 살고 있지만, 머지않아 세상이 너의 재능을 알아줄 것이 틀림없어."

그와 같은 엄마의 응원 덕분에 소년은 꿈을 잃어버리지 않고 쉼 없이 노력했습니다. 그러면 엄마가 또다시 한 단계 더 발전한 소년의 실력에 칭찬을 아끼지 않았지요. 그리고 언젠가 아들이 음악 학교에 가서 정식 성악 수업 받을 수 있도록 열심히 일해 차곡차곡 돈을 모았습니다. 결국 어머니의 칭찬과 격려, 희생이 소년의 삶을 바꾸었지요. 그 소년의 이름은 바로 20세기 초 최고의 성악가로 잘 알려진 엔리코 카루소입니다.

카루소의 일화에서 알 수 있듯, 다른 사람의 숨겨진 재능을 칭찬으로 북돋아 용기를 주면 상상보다 큰 변화를 이끌어낼 수 있습니다. 그것이 다름 아닌 칭찬의 힘이지요.

그럼 미국 하버드대학교 교수이자 뛰어난 심리학자였던 윌리엄 제임스 교수의 말을 전하며 이번 이야기를 마치겠습니다.

"우리의 가능성에 비하면, 우리는 그중 절반만 깨어 있다. 우리가 가진 육체적, 정신적 능력의 일부분만을 사용하고 있는 것이다. 다시 말해, 인간은 자신이 가진 능력치에 훨씬 못 미치는 삶을 살고 있다는 의미다. 인간의 능력에는 물론 한계가 있지만, 대부분의 사람들은 그만큼도 자기 능력을 발휘하지 못하고 있다."

그렇습니다. 이 책을 읽고 있는 어린이 여러분도 분명히 아직 사용하지 못한 여러 가지 능력을 갖고 있습니다. 그중에는 상대방을 칭찬해 그의 잠재력을 깨닫게 해주는 능력도 포함됩니다.

# 장점을 북돋아 스스로 변하게 해

"상대방에게 장점이 없어도, 마치 장점이 있는 것처럼 말하라."

이것은 윌리엄 셰익스피어의 이야기입니다.

위대한 작가의 조언처럼, 상대방이 스스로 노력하게 만들고 싶으면 그가 어떤 장점을 가졌다고 공개적으로 말하는 것이 좋습니다. 상대방에게 그의 장점을 부각시켜주면, 그 사람이 스스로 기대에 부응하기 위해 열심히 노력하기 때문입니다.

지난날 기관차를 생산했던 볼드윈 회사의 사장 사무엘 보클레인은 "사람들은 존경하는 사람이 자신의 능력을 높이 평가해 줄 때 능동적으로 움직인다."라고 말했습니다. 이 또한 상대방의 장점을 돋보이게 해줄 경우, 그 사람 스스로 기대에 어긋나지 않게 행동하려고 노력한다는 의미입니다.

그와 같은 사례는 우리 주변에서 얼마든지 찾아볼 수 있습니다. 프랑스 가수 조제트 르블랑은 『메테르링크와 함께한 추억』이라는 책에서 한 소녀의 놀라운 변화에 대해 이야기했지요. 한때 호텔에서 허드렛일이나 하던 소녀 '접시닦이 마리'가 자신의 삶을 적극적으로 개척해 나가는 의지의 인물로 변한 계기를 설명한 것입니다.

어느 날 르블랑은 자신의 시중을 들던 마리에게 다정한 한마디의 말을 건넸습니다. 나이에 어울리지 않게 고생하는 어린 소녀를 보며 측은한 마음이 들었기 때문이지요. 르블랑은 마리에게 "너는 네 안에 깃든 보물을 모르는 것 같구나. 네게는 아직 많은 가능성이 있으니 현실에 안주하지 말고 미래를 꿈꾸렴."이라고 말했습니다. 그때까지 소녀에게 그런 말을 해주는 사람은 아무도 없었지요. 그날 이후 마리는 이전과 전혀 다른 사람이 되어 자신의 삶에 희망을 갖게 됐습니다.

또 하나의 사례는 미군 장교 헨리 리스너에 관한 일화입니다. 그는 병사들 앞에서 종종 "여러분이 내가 아는 가장 정의롭고 용맹한 군인입니다!"라고 말했습니다. 그 역시 자신의 상관에게 들었던 찬사인데, 그 이야기가 불러일으키는 긍정적인 효과를 잊지 않고 부하들에게도 틈틈이 전했던 것이지요. 과연 병사들은 리스너의 바람대로 기대에 어긋나지 않게 훌륭히 맡은 바 임무를 해냈습니다.

'한번 나빠진 평판은 되돌리기 힘들다.'라는 격언이 있습니다. 그런데 그 원리가 '나빠진 평판'에만 작용하는 것은 아닙니다. 오히려 한번 이루어진 '좋은 평판'은 자발적인 상승 효과를 일으켜 계속 또 다른 좋은 평판으로 이어질 때가 많지요. 내가 장점을 북돋아준 상대방이 그렇게 되도록 끊임없이 스스로 노력하기 때문입니다. 누군가에게 한번 좋은 평가를 받으면 그 기대에 부응하려는 모습을 지속적으로 보이게 되는 것이지요.

"재소자를 만날 때, 그가 신사인 것처럼 정중히 대하라. 신사 대우를 받은 그는 스스로 부끄럽지 않게 행동하려고 노력할 것이다. 누군가가 자신을 존중한다는 사실을 그가 더없이 뿌듯하게 생각할 테니까."

이것은 씽씽교도소 소장 루이스 로즈의 말입니다. 여기에도 상대방 스스로 기대에 어긋나지 않게 행동하도록 만드는 비결이 담겨 있습니다.

# 격려해서 자신감을 심어 줘

내 친구 중 한 사람은 마흔 살이 훌쩍 넘어 결혼했습니다. 그의 아내는 청소년 시절부터 댄스 스포츠를 취미로 즐겼지요.

그들이 한창 연애할 때, 그녀가 친구에게 말했습니다.

"우리가 결혼하면 취미 생활도 함께하고 싶어. 자기도 댄스 스포츠를 배우면 좋겠어."

그 말을 들은 친구는 난감했습니다. 왜냐하면 그 친구는 고등학교 시절 학교 체육 시간에 댄스 스포츠의 기초를 배운 것이 전부였기 때문이지요. 그 후에는 나쁜 친구들과 파티에 참석해 간단한 사교댄스나 몇 번 춰봤을 뿐입니다. 그는 고민 끝에 댄스 학원에 가서 춤을 배우기로 결심했지요.

그런데 친구는 처음 찾아간 댄스 학원에서 크게 실망만 하고 말았습니다. 강사의 잘못된 교육 방식에 그나마 있던 의욕까지 잃어버렸지요.

수강 첫날, 강사가 그에게 말했습니다.

"아이고, 정말 엉망이시네요. 이제 그런 춤을 추면 구닥다리 취급받기 십상이에요. 옛날에 학교에서 배운 것은 싹 다 잊고 우리 학원에서 기초부터 다시 배워야겠어요."

강사의 냉정한 평가를 들은 친구는 이튿날부터 학원에 나가지 않았습니다. 그것이 설령 틀린 말은 아니라 하더라도 자존심에 상처를 입었기 때문이지요.

다행히 친구는 머지않아 아내가 될 사람의 바람을 떠올리며 춤 배우기를 포기하지 않고 다른 댄스 학원을 찾아갔습니다. 그곳의 강사는 앞서 만났던 강사와 달랐지요.

"솔직히, 선생님의 춤 실력은 부족한 점이 많습니다. 하지만 리듬감이나 열정만큼은 최고시네요. 앞으로 저와 함께 노력하면 금세 발전하실 것 같아요. 무엇보다 댄스 스포츠를 즐기겠다는 마음가짐을 가지시면 됩니다. 그렇게 매일 조금씩 연습하다 보면 실력은 저절로 늘게 마련이지요. 이미 춤도 좀 춰보셨잖아요?"

강사는 가벼운 농담까지 던지며 환한 표정으로 친구의 긴장을 풀어 주었습니다. 친구는 다시 춤을 배우겠다는 의욕을 불사르며 열심히 학원에 나갔지요. 아직 자기 자신이 부족하다는 것을 잘 알았지만, 두 번째 만난 강사의 격려 덕분에 용기를 낼 수 있었습니다.

어린이 여러분, 내 친구가 찾아갔던 댄스 강사 두 사람의 차이점을 알겠지요?

우리가 큰맘 먹고 무엇을 배우려고 할 때, 만약 상대방이 나의 단점만 부각시키며 재능이 없다고 야단치면 의욕부터 상실하게 됩니다. 그리고 자존심이 무너져 더 이상 그것을 배울 시도조차 하지 않게 되지요. 그와 달리 상대방이 얼마 되지 않는 나의 장점을 찾아내 격려하면 없던 재능도 솟아나게 됩니다. 나 스스로 상대방의 기대를 무너뜨리지 않기 위해 열심히 노력하게 되는 것이지요.

나 역시 친구와 비슷한 경험을 한 적이 있습니다. 나는 평소 카드 게임에 이렇다 할 흥미를 느끼지 못하는 편입니다. 그러다 보니 규칙을 모르는 게임이 적지 않지요.

어느 날, 나는 한 모임에서 카드 게임에 참여하게 됐습니다. 그와 같은 사교 모임에서는 설령 내가 즐기지 않는 놀이라고 해도 함께 어울려야 할 때가 있지요. 나는 카드 게임에 별 재미를 못 느끼지만 기꺼이 그들과 사리를 같이 했습니다. 문제는 내가 그들이 시작한 브리지 카드 게임의 규칙을 헷갈려 한다는 사실이었지요. 내가 좀 당황스러운 표정을 짓자 곁에 있던 로엘 토머스가 말했습니다.

"브리지 카드 게임을 많이 안 해보셨군요?"

"네……. 두어 번 해보기는 했는데, 갑자기 게임 규칙이 잘 떠오르지 않네요."

나의 솔직한 고백에 토머스는 미소를 띠며 말을 이었습니다.

"너무 걱정 마세요. 알고 보면 그다지 복잡한 규칙이 아니니까요. 약간의 기억력과 판단력만 있으면 누구든지 이 게임을 즐길 수 있습니다. 혹시 잘 생각나지 않는 규칙이 있으면, 그때그때 제가 설명해 드리지요."

나는 토머스의 격려에 모든 걱정이 눈 녹듯 사라졌습니다. 그리고 어느새 브리지 카드 게임에 빠져들고 있는 나 자신을 발견할 수 있었지요.

그만큼 격려의 힘은 대단합니다. 격려가 상대방의 자존심을 지켜주고, 자신감을 갖게 하지요. 만약 여러분의 친구가 어떤 꿈을 이야기한다면, 그가 가진 아직은 별 볼 일 없는 재능과 장점을 찾아내 격려해 줘야 합니다. 그러면 그 재능과 장점이 무럭무럭 자라나 친구의 꿈을 현실로 만들게 됩니다.

# 기꺼이 수긍하게 해

1914년, 제1차 세계 대전이 일어났습니다. 유럽의 여러 나라들이 인류 역사상 유례를 찾아보기 어려운 전쟁의 공포를 겪었지요. 평화가 다시 올까, 아무도 장담할 수 없었습니다. 매일같이 수많은 사람들이 다치고 목숨을 잃었습니다.

전쟁이 발발한 지 1년 후, 미국의 제28대 대통령 우드로 윌슨은 전쟁을 치르고 있는 각국 지도자들과 평화를 협의하기 위해 사절단을 파견하기로 결정했습니다. 그때까지 전쟁에 참여하지 않았던 미국은 어떻게든 유럽의 평화를 되찾을 방법을 고민했지요.

윌슨 대통령은 평화 사절단의 대표로 누구를 보낼지 곰곰이 생각에 잠겼습니다. 첫 번째 유력한 후보는 국무장관 윌리엄 브라이언이었지요. 그 스스로 평화 사절단 대표 임무를 맡고 싶어 했습니다. 세계사에 자신의 이름을 길이 남길 중요한 임무라고 판단했기 때문이지요. 그러나 윌슨 대통령은 자신의 군사 보좌관인 에드워드 하우스 대령에게 평화 사절단의 대표를 맡기기로 마음먹었습니다.

"자네가 유럽 각국이 전쟁을 끝내고 하루빨리 평화를 되찾도록 노력해 주게."

"알겠습니다, 대통령 각하. 최선을 다하겠습니다."

하우스는 내심 부담감이 컸지만 자신을 믿고 중요한 임무를 맡겨 준 대통령을 실망시키고 싶지 않았습니다. 다만 한 가지, 국무장관 브라이언이 그 사실을 알고 몹시 서운해 하지 않을까 걱정이었지요. 실은 하우스와 브라이언이 절친한 친구 사이였거든요.

그날 저녁, 하우스가 브라이언을 만나 조심스럽게 말문을 열었습니다.

"자네도 이미 알고 있겠지만, 내가 평화 사절단의 대표가 됐네. 자네가 맡고 싶어 한 임무인데 미안하게 됐네."

"미안하긴 뭐……. 대통령께서 자네의 능력을 더 믿어 그러신 것 아니겠나?"

브라이언은 이렇게 대답하면서도 서운한 낯빛을 감추지 못했습니다. 하우스가 다시 말했지요.

"그런데, 사실 이번 결정에는 비밀이 하나 있네."

"비밀? 그게 뭔가?"

뜻밖의 이야기에 고개를 갸웃하는 브라이언에게 하우스가 말을 이었습니다.

"대통령께서는 이번 일을 매우 조심스럽게, 절대로 외부에 알려지지 않게 추진하고 싶어 하시더군. 그런 까닭에 사람들에게 너무나 잘 알려진 자네보다는 내가 적임자라고 판단하신 것 같아. 나 같은 군 장교가 유럽 행 비행기를 타봤자 누가 신경이나 쓰겠나? 하지만 자네는 국무장관인데다 국민적 관심을 끄는 인물이니 상황이 다르지."

하우스의 말에 그제야 브라이언의 굳은 표정이 풀어졌습니다. 하우스의 이야기가 전부 사실인지는 알 수 없지만, 어쨌든 그의 설명이 브라이언의 서운한 마음을 녹인 것은 틀림없었지요. 자신이 더 유명하고 중요한 인물이라는 데 기분 나빠할 사람은 없을 테니까요. 하우스는 '상대방이 내 말을 기꺼이 수긍하게 하라.'라는 인간관계의 규칙을 충실히 따른 셈이었습니다.

윌슨 대통령 역시 자신의 군사 보좌관인 하우스 못지않게 그런 규칙을 잘 지키는 인물이었습니다. 윌슨은 새로 장관을 임명할 때마다 "당신이 이 부처의 책임자가 되어 나를 도와부면 더없이 기쁘겠습니다."라고 말했지요. 그런 말을 듣고 상대방의 요구에 수긍하지 않을 사람이 어디 있을까요? 어쩌면 하우스는 평소 그와 같은 윌슨의 행동을 보며 인간관계의 중요한 규칙 하나를 터득했는지 모를 일이었습니다.

물론 나도 '상대방이 내 말을 기꺼이 수긍하게 하라.'라는 인간관계의 규칙을 항상 명심하고 있습니다. 나는 바쁜 일정 중에 갑작스런 강연 요청을 받을 때가 종종 있지요. 웬만하면 그 부탁을 들어주려고 해도 도저히 시간이 나지 않는 경우가 있습니다, 그러면 나는 강연을 의뢰한 상대방에게 다음과 같이 말하고는 합니다.

"다른 훌륭한 분들도 많은데, 제게 강연 요청을 해주셔서 고맙습니다. 저도 꼭 그곳에 가서 여러분을 만나고 싶지만 이번에는 스케줄이 맞지 않네요. 미안합니다. 다음 기회에는 되도록 시간을 내보지요. 그리고 괜찮다면 제가 다른 강연자를 한 분 소개해드릴 수도 있습니다."

내가 이렇게 이야기하면 대부분의 사람들은 흔쾌히 다음 기회를 기약합니다. 아울러 어떤 강연자를 소개해 줄 것이냐고 묻지요. 그것은 나의 솔직한 사과와 제안이 그들의 마음에 호의로 다가갔다는 증거입니다. 나는 다시 이렇게 말을 잇지요.

"제 친구인『브루클린 이글』지의 편집장 클리브랜드 로저스에게 강연을 부탁하면 어떨까요? 아니면, 가이 히콕은 어떨지 모르겠네요. 그는 유럽 특파원으로 파리에서 15년이나 살아 재미있는 이야깃거리가 참 많은 친구거든요. 또 인도에서 여러 차례 맹수 사냥을 한 경험한 리빙스턴 롱펠로우도 제가 소개시켜 드릴 만한 강연자입니다."

그러면 상대방은 대개 내 이야기에 등장한 한 친구에게 강연을 맡기고 싶다고 부탁합니다. 그 순간 조금은 난감했던 일이 어느 누구의 감정도 상하지 않게 하면서 자연스럽게 해결되지요. 그 역시 내가 '상대방이 내 말을 기꺼이 수긍하게 하라.'라는 인간관계의 규칙을 지켰기 때문에 가능한 일입니다.

어린이 여러분, 어느덧 '제4장 불만 없이 사람들을 변화시키는 9가지 방법'의 모든 이야기를 마쳐야 할 때가 되었습니다. 그럼 다시 한 번 그 내용을 마음 깊이 되새겨 보면서 이번 장을 끝내도록 하지요.

1. 칭찬과 감사의 말로 시작해.
2. 미움 받지 않게 비판해.
3. 나의 잘못을 먼저 이야기해.
4. 명령하지 마.
5. 상대방의 자존심을 살려 줘.
6. 칭찬이 성공을 이끈다.
7. 장점을 북돋아 스스로 변하게 해.
8. 격려해서 자신감을 심어 줘.
9. 기꺼이 수긍하게 해.

⊙ 여러분의 형제나 친구에게 꼭 달라졌으면 하는 점이 있나
  요? 그렇다면 형제나 친구의 변화를 바라는 이야기를 이
  번 장에서 배운 규칙을 생각하며 자세히 적어 봐요.

청소년 여러분, 지금까지 내가 설명한 인간관계의 여러 규칙들을 잘 이해했나요?

나는 원래 어른들을 염두에 두고 이 책을 기획했기 때문에 청소년들이 보기에는 선뜻 이해하기 어려운 내용이 있을지 모르겠네요. 하지만 어른이든 청소년든 모두 인간이라는 면에서는 똑같은 존재입니다. 다른 사람들을 대할 때 지켜야 할 예의와 태도가 다르지 않지요. 따라서 이 책의 내용을 반복해서 읽고 가슴 깊이 명심한다면, 청소년 여러분이 친구들을 사귀거나 앞으로 성장해가는 데 여러모로 도움이 될 것이 틀림없습니다.

자, 그럼 마지막으로 중요한 한 가지 당부를 전하며 이 책을 마무리하겠습니다. 그것은 다름 아니라, 누군가에게 뭔가를 부탁할 때 지녀야 할 바람직한 태도에 대한 것입니다. 간단히 정리해 보겠습니다.

첫째, 다른 사람에게 부탁할 때는 그 사람을 기분 좋게 만들어라.

이를테면 "바쁘실 텐데, 제게 시간을 내주셔서 고맙습니다."라거나 "친절하게 도움 주신 점 잊지 않겠습니다."라는 말을 듣고 불쾌해할 사람은 없습니다. 그 경우 도움을 준 사람은 자신의 노력이 헛되지 않다고 생각해 기뻐할 것이며, 앞으로도 자기가 도움을 베푼 사람과 친하게 지낼 확률이 높지요.

둘째, 다른 사람에게 부탁할 때는 그가 중요한 사람이라는 생각이 들게 하라.

여러분이 낯선 마을을 여행하고 있다고 가정해 보아요. 만약 그곳 주민에게 길을 물어봐야 할 상황이 생긴다면 절대로 상대방을 업신여기면 안 되지요. 아무리 상대방의 옷차림이 남루하고 흙 범벅이 된 채 험한 일을 하고 있더라도 예의를 갖춰야 합니다. 그것이 인간으로서 마땅히 지켜야 할 바람직한 태도이며, 또 뭔가를 부탁하는 입장에서 자신을 낮추는 것은 당연한 일이지요. 만약 여러분이 "제가 이 마을을 처음 여행하는 터라 길을 잃었습니다. 선생님께서는 이 마을 구석구석 모르시는 게 없을 테니 저를 좀 도와주십시오."라는 식으로 부탁한다면 누구라도 흔쾌히 도움의 손길을 내밀 것입니다.

셋째, 다른 사람에게 부탁할 때는 그 사람이 나에게 호감을 느끼게 하라.

이번 이야기는 벤저민 프랭클린의 일화로 설명하겠습니다. 그가 필라델피아 시의회 의원으로 활동했을 때 이야기입니다. 당시 프랭클린에게는 정치적 라이벌이 있었는데, 그가 어떤 부탁을 한 것을 계기로 두 사람은 절친한 친구가 됐지요. 대체 무슨 일이 있었을까요? 프랭클린이 한 인터뷰에서 했던 말을 옮겨 보겠습니다.

"어느 날, 나는 우연히 그의 서재에 아주 진귀한 책이 있다는 이야기를 들었습니다. 그래서 곧장 편지를 써서 며칠 동안 빌려줄 수 있겠느냐고 부탁했지요. 나는 그에게 같은 정당 동료 의원을 대하듯 솔직하고 다정하게 이야기했습니다. 그는 즉시 책을 보내왔지요. 그로부터 일주일 후, 나는 그의 호의에 정말 감사한다는 메모와 함께 책을 돌려보냈습니다. 그 후

의회에서 다시 만났을 때, 그는 전에 없이 호감어린 표정으로 내게 말을 건넸지요. 그 다음에 우리는 서로의 부탁을 기꺼이 들어주었고, 점점 둘도 없는 친구 사이가 되었습니다."

벤저민 프랭클린의 말이 어떤 의미인지 이해했나요?

네, 그렇습니다. 그의 이야기에는 상대방에게 뭔가를 부탁할 때 그 사람이 호감을 느끼게 하면 도움을 받을 뿐만 아니라 친구가 될 수도 있다는 교훈이 담겨 있지요. 뭔가를 부탁할 때 상대방이 자존감을 갖게 하고, 상대방의 지식과 성취를 돋보이게 하면 그 사람도 나에게 호감을 느끼게 마련입니다.

청소년 여러분! 다시 한 번 강조하지만, 나는 이 책을 통해 다른 사람에게 아첨하거나 잔재주 부리는 기술을 전하려는 것이 절대 아닙니다. 내가 이 책에서 이야기한 인간관계에 관한 모든 규칙과 기술은 진심에서 우러나올 때만 효과가 있습니다. 나는 그와 같은 새로운 삶의 방식을 알려줘 여러분이 자라나는 데 조금이나마 도움이 되기를 바랄 뿐입니다.

청소년을 위한

# 데일카네기 자기관리론

# 자기 관리를 실천하게 돕는 실용적인 책

대학 졸업 후 사회생활을 시작한 나는 한동안 희망이 없었습니다. 뉴욕에서 가장 값싼 방에 살면서 아무런 의욕도 없이 직장에 다녔지요. 낡은 집에는 바퀴벌레가 들끓었고, 매일 밤 미래에 대한 걱정으로 잠을 설치기 일쑤였습니다. 어렸을 적에 가졌던 꿈은 다 사라져 나 자신에 대한 실망만 가득했지요. 그것은 결코 내가 바라던 삶이 아니었습니다. 나는 잃어버린 꿈을 되찾아 진정한 삶을 살고 싶었지요.

그러던 어느 날, 내게 기적 같은 순간이 찾아왔습니다. 돌이켜보면 누구에게나 한 번쯤 찾아온다는 인생의 전환점이었는데, 문득 나는 사범대학에서 교육학을 전공한 특기를 살려 강연자의 삶을 살아보고 싶었습니다. 그리고 책도 써 보기로 했지요.

나는 많은 사람들이 실생활에서 자신의 생각을 전달하는 데 어려움을 겪는다고 판단했습니다. 나 또한 자신감 없이 우물쭈물하다 성공의 기회를 제 발로 걷어차고는 했지요. 그래서 그것을 주제로 YMCA에서 강연을 시작했습니다.

그곳에서 나는 수강생들을 격려하고, 그들의 문제를 해결하

기 위해 함께 노력했습니다. 실제 사례를 들어 교육하며 실천
을 목표로 하는 나의 강의는 금세 큰 인기를 끌었지요. 무엇
보다 누군가에게 나의 장점을 드러내며 친구로 만드는 데 효
과가 컸기 때문입니다. 그러다 보니 기업체 영업 사원들까지
단체로 나를 찾아오는 일이 일어났지요. 자연스레, YMCA에
서 책정한 나의 강의료도 6배 넘게 올랐습니다.

그동안 마지못해 했던 사회생활과 달리, 나는 대중 앞에서
강연하는 일에 완전히 만족했습니다. 그럼에도 거기에서 멈
추지 않았지요. 나는 사람들의 가장 큰 문제가 '걱정'과 '고민'
인 것을 깨달았습니다. 큰 회사 경영자든 영업 사원이든, 또
가정에서 살림하는 주부든 걱정과 고민이 끊이지 않기는 마
찬가지였지요. 그래서 나는 오랜 시간 그 문제의 해결 방법을
찾아보았습니다. 한참 만에 내가 내린 결론은 '자기 관리'가
필요하다는 것이었지요.

그런데 당시만 해도 자기 관리에 도움이 될 만한 강연이나
책이 별로 없었습니다. 나는 스스로 그 일을 해보기로 마음먹
었지요. 약 7년의 시간을 들여 자료 조사를 하고 다양한 사람

들을 인터뷰했습니다. 그리고 그 내용을 강연에 활용해 수강
생들의 반응을 살폈지요. 자주 설문지를 돌려 사람들의 생각
을 분석하기도 했습니다. 그런 노력 덕분에, 나는 마침내 『데
일 카네기의 인간관계론』에 이어 이 책 『데일 카네기의 자기
관리론』을 완성하게 됐지요.

이 책에서 다루는 내용은 학자들을 위한 어려운 이야기가
아닙니다. 이것은 한마디로 사실을 바탕으로 한 실용적인 책
이지요. 이 책에는 자기 관리에 성공한 여러 사례가 소개되어
있습니다. 원래 성인을 대상으로 쓴 책이기는 하지만, 청소년
여러분도 꼼꼼히 읽다 보면 중요한 깨달음을 얻을 수 있으리
라 믿습니다.

자, 그럼 나와 함께 책 속으로 여행을 떠나 볼까요?

— 데일 카네기

# 제 1 장

# 걱정에 대해
# 우선 알아 둬야 할 것

첫 번째 이야기 오늘에 충실해

두 번째 이야기 걱정을 해결하는 3단계 공식

세 번째 이야기 걱정이 끼치는 나쁜 영향

# 오늘에 충실해

"우리는 멀리 희미하게 보이는 것을 쫓을 것이 아니라, 바로 앞에 명확하게 보이는 것을 실행해야 한다."

이것은 영국 역사학자 토머스 칼라일의 말입니다. 한 젊은이가 책을 읽다가 이 구절을 발견하고 새로운 깨달음을 얻었지요. 그는 칼라일의 가르침을 가슴 깊이 새겨 하루하루 충실한 삶을 살았습니다. 그 젊은이는 훗날 옥스퍼드 의과대학의 교수가 되고, 존스홉킨스 의과대학을 설립한 윌리엄 오슬러라는 인물이지요.

오슬러는 젊은 시절에 감동받았던 토머스 칼라일의 말을 기회 있을 때마다 자기가 가르치는 학생들에게 들려주었습니다. 그는 자신의 성공 비결이 '하루를 충실하게 살기'였다고 강조했지요. 그가 미국에서 손꼽히는 명문 대학인 예일대학교에서 학생들에게 한 연설은 지금도 많은 사람들의 기억 속에 남아 있습니다. 그는 다음과 같이 말했지요.

"여러분 모두는 첨단 설비를 갖춘 초호화 여객선보다 더 훌륭한 존재입니다. 선박의 시설이 아무리 좋아도 드넓은 바다를 항해하는 것은 매우 조심스러운 일이지요. 여러분에게 간곡히 부탁하건대, 인생이라는 바닷길을 안전하게 지나가기 위해 바로 '오늘'의 항해에 충실하도록 하십시오. 우리는 모두 오늘을 살아가고 있을 따름입니다. 그 오늘과 오늘이 쌓여 인생이 되는 것입니다. 지금 여러분이 타고 있는 인생의 배에서 과거와 미래의 문을 닫아 버리십시오. 어리석은 자를 죽음으로 이끄는 과거는 잊어버리십시오. 아직 오지 않은 미래를 걱정하느라 오늘을 낭비하며 스트레스 받는 어리석음에서 벗어나십시오. 그리고 지금 이 순간에 충실하십시오. 오늘을 충실하게 사는 습관을 기르십시오. 그것이 곧 안전하고 보람 있는 여러분의 인생 항해가 될 것입니다."

오슬러는 학생들에게 미래를 준비하지 말라고 이야기한 것일까요? 절대 그렇지 않습니다. 그는 미래를 준비하는 최고의 방법이 바로 오늘의 일에 열중하는 것이라고 강조한 것입니다. 그것이야말로 내일을 준비하는 유일한 방법이라고 보았으니까요.

캐나다 경제학자 스티븐 리콕도 윌리엄 오슬러와 비슷한 말을 했습니다. 그는 이렇게 이야기했지요.

"많은 사람들이 짧은 인생을 정말 어처구니없이 살아갑니다. 아이가 말합니다. '내가 청년이 되면 무엇 무엇을 하겠다.'고. 또 청년이 말합니다. '나중에 내가 어른이 되면 이러저러한 일을 하겠다.'고. 어른들도 다르지 않습니다. '내가 결혼하면……'이라든가, '내가 은퇴하면…….' 같은 말을 습관처럼 내뱉기 일쑤입니다. 하지만 결혼한다고 뭐가 달라질까요? 훗날 은퇴하고 나면 이미 지나가버린 자신의 인생에 대해 푸념이나 하기 십상이지요. 그런 사람들은 곧 자신의 미래에 아무것도 변한 것이 없다는 사실을 실감하게 됩니다. 그제야 인생이 지금 이 순간의 연속임을 깨달아 봐야 이미 때가 늦은 것입니다."

리콕의 이야기 역시 오슬러의 가르침과 다르지 않습니다. 과거와 미래에 얽매여 정작 중요한 오늘을 소홀히 하지 말라는 충고지요. 저 멀리 지평선 너머에 있는 마법의 장미 정원을 꿈꾸느라 우리 집 창 밖에 피어 있는 장미꽃을 그냥 스쳐 지나가지 말라는 것입니다.

청소년 여러분, 밀농사를 짓는 농부를 떠올려 볼까요?

그가 집 안에 틀어박혀 "하나님, 요즘 날이 너무 뜨거워 밀밭이 다 말라 버리지 않을까 걱정입니다. 제가 내년에도 이 땅에서 밀농사를 지을 수 있을까요? 제가 농사를 짓지 못하면 어떻게 빵을 구할까요?"라고 아무리 염려해 봤자 달라질 것은 하나도 없습니다. 그가 정말로 밀농사가 걱정된다면 하루하루 농사에 충실한 것이 최선의 해결책이지요. 그렇게 지금 이 순간 맡은 바 역할을 성실히 해내다 보면 행운도 따르게 마련입니다.

내가 좋아하는 시 중에 인도 희곡 작가 칼리다사의 작품이 있습니다. 그는 오래전 4~5세기에 활동한 인물인데, 약 1천 500년이 지난 지금도 반짝이는 삶의 지혜를 전하고 있지요. 나는 그 시를 거실 한쪽에 붙여 놓아 틈나는 대로 읽고 또 읽습니다.

오늘 하루를 잘 봐라!
하루가 인생이니
이 짧은 하루 안에
너라는 존재가
성장의 기쁨이
행동의 영광이
찬란한 아름다움이 있다.

어제는 꿈에 불과하고
내일은 환영일 뿐이나,

오늘을 충실하게 살면

어제는 행복한 꿈이 되고

내일은 희망 가득한 환영이 된다.

그러니 오늘 하루를 잘 봐라!


이것이 새벽 여명에 바치는 인사.


– 칼리다사의 시 〈새벽에 바치는 인사〉

청소년 여러분이 보기에도 참 좋은 시 아닌가요?

인생은 엄청나게 빠른 속도로 지나갑니다. 조금 과장하면, 우리의 삶이 초속 30킬로미터의 속도로 종착지를 향해 달려가지요.

그러므로 오늘이 우리가 가진 가장 소중한 재산입니다. 바로 지금 이 순간이 두 번 다시 되돌아오지 않는, 우리가 최선을 다해 살아가야 할 인생입니다. 칼리다사의 말처럼 오늘을 충실하게 살아야 어제가 행복한 꿈이 되고 내일이 희망으로 가득해집니다. 칼리다사보다도 훨씬 더 오래전에 살았던 로마 시인 호라티우스 역시 "행복하리니, 홀로 행복하리니, 오늘을 자신의 것이라 말할 수 있는 사람."이라는 말로 똑같은 교훈을 전했습니다.

이번 장 첫 번째 이야기의 규칙을 큰 소리로 외쳐 보겠습니다.

"과거와 미래를 철문으로 단단히 틀어막아라! 오늘 하루를 충실하게 살아라!"

그리고 아래의 몇 가지 질문을 스스로 자신에게 해보도록 하겠습니다.

- 나는 이미 지나가 버린 과거의 일을 후회하면서 현재의 삶을 망치고 있지 않나?
- 나는 미래를 걱정하거나 기대하느라 현실의 삶을 얼렁뚱땅 살고 있지는 않나?
- 나는 매일 아침마다 "오늘 하루를 즐기며 열심히 살아야지."라고 다짐하고 있나?

# 걱정을 해결하는 3단계 공식

'캐리어'는 세계적으로 유명한 에어컨 제작 기업입니다. 1915년, 미국 노스캐롤라이나 주에서 윌리스 캐리어가 창업했지요. 나는 그와 친분이 있어 여러 차례 식사를 함께했습니다. 그러던 어느 날 그가 들려준 이야기에 나는 귀가 솔깃했지요. 그것은 최고의 '걱정 해결 방법'이었기 때문입니다.

그의 이야기를 옮겨 보겠습니다.

"나는 젊은 시절 가스 정화 시설을 개발한 회사에서 일했습니다. 마침 피츠버그에 있는 유리 공장에서 주문이 들어와 내가 책임자로 나가게 됐지요. 가스 정화 시설을 설치하면 가스의 불순물이 제거되어 기계 엔진이 고장 나지 않았습니다. 당시만 해도 가스를 정화하는 기술 자체가 매우 획기적이었지요. 그런데 아무래도 기술 개발 초기라 이따금 시행착오가 발생하고는 했습니다. 안타깝게, 유리 공장에서도 예상치 못한 문제가 일어났지요. 고생해서 설치를 다 마쳤는데 가스 정화 시설이 제대로 작동되지 않지 뭡니까. 나는 맡은 바 업무에 실패했다는 생각에 충격을 받았습니다. 머릿속이 백짓장처럼 하얘지더니 너무 걱정되어 잠조차 잘 수 없었지요. 10만 달러에 이르는 공사 대금을 받을 길도 막막했고요."

나는 캐리어의 말에 순식간에 빠져들었습니다. 그가 어떻게 문제를 해결했을지 궁금했지요. 곧 이어진 그의 이야기는 나의 예상을 뛰어넘었습니다.

"나는 이런저런 고민 끝에, 이렇게 걱정만 하고 있어 봤자 좋아질 것이 없다는 생각이 들었습니다. 그래서 걱정 대신 차분히 문제를 해결할 방법을 찾았지요. 그것은 놀라운 효과가 있었습니다. 그 날 이후 나는 그 규칙을 30년이 넘게 실천하고 있지요. 매우 간단한 방법이라 누구라도 쉽게 응용할 수 있습니다."

"그 방법이 뭔가요? 자세히 말씀해 주세요."

나의 재촉에 캐리어는 슬며시 미소 지으며 길게 말을 이었습니다.

"첫째, 두려움을 떨치고 상황을 냉정하게 분석했습니다. 이번 실패 때문에 일어날 수 있는 최악의 상황을 예측해보았지요. 나는 그 일로 감옥에 가거나 총을 맞을 일은 없다는 결론에 이르렀습니다. 제일 심각한 결과는 내가 직장을 잃게 되는 것이었지요. 물론 가스 정화 시설 회사 사장님도 공사 대금을 전부 날릴 위험이 있었고요.

둘째, 나는 최악의 상황을 감수하기로 결심했습니다. 그리고 혼잣말을 했지요. '이번 실패는 내 경력에 오점이 되겠지. 직장을 잃을 수도 있어. 하지만 그렇게 되면 다른 직장을 구하면 되잖아. 또 사장님의 입장에서도 비싼 수업료를 지불했다고 볼 수 있어. 어차피 좀 더 개선할 필요가 있는 기술이니까 이번 일을 계기로 회사가 한 단계 더 발전하게 될 거야. 그 정도 손해로 회사가 망할 리는 없으니까. 사장님은 이미 그 비용을 연구 개발비로 생각하고 있을지 몰라.' 그렇게 최악의 상황을 확인하고 결과를 받아들이기로 마음먹자 정말 큰 변화가 일어났습니다. 그토록 복잡했던 마음이 편안해져 평화를 느꼈지요.

셋째, 그 다음에는 최악의 상황을 개선하는 방향으로 시간과 에너지를 집중했습니다. 10만 달러라는 손실액을 줄이기 위해 모든 수단과 방법을 궁리했지요. 내 생각에는 설치를 마친 장비에 2만 달러를 더 들여 부품을 보완하면 문제가 해결될 것 같았습니다. 다행히 회사에서는 나의 제안을 수긍했고 문제가 해결됐지요. 비록 원가에 2만 달러가 추가됐지만, 그래도 8만 달러의 공사 대금을 받게 된 셈이었습니다.

만약 내가 이미 벌어진 사태를 걱정만 하고 있었으면 어떻게 됐을까요? 아마도 나는 회사에서 해고당하고, 회사 역시 더 큰 손해를 입었겠지요. 어떤 문제 앞에서 그냥 걱정만 하고 있어서는 가장 먼저 집중력이 떨어지게 됩니다. 그러다 보면 마음이 갈피를 못 잡고 결단력을 잃어버리지요. 하지만 최악의 상황을 감수하고 그것을 받아들이면 쓸데없는 걱정 대신 문제 해결에 온힘을 쏟을 수 있게 됩니다. 나는 그와 같은 마음가짐으로 이런저런 삶의 걱정에서 해방될 수 있었지요."

나는 캐리어가 들려준 3단계 걱정 해결 공식에 큰 감명을 받았습니다. 그것은 그야말로 최고의 걱정 해결 방법이었지요.

그 후 나는 또 다른 몇몇 유명인들도 캐리어와 같은 주장을 펼친 것을 알았습니다. 그중 한 사람이 하버드대학교 교수이자 심리학자였던 윌리엄 제임스입니다. 그는 평소 고민 상담을 하러 온 제자들에게 "마음 편히 받아들여라. 이미 일어난 일을 인정하는 것이 불행을 극복하는 첫 번째 과정이다."라고 조언했지요. 그 밖에 중국 철학자 임어당도 자신의 책에서 "진정한 마음의 평화는 최악의 상황을 인정하는 데서 온다. 심리학에서 보면 그것은 에너지의 해방을 의미한다."라고 이야기했습니다.

그럼에도 아직 많은 사람들이 최악의 상황을 인정하지 않은 채 분노의 소용돌이에 빠져 자신의 삶을 파괴하고는 합니다. 나빠진 상황을 개선하려는 시도를 거부하며, 자신의 인생을 파멸의 구렁텅이로 빠뜨리지요. 현실을 받아들인 다음 운명을 개척하기 위해 노력하는 대신 온갖 걱정으로 머리카락을 쥐어뜯으며 우울증의 희생자가 되는 것입니다.

사실 걱정은 인간의 숙명과도 같습니다. 숙명이란 피할 수 없는 운명이라는 뜻이지요. 그러나 어차피 감당해야 하는 숙명이라 해도, 그것을 슬기롭게 극복하는 것 역시 인간이 충분히 해낼 수 있는 일입니다. 앞서 설명한 윌리스 캐리어의 3단계 걱정 해결 공식을 명심한다면 말이지요.

만약 청소년 여러분에게 걱정거리가 생긴다면, 다음의 3가지 규칙을 가슴 깊이 되새겨 보도록 합시다. 우리 한번 큰 소리로 따라 읽어 볼까요?

- 스스로 생각해 보아라. "지금 이러날 수 있는 최악의 상황은 무엇인가?"
- 최악의 상황을 피할 수 없다면 긍정적으로 받아들여라.
- 최악의 상황을 개선하는 방향으로 시간과 에너지를 집중하라.

# 걱정이 끼치는 나쁜 영향

내가 아는 사람들 중 콜로라도 주 산타페병원협회에서 일하는 내과 의사가 있습니다. 언젠가 그가 들려줬던 이야기가 아직도 잊히지 않지요. 그는 단호한 표정으로 이렇게 말했습니다.

"병원에 찾아오는 환자의 70퍼센트는 걱정을 없애기만 해도 질병을 치료할 수 있습니다. 그들의 질병이 상상 때문에 생긴 것은 아니지만, 걱정이 별것 아닌 병을 키워 병원에 찾아올 만큼 악화시킨 것은 틀림없지요. 이를테면 신경성 소화불량, 위궤양, 심부전, 불면증, 두통, 마비 증상 같은 것 말입니다. 그런 질병이 사람 몸에 생기는 데는 잘못된 생활 습관과 유전 등 다양한 원인이 작용하지요. 그런데 그중 절대로 빼놓을 수 없는 중요한 원인이 걱정입니다. 사람이 지나치게 걱정하면 위액이 필요 이상 분비되어 위궤양에 걸리는 식이지요."

사실 걱정을 질병의 주요 원인으로 지목한 의사는 그뿐 아닙니다. 이미 여러 의사들이 다양한 매체를 통해 그와 같은 주장을 펼쳤지요.

의사 조셉 몽테규는 자신의 책 『신경성 위장장애』에서 "당신이 먹는 음식 때문에 위궤양이 걸리는 것이 아니다. 스트레스로 인해 위궤양이 생긴다."라고 말했습니다. 물론 음식도 위궤양에 큰 영향을 끼치지만 스트레스를 일으키는 걱정의 문제점을 부각시킨 것이지요. 또한 의사 월터 알바레즈도 똑같은 내용의 이야기를 했습니다. 그는 "위궤양은 스트레스의 기복에 따라 완화되기도 하고 악화되기도 한다."라고 강조했지요.

특히 알바레즈는 오랜 시간 자신의 병원에서 치료받은 1만5천여 명의 진료 기록을 참고해 그와 같은 주장을 뒷받침했습니다. 환자 5명 중 4명은 생활습관에 크게 문제가 없었지요. 그들은 무엇보다 다양한 걱정을 비롯해 두려움, 증오심, 이기심, 현실 부적응 같은 정신적 어려움을 겪고 있었습니다.

메이요 클리닉을 운영하는 메이요 형제도 그와 같은 진단을 내렸습니다. 신경 질환으로 고생하는 환자들은 대개 끊이지 않는 걱정과 더불어 무기력감, 절망감, 불안감, 두려움, 패배감 같은 부정적 감정에 시달리고 있다고 판단했지요.

그래서였을까요. 일찍이 철학자 플라톤은 "의사들의 최대 실수는 마음을 치료하는 데 신경 쓰지 않고 몸만 치료하려고 드는 것이다. 마음과 몸은 하나이므로 그것을 개별적으로 치료해서는 안 된다."라며 의사들을 비판했지요.

그 후 의학이 이 위대한 진리를 깨닫는 데는 무려 2천300년의 세월이 필요했습니다. 실제로 의학이 사람들의 정신 질환에 관심을 기울인 것은 별로 오래된 일이 아니지요. 과거에는 정신 의학이라는 용어조차 존재하지 않았으니까요. 그동안 인류는 천연두, 콜레라, 황열병 같은 다양한 신체 질병을 극복해 왔지만 정신 질환에 대한 치료법은 아직도 개척해 나가야 할 여지가 많습니다.

내가 보기에는 지나친 걱정 역시 일종의 정신 질환이라고 할 수 있습니다. 각박한 현실을 견디지 못하고 걱정에 시달리는 사람들은 타인과 관계를 단절한 채 자신만의 세계로 도피할 가능성이 매우 높지요. 그러다 보면 파괴적인 행위를 일삼거나 신체의 질병에 노출되기 십상입니다. 걱정이 끼치는 악영향이 그만큼 심각한 것이지요.

메이요 클리닉에는 의사 헤럴드 허바도 일하고 있습니다. 그는 얼마 전 발표한 논문에서 주목할 만한 주장을 펼쳤지요. 그것은 평균 나이 44.3세인 기업체 임원 176명의 건강에 관한 연구 결과였습니다. 논문에는 기업체 임원 3분의 1이 나이 45세에 이르기 전에 고도의 긴장과 걱정에서 비롯되는 심장병, 위궤양, 고혈압 같은 질병에 시달린다는 내용이 담겼지요.

그것은 기업체 임원들이 성공을 위해 얼마나 큰 대가를 치르고 있는가를 설명해 주는 명확한 증거였습니다. 게다가 그들은 아직 자신들이 바라는 만큼 성공한 것도 아니었습니다. 설령 크게 성공한들 그 대가로 위궤양이나 심장병 같은 고통스런 질병에 걸린다면 과연 어떤 의미가 있을까요? 세상을 다 가져도 건강을 잃으면 아무 소용없는데 말입니다.

솔직히 나는 기업체 임원이 되어 건강을 해치는 것보다는 별 볼 일 없는 인생을 살더라도 튼튼한 몸과 즐거운 마음으로 살아가는 편이 더 낫다고 생각합니다. 지난달에 수백만 달러의 재산을 남기고 51세의 나이로 죽은 어느 회사 임원보다 평생 농사만 짓다가 89세로 삶을 마친 내 아버지의 인생이 더 낫다는 말이지요. 여러분은 어떻게 생각하나요?

따지고 보면, 51세에 갑자기 죽은 어느 회사 임원의 비극도 걱정에서 비롯된 것입니다. 그렇듯 걱정은 한 인간의 삶을 순식간에 무너뜨릴 만큼 심각한 문제라고 할 수 있지요. 미국 제32대 대통령 프랭클린 루즈벨트 정부에서 재무부 장관으로 일했던 헨리 모겐소 주니어도 지나친 걱정이 끼치는 나쁜 영향을 고백한 적이 있습니다.

"나는 밀 가격이 폭락해 큰 고민에 빠지면서 스트레스가 이만저만 아니었습니다. 서둘러 대책을 마련하라는 대통령이 지시에도 뾰족한 수가 떠오르지 않았지요. 그러던 어느 날 나는 전에 느껴보지 못했던 극심한 현기증이 일어 몹시 괴로웠습니다. 그 자리에 쓰러질 것만 같았지요. 나는 병원에 가서 응급 처치를 받은 뒤에야 가까스로 정신을 차릴 수 있었습니다. 당시에는 그대로 죽는 것은 아닌지 엄청난 공포가 엄습했지요."

청소년 여러분, 걱정의 위력이 실감나지 않나요?

오죽하면 프랑스의 유명한 철학자 미셸 몽테뉴가 고향 보르도의 시장에 당선됐을 때 이런 말을 했다고 전할까요. 그는 열광하는 시민들 앞에서 단호하게 선언했습니다. "열심히 일하겠습니다! 하지만 제 폐와 간까지 나빠지도록 과로하지는 않겠습니다!"라고요. 물론 이 말에는 유머가 섞여 있지만, 그만큼 몽테뉴가 걱정과 스트레스의 위험성을 잘 알고 있었다는 뜻이기도 합니다.

나는 여러분에게 쓸데없는 걱정을 없애고 마음의 평화를 되찾을 비결을 알려 주겠습니다. 그것은 한마디로 잘 먹고, 잘 자고, 웃음을 잃지 않는 생활 태도를 가지라는 것입니다. 좋은 음악을 가까이 하고, 주위 사람들을 사랑하며, 종교 생활을 하는 것도 바람직한 방법입니다. 그러면 분명, 여러분에게 몸의 건강과 행복이 찾아오게 되리라 믿습니다.

이제 우리는 지나친 걱정, 쓸데없는 걱정에서 벗어나야 합니다. 그런 걱정은 피부를 망가뜨려 여드름과 뾰루지가 생기게 하며, 탈모의 원인이 되기도 합니다. 나아가 나쁜 질병을 가져와 우리를 고통스럽게 만들 뿐입니다.

제2차 세계 대전에서 전사한 미군의 수가 약 30만 명 정도 된다는 통계가 있습니다. 그런데 같은 기간 심장병으로 사망한 사람은 200만 명에 달하지요. 나는 그중 상당수가 지나치고 쓸데없는 걱정이 불러온 스트레스 탓이라고 생각합니다. 탁월한 외과 의사였던 알렉시스 캐럴이 "걱정에 슬기롭게 대처하지 못하는 사업가는 일찍 죽음을 맞는다."라고 말한 것이 괜한 엄포는 아니었지요.

여러분은 삶을 사랑하나요? 오랫동안 건강하게 살아가고 싶은가요?

다시 알렉시스 캐럴의 말을 인용해 그 비결을 알려 주겠습니다. "현대사회의 혼란 속에서도 내면의 평화를 유지하는 사람은 정신 질환에 걸리지 않는다."

『월든』의 저자 헨리 데이비드 소루우도 그 해답을 알려 주고 있습니다. "자기가 꿈꾸는 대로 자신감 있게 나아가면, 자기가 바라는 대로 삶을 살아가려고 노력하면, 그 사람은 평소에 기대할 수 없었던 성공에 이르게 될 것이다."

네, 그렇습니다. 두 사람의 말을 실천하는 첫 걸음은 지나친 걱정과 쓸데없는 걱정에서 빠져나오는 것입니다. 그래야만 내면의 평화를 유지하고, 자기가 꿈꾸는 삶을 살기 위해 노력할 수 있으니까요.

⊙ 지금 여러분의 머릿속을 복잡하게 만드는 걱정거리 3가지를
적어 봐요. 그리고 내가 설명한 '걱정을 해결하는 3단계 공식'
을 참고해 해결 방법을 생각해 봐요.

제**2**장

## 상대를 설득하는 **12가지 방법**

첫 번째 이야기 사실을 알고, 분석하고, 실행하기
두 번째 이야기 걱정을 절반으로 줄이는 방법

# 사실을 알고, 분석하고, 실행하기

청소년 여러분에게도 분명 여러 가지 걱정거리가 있을 것입니다. 어른들에게만 걱정이 있는 것은 절대 아니지요. 내가 앞서 말했듯, 삶을 살아가며 끊임없이 걱정하는 것은 모든 인간의 숙명입니다. 그런데 우리의 걱정이 윌리스 캐리어의 걱정을 해결하는 3단계 공식으로도 사라지지 않는다면 어떻게 해야 할까요?

만약 여러분이 그런 어려움에 빠진다면 다시 문제 해결의 기초로 돌아갈 수밖에 없습니다. 다음의 기본 3단계를 되짚어 봐야 하지요.

첫째, 사실을 파악한다.
둘째, 사실을 분석한다.
셋째, 결론을 내려 실행한다.

내 말이 선뜻 이해되지 않나요? 그런데 이것은 위대한 철학자 아리스토텔레스도 강조했던 문제 해결 방식입니다. 그럼 그 내용을 구체적으로 설명해 보지요.

우선 첫 단계인 '사실을 파악한다.'입니다.

사실을 파악하는 것이 왜 중요할까요? 그 이유는 우리가 사실을 정확하게 파악하지 못하면 슬기롭게 문제를 해결하려는 시도조차 하지 못하기 때문입니다. 사실을 분명하게 알지 못할 때 우리가 할 수 있는 일은 혼란에 빠져 조바심을 내는 것뿐이지요.

미국 컬럼비아대학 총장으로 22년 동안 재직한 허버트 호크스는 이렇게 말했습니다.

"걱정의 중요한 원인은 혼란입니다. 어떤 결정을 내리는 데 필요한 사실을 제대로 파악하지 못하면 혼란에 빠지게 되고, 그것이 걱정으로 이어지지요. 나는 결정을 내려야 할 중요한 일이 있을 때 괜히 허둥대거나 쓸데없는 걱정을 하며 잠을 설치지 않습니다. 나는 가장 먼저 사실을 파악하는 데 집중할 뿐이지요. 누구든 어떤 결정을 내리기에 앞서 공정하고 객관적인 시각으로 사실부터 파악한다면 불필요한 걱정에 빠질 일이 없습니다."

호크스의 말에서 우리가 눈여겨보아야 할 구절은 "누구든 어떤 결정을 내리기에 앞서 공정하고 객관적인 시각으로 사실부터 파악한다면 불필요한 걱정에 빠질 일이 없습니다."입니다. 청소년 여러분도 이 말을 꼭 기억하기 바랍니다.

다른 예를 하나 들어보겠습니다. 우리가 초등학교 1학년 수학 시간에 배운 대로 '2+2=4'는 틀림없는 사실입니다. 그 사실을 똑바로 파악하지 못해 '2+2=5'라거나 심지어 '2+2=500'이라고 믿는다면 어떤 일이 벌어질까요? 당연히 우리는 좀 더 복잡한 수학 문제의 정답을 찾아낼 수 없습니다. 기본적인 사실조차 알지 못하므로 삶의 이런저런 문제들을 아무것도 해결할 수 없습니다.

그런데 사실을 낱낱이 파악한다고 해서 누구나 그 가치를 제대로 이해하는 것은 아닙니다. 왜냐하면 인간에게는 선입견과 편견이 있기 때문입니다. 쉽게 말해, 사람들은 종종 자기가 보고 싶은 대로 보고 듣고 싶은 대로 듣는 어리석음에 빠진다는 뜻이지요.

그런 자세로는 정확하게 사실을 파악하는 것이 불가능합니다. 우리가 선입견과 편견의 함정에 빠지지 않으려면 이성적 사고와 감정을 분리할 줄 알아야 하지요. 자기 기분 내키는 대로 함부로 판단하지 말라는 것입니다. 그것이 바로 컬럼비아대학 총장 허버트 호크스가 이야기한 '공정하고 객관적인 시각'입니다.

다시 한 번 강조하건대, 제일 먼저 사실을 정확히 파악해야 문제 해결의 길로 바르게 나아갈 수 있습니다. 그것은 물리학 천재 알베르트 아인슈타인도 반드시 지켰던 원칙입니다. 발명왕 토머스 에디슨 역시 자신의 연구에 앞서 관련 사실을 조사해 기록해 놓은 공책을 2천500여 권이나 남겼다는 일화가 있습니다.

두 번째 단계는 '사실을 분석한다.'입니다.

아무리 다양한 사실을 수집해 놓아 봤자, 그 내용을 꼼꼼히 분석하지 않으면 소용없는 일입니다. 한마디로 헛수고라는 말이지요.

그렇다면 사실을 분석하는 첫 걸음은 무엇일까요?

그것은 사실을 자세히 기록하는 것입니다. 그와 같은 행위만으로도 현명한 결정을 내리는 데 도움이 되지요. 미국 출신 과학자 찰스 케터링이 "매우 명쾌하게 제시한 문제는 절반쯤 해결한 것과 다름없다."라고 한 것은 어떤 사실을 정확하고 간결하게 정리하는 중요성을 설명한 말이기도 합니다.

지금까지 내가 한 이야기를 좀 더 이해하기 쉽게 사례를 들어 설명해 볼까요?

며칠 후, 학교에서 축구 시합이 열립니다. 각 학급의 대표들이 7명씩 나서서 대결하는 것으로 규칙을 정했지요. 그런데 나는 축구 실력이 별로 좋지 않아 학급 대표 7명 안에 들어가기 어렵습니다. 나는 그렇게 사실을 파악했지요.

그 다음에 나는 축구 시합 날 학급 대표 7명 안에 들지 못한 친구들이 할 수 있는 역할을 분석해 보았습니다. 수첩에 친구들의 이름을 차례로 적고 나서 저마다 할 일을 나누었지요. 어떤 친구는 생수 준비를 맡았고, 또 어떤 친구는 선수들이 땀을 닦을 수건을 준비하기로 했습니다. 내가 담당한 일은 응원 반장이었지요. 또 다른 몇몇 친구들과 함께 응원 도구도 미리 만들기로 했습니다. 나는 축구 시합에서 학급 대표가 될 수 있는 친구들과 그렇지 못한 친구들을 먼저 파악한 다음, 그 사실을 근거로 각자의 능력을 분석했지요.

그러면 이제 무엇이 남았을까요? 그것이 바로 세 번째 단계인 '결론을 내려 실행한다.'입니다. 즉, 행동하는 것이지요.

학급 대항 축구 시합 이야기로 계속 설명해 보겠습니다. 사실을 파악하고 분석해 친구들의 역할을 나누었다면, 각자 맡은 바 책임을 다하기 위해 열심히 노력하는 일이 남았겠지요. 선수로 뽑힌 7명은 축구 연습을 해야 하며, 다른 친구들은 이런저런 준비물을 챙기고 응원 연습을 해야 합니다.

아무리 사실을 파악하고 분석해도 그 결론을 행동에 옮기지 않으면 문제는 해결되지 않습니다. 사례로 든 축구 시합이 경우라면, 7명의 선수들이 모여 적극적으로 연습하고 다른 친구들이 저마다 맡은 역할을 충실히 해내야 경기에서 승리할 수 있습니다. 그만큼 행동으로 실천하는 것이 중요하다는 말이지요. 그래야만 사실 파악과 사실 분석도 참다운 의미를 갖게 됩니다.

"결론을 내리고 실행하기로 했으면, 결과에 대한 책임과 염려는 잊어버려야 합니다."

미국 하버드대학교 교수이자 철학자였던 윌리엄 제임스의 이야기입니다.

이 말도 여러분이 반드시 명심할 필요가 있습니다. 어떤 문제에 대한 사실을 파악하고 분석해 결론을 내렸으면 머뭇대지 말고 과감히 실천하라는 뜻입니다. 그리고 일단 행동으로 옮겼으면 쓸데없이 걱정하며 안절부절못하는 어리석을 범하지 말라는 조언입니다.

내가 존경하는 기업인 웨이트 필립스도 비슷한 이야기를 한 적이 있습니다.

"저는 어떤 문제든 지나치게 고민하면 혼란과 걱정만 불러일으킨다는 것을 깨달았습니다. 꼼꼼히 조사하고 분석해 내린 결정이라면, 뒤돌아보지 말고 행동해야 할 때가 있습니다."

나의 생각도 두 사람과 다르지 않습니다. 나는 청소년 여러분이 문제를 해결하는 기본 3단계를 부족하지 않게, 또 넘치지 않게 이해해 꼭 실천하기를 바랍니다.

사실을 제대로 알고, 분석하고, 실행하기!

여러분이 어떤 문제에 맞닥뜨렸을 때, 큰 소리로 외쳐 봐야
할 중요한 규칙입니다.

# 걱정을 절반으로 줄이는 방법

이번 이야기는 내가 한 출판 사업가와 상담하면서 느낀 바를 정리한 것입니다. 청소년 여러분의 실생활과는 조금 거리가 있을지 모르나, 이야기 속에 담긴 또 다른 자기관리 규칙을 깨닫게 되기 바랍니다.

또한 '걱정을 절반으로 줄이는 방법'이라는 제목도 문장 그대로 받아들일 필요는 없습니다. 나는 여러분의 걱정을 절반으로 줄여 줄 마법 같은 해결책을 갖고 있지 않습니다. 그 과제를 해낼 수 있는 사람은 내가 아니라 바로 여러분 자신이기도 합니다.

그럼에도 이제 내가 하는 이야기가 여러분의 걱정을 조금이나마 줄이는 계기가 된다면 더 바랄 나위 없겠습니다. 꼭 절반이 아니라 10퍼센트든, 30퍼센트든 여러분에게 도움이 된다면 이 글을 쓰는 목적은 충분히 달성하는 셈입니다.

자, 그럼 출판 사업가에 관한 이야기를 시작해 볼까요?

사이먼앤슈스터는 꾸준히 좋은 책을 만들어 온 출판사입니다. 그동안 베스트셀러도 여럿 탄생시켰지요. 그 회사의 경영 책임자는 레온 심킨이라는 인물입니다. 나는 그와 만나 출판에 관련된 이야기를 나누다가 우연히 "최근 들어 우리 회사의 회의 시간이 75퍼센트나 줄어들었습니다."라는 말을 듣고 좀 더 깊이 대화에 빠져들었지요. 그런 주제는 내가 가장 호기심을 갖는 분야니까요.

"어떻게 회의 시간을 절반 넘게 줄일 수 있었는지 비결이 궁금합니다. 말씀해 주시지요."

나의 부탁에 심킨은 흔쾌히 그동안 있었던 일에 대해 말문을 열었습니다. 그것이 나의 관심사이기는 했지만, 심킨도 그와 같은 변화에 큰 자부심을 느끼는 듯했지요. 그가 약간 들뜬 목소리로 말했습니다.

"나는 지난 15년 동안 거의 매일같이 하루에 반나절씩 회의를 했습니다. 이렇게 할까, 저렇게 할까, 아니면 하지 말아야 할까 토론하며 긴 시간을 보내야 했지요. 그러다 보면 나는 말 그대로 녹초가 되기 일쑤였습니다. 앞으로도 계속 회의나 하며 살아야 한다는 생각이 들면 내 인생이 몹시 따분하게 느껴졌지요. 그렇다고 해서 딱히 변화를 줄 방법도 떠오르지 않았습니다. 아마 그때 누군가 회의 시간의 4분의 3을 줄이라고 충고했다면, 저는 그 사람을 세상 물정 모르는 낙관주의자라고 비난했을 것입니다."

나는 그 당시 심킨의 마음을 충분히 짐작할 수 있었습니다. 많은 사람들이 문제가 있다고 생각하면서도 반복되는 일상에서 쉽사리 벗어나지 못하니까요. 내가 고개를 끄덕이며 이해한다는 표정을 보이자 심킨이 신나게 말을 이었습니다.

"그러던 어느 날, 문득 저의 머릿속에 기발한 아이디어가 떠올랐습니다. 회의에 참석하는 직원들에게 4가지 질문에 대한 답변을 미리 적어 제출하도록 했지요. 그 전에는 회의를 하는 테이블에서 이런저런 안건에 대해 두서없이 토론할 때가 많았거든요. 그러다 보면 가끔은 우리가 어떤 문제에 대해 고민하고 걱정하는지조차 헷갈릴 지경이었습니다. 그런데 그처럼 단순한 변화만으로도 회의 시간이 부쩍 줄어드는 놀라운 변화가 일어났지요. 대화의 품질도 훨씬 좋아졌고요. 그 방법은 나와 직원들에게 일의 능률과 건강은 물론 행복까지 가져다주었습니다."

지금 청소년 여러분은 레온 심킨이 어떤 마법을 부려 회의 시간을 75퍼센트나 줄였을까 궁금하지요? 알고 보면 그 원리는 무척 간단합니다. 앞서 그가 설명한 4가지 질문이 담긴 종이 안에 해답이 있지요.

사이먼앤슈스터 직원들 스스로 4가지 질문에 대한 해답을 정리해 오면서 회의는 매우 빠르면서도 내실 있게 진행됐습니다. 긴 회의 시간에 대한 걱정이 절반 넘게 줄어드는 신기한 변화가 일어났지요. 회의에 참석한 모든 사람들이 정확히 원인을 알고 해결책을 마련해 오니 쓸데없이 시간을 낭비할 이유가 없었습니다. 심킨은 경영 책임자로서 그 의견들을 정리해 결론을 내리면 됐지요.

그럼 심킨이 직원들에게 미리 건넸던 질문지의 내용은 무엇이었을까요? 그가 내게 들려준 이야기를 요약하면 다음과 같았습니다.

**질문 1. 무엇이 문제인가?**

(지난날 사이먼앤슈스터 직원들은 진짜 문제가 무엇인지 정확히 모른 채 걱정스런 표정으로 한 시간이고 두 시간이고 회의하며 시간을 보냈습니다. 진짜 문제가 무엇인지 알지도 못하면서 열띠게 토론만 했지요.)

**질문 2. 문제의 원인이 무엇인가?**

(지난날 사이먼앤슈스터 직원들은 문제의 원인에 대한 분석을 제대로 하지 못했습니다. 무엇이 문제인지조차 모르니 당연한 일이었지만, 구체적인 원인 분석은 시도도 못한 채 서로 뜬구름 잡는 주장만 펼쳤지요.)

**질문 3.** 문제를 해결할 수 있는 해결책에는 어떤 것들이 있을까?

(지난날 사이먼앤슈스터 직원들은 회의 시간에 걱정만 이야기했습니다. 무엇 무엇이 문제라고 목소리만 높였지, 그것을 해결할 방법에 대한 고민은 거의 없었지요. 그냥 걱정만 할 뿐, 아무도 미리 문제의 해결책에 대해 정리해 오지 않았습니다.)

**질문 4.** 당신이 생각하는 최선의 해결책은 무엇인가?

(예전에는 회의 때 어쩌다 한 사람이 해결책을 제시하면 서로 꼬투리 잡듯 논쟁만 벌이기 일쑤였습니다. 그러다 보면 너나없이 흥분해 토론 주제에서 벗어난 엉뚱한 이야기를 쏟아내기 바빴지요. 다른 사람의 해결책에 반대만 할 뿐, 문제 해결을 위한 합리적인 대안을 내놓는 사람이 없었습니다.)

레온 심킨의 말에 따르면, 그와 같은 방식으로 회의를 하고 나서 사이먼앤슈스터 직원들은 더욱 능동적으로 회사 업무에 참여했습니다. 단지 회의 시간이 크게 줄어든 것만이 아니라, 함께 모여 회의를 하는 진정한 의미를 찾게 된 것이지요. 그것은 정말이지 놀라운 변화였습니다. 별 소득도 없으면서 지루하기 짝이 없던 회의 시간에 대한 걱정이 사이먼앤슈스터에서는 완전히 사라졌으니까요.

나는 심킨을 만난 후 여러 강연에서 '4가지 질문'에 대한 이야기를 주요 소재로 삼고는 했습니다. 얼마 지나지 않아 적지 않은 수강생들이 그 효과를 실감했지요. 그중 한 사람이 미국 최고의 보험왕 프랭크 베트거였습니다. 그는 어떤 문제에 맞닥뜨릴 때마다 스스로 자신에게 4가지 질문을 던졌다고 하지요. 그것을 다시 한 번 정리해 보면서 이번 장의 두 번째 이야기를 마치겠습니다. 청소년 여러분도 하나씩 또박또박 소리내 따라 읽어 보세요.

- 질문 1. 무엇이 문제인가?
- 질문 2. 문제의 원인이 무엇인가?
- 질문 3. 문제를 해결할 수 있는 해결책에는 어떤 것들이 있을까?
- 질문 4. 내가 생각하는 최선의 해결책은 무엇인가?

⊙ 여러분의 학급에서 꼭 해결해야 할 문제점들을 떠올려 봐요.
그것을 아래에 하나씩 적어 가면서 문제의 원인이 무엇인지,
최선의 해결책이 무엇인지 판단해 봐요.

제 **3** 장

# 걱정하는 습관을 **없애는 방법**

첫 번째 바쁘게 일하고 열심히 공부해

두 번째 이야기 딱정벌레에게 무릎 꿇지 마

세 번째 이야기 걱정이 현실이 될 확률을 따져 봐

네 번째 이야기 피할 수 없으면 받아들여

다섯 번째 이야기 걱정은 손해를 보더라도 팔아 버려

여섯 번째 이야기 톱으로 톱밥을 켜려고 하지마

# 바쁘게 일하고 열심히 공부해

"너무 바빠서 걱정할 시간이 없습니다."

이렇게 말한 위인은 윈스턴 처칠입니다. 그는 제2차 세계
대전이 한창일 때 연합국을 이끄는 지도자로서 하루 18시간
씩 일에 몰두했지요. 그야말로 눈코 뜰 새 없이 바쁜 나날이
었습니다. 사람들은 그의 스트레스가 이만저만 아닐 것이라
고 추측했지요.

어느 날 한 기자가 "총리님, 밤낮없이 나랏일을 보시느라
걱정이 참 많지요?"라고 물었습니다. 그러자 처칠이 기자를
바라보며 싱긋 웃더니 그와 같은 대답을 했지요. "너무 바빠
서 걱정할 시간이 없습니다."라고요.

프랑스 출신 과학자 루이 파스퇴르에게도 비슷한 일화가 있
습니다. 그는 "선생님께는 요즘 어떤 걱정거리가 있나요?"라
고 한 제자가 묻자 "내게는 걱정이 없네. 나는 도서관과 연구

실에서 한없는 평화를 누린다네."라고 대답했지요. 이 말이 무슨 뜻일까요?

그것은 파스퇴르 역시 처칠처럼 자기 일에 바쁘게 몰두하느라 머릿속에 걱정이 비집고 들어갈 틈이 없다는 의미였습니다. 실제로 열심히 일하는 연구원들은 신경쇠약에 걸릴 일이 없다고 하지요. 그들은 "쓸데없는 걱정에 빠져 있을 새가 없어요. 그런 시간은 우리에게 사치예요."라고 말한다고 합니다.

굉장히 바쁜 하루 일과에 몰두하느라 걱정을 잊는 원리는 실제로 정신의학에서도 활용하는 치료 방법입니다. 그것을 일컬어 '작업 요법'이라고 하는데, 그 역사가 매우 오래됐지요.

1774년, 필라델피아 시장이 개신교의 한 종파인 퀘이커교에서 운영하는 요양소를 방문한 적이 있었습니다. 그곳에서는 정신 질환을 앓는 환자들이 치료받고 있었는데, 시장이 보기에 도무지 이해할 수 없는 장면이 눈에 띄었지요. 놀랍게도, 환자들이 직접 천을 짜고 염색하느라 이리저리 바쁘게 움직였던 것입니다. 병상에 가만히 누워 있을 환자들의 모습을 상상했던 시장은 깜짝 놀라 요양원 측에 따져 물었지요.

"아니, 불쌍한 환자들의 노동력을 착취하면 어떡합니까?"

그러자 요양원 원장이 시장에게 그 이유를 차분히 설명했습니다.

"시장님, 환자들은 하루에 4시간씩만 일합니다. 그렇게 규칙적으로 바쁜 시간을 보내면서 강박증이나 과대망상 같은 정신적 문제를 잊지요. 또한 자기 자신의 안타까운 현실과 가족들에 대한 걱정에서도 잠시 해방됩니다."

그제야 시장은 요양원의 상황이 이해되어 고개를 끄덕였습니다. 그처럼 수백 년 전에도 이미 병원 등에서 작업 요법을 시행했던 셈이지요. 요즘도 군 병원에서는 전쟁에 참전했다가 다친 군인들에게 다양한 운동이나 취미 활동을 권한다고 합니다. 그 이유 역시 부상 입은 군인들을 '바쁘게 만들어' 전쟁의 나쁜 기억에서 벗어나게 하려는 것이지요.

그렇다면 어떤 일에 바쁘게 매달리는 것이 걱정을 없애는 데 어떻게 도움을 줄까요? 그것은 심리학에서 이야기하는 것으로, 아무리 똑똑한 사람이라 하더라도 한 번에 한 가지 이상 생각하는 것은 불가능하다는 기본적인 법칙 때문입니다. 무슨 말인지 선뜻 이해되지 않는다고요? 그렇다면 실험을 하나 해보지요.

여러분이 의자에 편안히 기대어 눈을 감고 재미있는 게임과 내일 꼭 해야 할 숙제를 동시에 생각한다고 가정해 봐요. 그러면 게임과 숙제를 하나씩 머릿속에 떠올릴 수는 있지만, 절대로 동시에 생각하지는 못한다는 사실을 깨닫게 될 것입니다. 걱정도 다르지 않지요. 어떤 일에 몰두하면서, 그와 동시에 어떤 걱정을 하며 축 늘어져 있는 것은 불가능합니다. 왜냐하면 하나의 감정이 걱정이라는 다른 감정을 몰아내기 때문이지요.

그런데 여기에 문제가 하나 있습니다.

내 친구는 뜻밖의 사고로 아내를 잃었습니다. 그는 한동안 큰 슬픔에 잠겨 고통스러워했지요. 툭하면 끼니를 거르고 잠을 설쳤습니다. 하루가 다르게 얼굴이 수척해졌지요. 그러던 어느 날, 친구는 자기만 바라보는 2명의 자녀에 생각이 미치자 퍼뜩 정신을 차렸습니다. 그날 이후 그는 다시 열심히 직장에 다녔고, 아내가 담당했던 집안일도 척척 해냈습니다. 거기에 아이들 뒷바라지까지 하느라 매일매일 몸이 열 개라도 부족할 지경이었지요. 그러다 보니 아내를 잃은 슬픔을 떠올릴 새가 없었습니다.

그런데 아이들이 어느 정도 자라 하나둘 기숙사가 있는 학교로 떠나고 난 뒤 문제가 나타났습니다. 그 무렵 자연스레 집안일도 줄어들었지요. 직장 생활에도 익숙해져 제법 여유가 생겼습니다. 그러자 친구는 자꾸 아내의 빈자리가 떠올랐지요. 적막한 집 안에 또다시 슬픔이 가득했습니다.

그렇습니다. 사람들은 어떤 일에 몰두할 때 걱정을 잊습니다. 하지만 일이 끝나고 나서는 이전처럼 다시 위험에 빠져들기 십상이지요. 걱정이라는 우울한 마귀가 되살아나 공격을 시작하는 것입니다. '아, 지금 나는 잘 살고 있나? 다람쥐가 쳇바퀴 도는 것 같은 삶을 사는 것은 아닌가? 친구가 오늘 한 말에 무슨 의도가 있지 않았을까? 우리 회사가 망하지는 않을까? 내 성적이 과연 기대만큼 오를 수 있을까?' 같은 잡념이 끊임없이 머릿속을 파고듭니다.

우리가 바쁘지 않을 때 뇌는 진공 상태처럼 변하고는 합니다. 물리학에서는 자연이 진공 상태를 싫어한다고 가르치지요. 여러분은 그와 같은 머릿속의 진공 상태를 깨뜨려야 합니다. 전구가 깨지면 비어 있는 공간을 채우기 위해 자연의 공기가 밀려들 듯, 공허해진 머릿속을 평화롭고 행복한 에너지로 채워야 하지요. 그렇지 않으면 여러분의 머릿속이 걱정, 두려움, 증오, 시기, 질투 같은 부정적 감정으로 다시 가득해지기 십상입니다.

컬럼비아대학교 교육학과 교수 제임스 머셀은 이렇게 말했습니다.

"걱정이 여러분을 몰아붙여 지치게 하는 순간은 일할 때가 아니라 휴식하고 있을 때입니다. 아무 일 없이 멍하니 있을 때 여러분의 상상력은 미친 듯 날뛰면서 모든 종류의 그릇된 가능성까지 불러들이지요. 그러면 자신의 조그만 실수도 과장하게 됩니다. 그때 여러분의 정신은 비정상적으로 작동하는 기계의 모터와 같습니다. 그렇게 시간이 더 흐르면 모터가 과열되어 기계가 망가지게 마련이지요. 쓸데없는 걱정을 하지 않으려면 생산적인 일에 완전히 몰두해야 합니다."

지금까지 나의 이야기를 열심히 읽은 청소년이라면 이 말의 의미를 단박에 알아차렸을 것입니다. 꼭 대학 교수라야 그런 생각을 하게 되는 것은 아니니까요. 우리 모두는 일상생활을 하면서 어떻게 해야 걱정을 줄일 수 있는지 스스로 깨닫고는 합니다. 다만 그것을 실천에 옮기는 것이 쉽지 않고, 또 몰두하던 일을 끝마쳤을 때 다시 진공 상태가 되어 버리는 감정 관리를 잘해야 한다는 과제가 남지요.

청소년 여러분, 이번 장 첫 번째 이야기를 열면서 내가 전한 윈스턴 처칠의 말을 다시 한 번 옮겨 보겠습니다.

"너무 바빠서 걱정할 시간이 없습니다."

이제 이 말의 의미가 더욱 강렬하게 다가오지 않나요? 작가 존 쿠퍼 포이즈 역시 자신의 책 『불쾌한 일을 잊는 기술』에서 이렇게 주장했습니다.

'어떤 일에 몰두할 때 마음의 안정, 내면의 평화, 나아가 행복이 찾아온다. 이 감정이 인간의 삶에서 쓸데없는 걱정을 지워 준다.'

또한 아일랜드 극작가 조지 버나드 쇼도 같은 의미의 말을 남겼지요.

"당신이 지금 괴로워하는 것은 행복한지 불행한지 고민할
여유가 있기 때문이다."

곰곰이 돌이켜보면, 청소년 여러분도 열심히 공부할 때는
머릿속의 걱정거리가 잊히는 경험을 한 적이 있지 않나요? 바
로 그 기억을 떠올리면 앞서 이야기한 포이즈와 쇼의 말이 어
떤 의미인지 정확히 알 수 있을 것입니다.

그럼 이번 이야기를 마치면서 다시 한 번 강조하겠습니다.

여러분 모두 행복한지 불행한지 굳이 생각하려고 애쓰지 마
십시오. 그 대신 몸을 바쁘게 움직이세요. 몸을 움직이면 머
릿속의 혈액 순환까지 원활해져 삶의 긍정 에너지가 걱정을
몰아낼 것입니다. 바쁘게 일하고, 열심히 공부하세요. 그것이
세상에서 가장 값싸고 가장 효과적인 걱정 치유의 명약입니
다.

# 딱정벌레에게 무릎 꿇지 마

이번 이야기의 제목은 상징적입니다. 두 번째 이야기를 끝까지 읽다 보면 제목에 담긴 의미를 이해할 수 있지요. 자, 그럼 다시 책 속으로 여행을 떠나 볼까요?

나는 얼마 전 제2차 세계 대전에 참전했던 로버트 무어의 인터뷰 기사를 읽었습니다. 그는 잠수함 승무원이었는데, 어느 날 일본군의 공격을 받게 됐지요. 당시 그는 극심한 죽음의 공포를 느끼면서 일상생활의 숱한 걱정들이 얼마나 쓸데없는 것인지 실감했다고 합니다. 그의 말을 옮겨 보면 다음과 같습니다.

"잠수함에는 모두 88명의 승무원이 타고 있었습니다. 우리가 먼저 일본의 기뢰 부설함을 발견해 어뢰 공격을 시작했지요. 하지만 안타깝게 어뢰 공격은 실패로 끝났고 일본군이 곧장 반격해 왔습니다. 우리는 서둘러 잠수함을 깊은 바다 속으로 가라앉히려 했지만 적의 폭뢰 공격에 무참히 당하고 말았지요. 곳곳이 파손되어 금방이라도 잠수함이 폭발할 지경이었습니다. 냉각 장치가 망가져 실내 온도가 40도까지 치솟았는데도 온몸이 덜덜 떨렸지요. 이대로 죽는구나 싶어 숨조차 제대로 쉬어지지 않았습니다. 아, 죽음의 공포가 얼마나 크게 다가오던지요.

그런데 몇 시간 만에 다행히 일본군의 공격이 끝났습니다. 아마도 폭뢰를 다 써서 일본의 기뢰 부설함이 돌아간 듯한데, 덕분에 우리는 가까스로 목숨을 건졌지요. 그러자 이제 살았다는 안도감과 함께 그동안 살아온 저의 인생이 주마등처럼 스쳐 지나갔습니다. 그중에는 제가 군인이 되기 전 가졌던 걱정들이 얼마나 하찮은 것이었나 하는 생각도 있었지요.

그랬습니다. 저는 집을 사지 못했다고, 번듯한 자동차가 없다고, 식구들에게 근사한 외식 한번 시켜 주지 못했다고 걱정이 끊이지 않았지요. 툭하면 잔소리하는 엄마에게 짜증을 냈고, 별것 아닌 일로 친구들과 말다툼을 벌이기도 했습니다. 아침에 눈 떠서 저녁에 잠자리에 들 때까지 온갖 걱정과 감정의 소용돌이를 겪었지요. 그런데 전쟁에 참전해 죽음의 공포에 맞닥뜨려 보니 그 모든 것이 얼마나 하찮은 것인지 깊이 깨닫게 되었습니다. 저는 그날 죽지 않아 태양과 별을 다시 볼 수만 있다면 절대로 사소한 걱정 따위는 하지 않겠다고 스스로에게 다짐했습니다."

나는 무어의 인터뷰 기사를 흥미진진하게 읽었습니다. 그의 말은 일상생활의 자질구레한 걱정들이 실은 얼마나 대수롭지 않은 것인지 분명히 가르쳐 주지요.

이쯤에서 내 친구 호머 크로이의 사례를 덧붙여 보겠습니다. 그는 뉴욕에서 작가로 활동하는데, 겨울만 되면 난방용 기기인 라디에이터 소리 때문에 스트레스가 매우 크다고 불평했지요. 가을바람이 불기 시작할 때부터 그의 걱정이 서서히 시작된다고 해도 지나친 말이 아니었습니다. 그런데 그가 친구들과 캠핑을 다녀오고 나서 뜻밖의 이야기를 했지요.

"캠핑 간 날 저녁, 나는 의자에 가만히 앉아 이글거리는 불 속에서 나무 장작이 타는 소리를 들었어. 그러다가 문득 그것이 우리 집 라디에이터 소리와 비슷하다고 느껴지더군. 그런데 나는 왜 나무 타는 소리는 즐기면서 라디에이터 소리는 소음으로만 여겼을까, 하는 생각이 들더라고. 이튿날 집으로 돌아온 나는 라디에이터 소리를 듣고도 더는 짜증을 내거나 걱정하지 않았어. 그냥 캠핑 때의 나무 장작 타는 소리를 떠올리며 편안히 잠자리에 들었지. 단지 생각을 좀 달리 하는 것만으로도 걱정거리를 없앤 놀라운 경험이었지 뭐야."

내가 앞서 옮긴 로버트 무어의 경험담은 일상생활의 사소한 걱정들이 실은 얼마나 하찮은 것인지 설명하고 있습니다. 아울러 내 친구 호머 크로이의 사례는 그러한 걱정들이 생각하기에 따라 아무것도 아니라는 사실을 말해 주지요. 두 사람의 이야기 모두 사람들의 걱정이 사실은 그것을 터무니없이 심각하게 생각하며 노심초사하는 우리의 잘못된 습관에서 비롯된다는 것을 깨닫게 합니다.

"부부 간의 불화는 대부분 사소한 의견 차이가 만듭니다. 그것이 서로에게 걱정거리가 되고, 끝내 더 큰 싸움으로 번지지요."

이혼 담당 판사 조셉 차베스의 말입니다. 어디 부부 간의 불화만 그럴까요. 친구 간의 다툼과 가족 간의 갈등도 알고 보면 작은 의견 차이와 사소한 걱정에서 시작됩니다. 우리는 다른 사람의 생각이 나와 다를 수 있다는 것을 자주 망각하며, 사소하고 쓸데없는 걱정으로 상대방과 충돌을 일으키기 일쑤지요.

영국의 정치가 벤저민 디즈레일리는 "인생은 사소한 일에 신경 쓰기에 너무 짧다!"라고 말했습니다. 프랑스 작가 앙드레 모루와의 생각도 다르지 않았지요. 그 역시 다음과 같은 말을 남겼습니다.

"우리는 그냥 무시하고 잊어버려도 괜찮을 사소한 것들에 너무 쉽게 화를 냅니다. 인생은 짧은데, 그 소중한 시간을 쓸데없는 걱정을 하느라 낭비하지요. 우리는 인생을 가치 있는 행동과 감정, 위대한 사상과 진실한 애정, 지속적인 과업에 바쳐야 합니다. 우리의 삶은 사소한 일에 신경 쓰기에 너무나 짧습니다."

나는 청소년 여러분이 디즈레일리와 모루와의 말을 반복해서 소리 내어 읽어 보기 바랍니다. 그만큼 두 사람의 말은 우리에게 전하는 교훈이 크지요.

자, 그럼 이제 청소년 여러분에게 이번 장 두 번째 이야기의 제목이 어떤 뜻을 담고 있는지 설명해야겠군요. 얼핏 우화 같은 아래 이야기는 해리 에머슨 포스딕 목사가 내게 들려준 것입니다.

"콜로라도 롱스피크에는 얼마 전 거대한 나무 한 그루가 쓰러져 죽었습니다. 식물학자들은 그 나무가 대략 400년은 살았을 것이라고 추측하지요. 그러니까 그 나무는 콜럼버스가 아메리카 대륙에 첫 발을 내디뎠을 때나 청교도들이 플리머스에 정착했을 때도 이 땅에서 꿋꿋이 자라나고 있었던 것입니다. 그 나무는 400년을 살아오면서 벼락에 맞은 적이 열네 번이나 되고, 수많은 산사태와 폭풍우를 온 몸으로 견뎌 냈지요. 그럼에도 절대 쓰러지지 않고 묵묵히 제자리를 지켰던 것입니다. 아마도 그 일이 없었다면 나무는 수백 년을 더 살았을지 모르지요. 바로 그 일, 딱정벌레 한 무리의 공격 말입니다. 처음에는 작은 딱정벌레 몇 마리가 나무에 몰려와 이곳저곳 갉아먹기 시작하더니 결국 모든 줄기를 병들게 했지요. 가지마다 속이 텅 비어 버린 아름드리나무는 어느 날 아침 땅바닥에 풀썩 쓰러져 버렸습니다. 작은 딱정벌레들의 끊임없는 공격이 온갖 시련을 이겨 내며 400년이나 살아온 나무를 단박에 죽이고 말았지요. 아무 힘도 없어 보이는 사소하고 미약한 딱정벌레의 위력이 그만큼 대단한 것입니다."

청소년 여러분, 인간을 400년이나 자란 커다란 나무에 비유하면 이 이야기의 속뜻을 헤아릴 수 있습니다. 물론 딱정벌레는 작고 사소한 걱정거리들을 가리키고요. 이 이야기는 아무리 폭풍우나 눈사태, 천둥 번개 같은 인생의 큰 고비를 견뎌 내더라도 작고 사소한 걱정거리들을 슬기롭게 없애지 못하면 한순간에 삶이 무너져 버릴 수 있다는 경고입니다. 우리의 인생을 절대로 딱정벌레에게 굴복 당하게 해서는 안 되겠지요?

# 걱정이 현실이 될 확률을 따져 봐

나는 어린 시절 미주리 주의 농장에서 자랐습니다. 학교에 다니면서도 틈날 때마다 부모님의 일을 도와야 했지요. 어느 날 나는 엄마가 체리 따는 것을 거들다가 갑자기 울음을 터뜨렸습니다. 엄마가 깜짝 놀라며 내게 다가왔지요.

"데일, 무슨 일이니? 왜 우는 거야?"

"엄마…… 누가 나를 저기 보이는 산속에 생매장하면 어떡해?"

나의 말에 엄마는 어처구니없다는 표정을 지었습니다. 당연한 반응이었지요. 10살 남짓한 어린아이의 입에서 나올 수 있는 소리가 아니었으니까요.

하지만 그 시절의 나는 분명 그런 공포를 느꼈습니다. 누가 어린아이답지 않다며 꾸짖는다고 한들 머릿속에 자연스럽게 떠오르는 걱정을 막을 방법이 없었지요.

당시 나는 비바람이 불면 벼락에 맞아 죽지 않을까 걱정했고, 집안 형편이 어려워지면 먹을 것이 없을까 봐 걱정했습니다. 훗날 죽고 나면 지옥에 가지 않을까 걱정하기도 했고요. 어디 그뿐인가요. 나중에 청년이 되었을 때 결혼할 여자가 없을까봐 걱정했고, 결혼식이 끝난 후에는 아내에게 가장 먼저 무슨 말을 해야 하나 걱정했지요. 지금 돌이켜 보면 도무지 알다가도 모를 복잡한 아이였습니다.

그런데 나는 세월이 흐르면서 걱정하던 일의 99퍼센트는 절대로 현실에서 일어나지 않는다는 것을 깨달았습니다. 솔직히 깨달음이라고 하기도 민망한 당연한 이야기지요. 예를 들어 미국국립기상청의 통계에 따르면, 사람이 80년을 산다고 가정할 때 평생 벼락에 맞을 확률은 1만5천300분의 1이라고 합니다. 사람이 살다가 누군가에게 생매장당할 확률은 그보다도 훨씬 낮을 테고요. 그러니까 어린 시절 내가 했던 대부분의 걱정은 쓸데없는 망상이었던 것입니다.

물론 지금까지 내가 고백한 여러 걱정을 어린 시절의 해프닝이라며 웃어넘길 수도 있습니다. 하지만 나를 비롯해 많은 사람들이 성인이 되고 나서도 그와 비슷한 터무니없는 걱정에 빠져들어 문제지요.

그럴 때마다 우리가 명심해야 할 것은 '평균율의 법칙'입니다. 여기서 내가 말하는 평균율의 법칙은 그 사건이 실제로 일어날 평균의 확률을 의미합니다. 앞서 예로 든 번개 맞을 확률의 경우, 한 사람이 80년 동안 살아도 그 사건의 당사자가 될 1만5천300분의 1이라는 가능성이 바로 평균율이지요. 그러므로 평균율의 법칙에 따라 나의 걱정이 얼마나 현실성이 있나 따져 봐야 한다는 뜻입니다. 그 결과 내가 걱정하는 일이 벌어질 확률이 크게 낮다면 조바심을 낼 필요가 없고, 그러면 걱정의 90퍼센트는 충분히 없앨 수 있다는 말이지요.

나는 석 달 전에 샌프란시스코에서 온 샐린저 부인을 처음 만나 이야기를 나누었습니다. 그날 그녀는 어떤 사업 관계로 나를 찾아왔지요. 그녀의 첫인상은 매우 품위 있어 보였습니다. 인생을 살면서 이렇다 할 고난을 겪지 않은 듯 평화로운 인상이었지요. 내가 분위기를 부드럽게 만들기 위해 웃으며 말했습니다.

"부인께서는 참 슬기로운 분 같습니다. 쓸데없는 걱정 따위는 하시지 않을 것 같군요."

그러자 부인이 고개를 가로저으며 손사래까지 쳤습니다.

"제가 그렇게 보이시나요? 저는 한때 이런저런 걱정 때문에 살까지 쪽 빠질 지경이었는걸요. 걱정이 제 인생을 완전히 무너뜨릴 뻔했지요."

그녀는 내가 앞에 놓아 둔 홍차를 한 모금 들이켠 다음 말을 이었습니다.

"얼마 전만 해도 저는 쉽게 화를 내고 성격이 급했습니다. 극심한 긴장 속에서 살았으니까요. 마트에서 쇼핑하면서도 안절부절못하기 일쑤였지요. '집 안의 가스 밸브를 잠그지 않았으면 어떡하지? 다리미 전원을 끄지 않고 그냥 밖으로 나온 것 아닌가? 아이들이 자전거를 타고 놀 텐데 교통사고라도 나면 어떡해?' 뭐, 그런 걱정을 하느라 얼빠진 사람처럼 허둥대다 갑자기 식은땀을 흘리며 마트 밖으로 뛰쳐나가기도 했지요. 그리고는 아무 일도 없나 확인하러 집으로 냅다 달려갔어요. 걱정을 극복하는 방법을 깨닫기 전까지, 거의 11년 동안 그렇게 제가 스스로 만든 지옥에서 살았지요."

"그럼 대체 어떤 계기로 걱정을 극복하셨나요?"

나는 샐린저 부인의 말에 점점 흥미를 느꼈습니다. 걱정을 극복하는 문제는 나의 주요 관심사 중 하나였으니까요. 그녀의 대답은 평소 내가 해오던 생각과 정확히 일치했습니다.

"어느 날 제가 다시 이런저런 걱정으로 힘들어하자 남편이 조심스럽게 말하더군요. '잠시 진정해 봐. 당신이 정말로 걱정하는 것이 뭐야? 평균율의 법칙에 따라, 그 일이 실제로 일어날 확률이 얼마나 되는지 한번 살펴볼까?'라고요. 남편의 다정한 충고에 저는 정신이 번쩍 들었습니다. 평균율의 법칙에서 보면 제가 하는 대부분의 걱정은 그냥 무시해도 좋을 것이었으니까요."

나는 샐린저 부인을 만난 뒤 강연 등을 통해 기회 있을 때마다 평균율의 법칙을 이야기했습니다. 그것이 사람들의 걱정을 없애는 효과적인 방법이라는 것에 확신을 가졌지요.

　사실 오래전부터 사람들의 걱정은 돈벌이의 좋은 수단이 되어 왔습니다. 우리 주위의 숱한 보험 회사들이 사람들의 걱정을 이용해 큰 기업으로 성장했지요. 보험 회사들은 소비자들이 걱정하는 일이 거의 일어나지 않는다는 점을 잘 알고 있습니다. 그러니까 평균율의 법칙으로 소비자들과 일종의 내기를 하는 것이지요. 사람들이 재난에 대비해 갖가지 보험에 가입하지만, 평균율의 법칙에 따라 그 재난이 실제로 일어날 확률은 결코 높지 않습니다.

　"걱정과 불행은 현실이 아니라 상상에서 온다."

　이것은 미국 서부 개척 시대의 이름난 장군이었던 조지 크룩의 말입니다. 나의 삶을 되돌아보아도 대부분의 걱정이 불필요한 상상에서 비롯되었다는 것을 인정할 수밖에 없지요. 그러므로 만약 어떤 걱정이 여러분의 머릿속을 어지럽힌다면, 그것이 실제로 현실이 될 확률을 꼭 따져 볼 필요가 있습니다.

# 피할 수 없으면 받아들여

나의 어린 시절 이야기를 하나 더 들려주겠습니다.

어느 날 나는 친구들과 숲속에 버려져 있던 폐가에 가서 놀았습니다. 얼마나 시간이 흘렀을까요. 해가 뉘엿뉘엿하자 나는 그만 놀고 집으로 돌아가야겠다고 생각했습니다. 그때 나는 폐가의 다락방에 있었는데, 거실을 통해 밖으로 나가기 귀찮아 그곳에서 풀쩍 뛰어내렸지요. 그러다가 그만 손가락이 나무 틈새에 끼어 절단되는 사고가 벌어졌습니다.

"으악!"

나의 비명 소리에 친구들이 몰려들었지만 달리 어떻게 해볼 도리가 없었습니다. 가까스로 병원으로 가기는 했으나 잘린 손가락을 다시 붙일 수는 없었지요. 겨우 상처만 봉합한 나의 손가락을 쳐다보며 부모님의 눈에 눈물이 고였습니다.

그런데 신기하게, 나는 청소년기를 지나면서 손가락이 4개만 남은 한쪽 손에 별로 신경 쓰지 않았습니다. 어느 때는 몇 달이 지나도록 내 손가락을 유심히 바라보지도 않았지요. 어쩌면 나는 일찌감치 걱정이 가져다주는 고통에서 벗어나려고 했는지 모르겠습니다. 그 사고 역시 뒤늦게 걱정해 봤자 아무 소용없는 일이었으니까요.

그런데 그와 같은 사고방식을 나만 특별히 갖고 있는 것은 아닙니다. 많은 사람들이 어떤 고난 앞에서 나처럼 흔쾌히 주어진 상황을 받아들이고는 하지요. 아마도 개인의 성격에 따라 다르겠지만, 인간에게는 힘든 일을 순순히 받아들여 자기의 삶을 더 이상 무너지지 않게 하려는 본능이 있는 듯합니다.

'원래 그런 것이다. 달리 방법이 없다.'

이것은 15세기에 지어진 네덜란드 암스테르담의 한 성당에 적혀 있는 글귀입니다.

우리는 인생을 살아가면서 너나없이 여러 가지 고난에 맞닥뜨리게 됩니다. 그 상황에서 인간이 선택할 수 있는 길은 크게 두 가지가 있지요. 하나는 그것을 피할 수 없다고 생각해 기꺼이 받아들이는 것이고, 다른 하나는 끝까지 반발하며 몸부림쳐 몸과 정신을 파괴의 구렁텅이로 몰아넣는 것입니다.

여러분이라면 어느 쪽을 선택하겠습니까? 철학자 윌리엄 제임스는 다음과 같이 조언했습니다.

"그대로 받아들여라. 상황을 있는 그대로 받아들이는 것이야말로 불행한 결과를 극복하는 첫 번째 방법이다."

청소년 여러분은 윌리엄 제임스의 말에 동의하나요?

1910년부터 1936년까지 영국 왕실을 이끌었던 국왕 조지 5세도 '원래 그런 것이다. 달리 방법이 없다.'라는 삶의 태도를 가졌습니다. 그는 매일 밤마다 "달을 따 달라고 울지 말고, 이미 엎질러진 물을 아쉬워하지 않도록 해 주소서."라고 기도했지요. 독일 철학자 아더 쇼펜하우어도 다르지 않았습니다. 그 역시 "절망 앞에서 깨끗하게 단념하는 것이야말로 인생이라는 여정을 나아가는 데 가장 중요한 덕목이다."라고 말했으니까요.

청소년 여러분에게는 좀 어렵게 들릴지 모르나, 환경이 우리를 행복하게 하거나 불행하게 하지는 않습니다. 환경에 반응하는 우리의 태도가 그런 감정을 결정할 뿐이지요. 예수님은 『성경』에서 천국과 지옥이 모두 우리의 마음 안에 있다고 말했습니다. 그것은 고난 앞에서 자기의 마음을 다스릴 능력을 우리가 이미 갖고 있다는 의미지요. 그와 같은 내면의 힘으로 인간은 자신에게 닥친 여러 걱정거리를 충분히 이겨 낼수 있습니다.

그럼에도 이렇게 말하는 나 역시 과거에는 어떤 상황을 받아들이지 않으려고 발버둥친 적이 있습니다. 나는 어리석게 끝까지 저항하려고 했지요. 그러자 곧 불면증에 시달려 밤이 지옥으로 변해 버렸습니다. 내가 원하지 않는 일들이 잇달아 일어났지요. 나는 도저히 상황을 바꿀 수 없다는 것을 알았지만, 한심하기 짝이 없게 굳이 하지 않았어도 될 고생을 했습니다. 아, 그때 나는 월트 휘트먼의 시를 되새겨야 했지요.

나무와 동물들이 그러하듯
어두운 밤, 폭풍, 배고픔, 조롱, 사고, 냉대를
나도 그렇게 맞이할 수 있기를.

휘트먼이 이야기했듯 나무와 동물들은 어두운 밤, 폭풍, 배고픔, 조롱, 사고, 냉대 따위를 부정하며 몸부림치지 않습니다. 나무와 동물들은 자기가 어쩌지 못할 운명 앞에서 화를 내거나 걱정하지 않지요. 따라서 그들은 신경쇠약에 걸리거나 위궤양을 앓지 않습니다.

그런데 청소년 여러분, 절대로 나의 말을 오해하면 안 됩니다. 혹시 내가 지금 여러분에게 고난이 닥치면 무조건 굴복하라고 주장하는 것 같나요?

아니요, 결코 그렇지 않습니다. 그런 삶의 태도는 바람직하지 않지요. 우리는 당연히 나쁜 상황을 개선하기 위해 열심히 노력해야 합니다. 한두 번 좌절했다고 쉽게 포기하면 안 됩니다. 하지만 내 말은 상황 파악을 냉철하게 하라는 것이지요. 상식적이고 객관적으로 내가 맞닥뜨린 상황을 도저히 변화시킬 수 없다면, 그것을 있는 그대로 받아들이려는 마음가짐이 필요하다는 뜻입니다. 나무와 동물들처럼 말이에요.

청소년 여러분은 자동차 타이어가 도로에서 어떻게 충격을 견디는지 생각해 본 적 있나요? 처음에 그것을 개발한 제조업자들은 도로의 충격에 저항하는 타이어를 만들었습니다. 그랬더니 이내 타이어가 갈기갈기 찢어지고 말았지요. 그래서 그들은 연구를 거듭해 다음에는 도로의 충격을 흡수하는 타이어를 만들었습니다. 놀랍게도, 그 타이어는 도로의 충격을 오랜 시간 견뎌 냈지요.

우리의 인생을 자동차 타이어에 비유해 보면 삶의 자세가 어떠해야 하는지 알 수 있습니다. 우리는 도로의 충격에 저항하는 타이어가 아니라, 도로의 충격을 흡수하는 타이어처럼 인생을 살아가야 하지요. 그래야만 행복한 삶을 살 수 있는 것입니다. 만약 우리가 도로의 충격에 저항하는 타이어처럼 살아간다면, 엄연한 현실을 거부하다가 걱정히고 신장하고 지쳐 결국 삶의 패배사가 되기 십상입니다.

"행복으로 가는 단 하나의 방법이 있다. 인간의 의지를 벗어나는 일은 걱정하지 않는 것이다."

철학자 에픽테토스의 말입니다. 여기에 덧붙여 미국 뉴욕의 유니언신학교 교수였던 라인홀드 니버의 기도문을 옮겨 보겠습니다. 청소년 여러분이 기독교 신자가 아니라 하더라도 이 기도문을 가슴 깊이 새겨 두기 바랍니다.

주여 제게 허락하여 주소서.

바꾸지 못할 것을 받아들이는 평온한 마음,

바꿀 수 있는 것을 바꿀 수 있는 용기,

이 둘을 구별하는 지혜를 허락하여 주소서.

# 걱정은 손해를 보더라도 팔아 버려

미국 뉴욕 맨해튼 남쪽에 '월가'가 있습니다. 그곳은 금융 회사가 밀집한 지역이라 증권사도 무척 많지요. 청소년 여러분은 익숙하지 않겠지만, 증권사를 통한 주식 거래는 자본주의를 상징한다고 해도 지나친 말이 아닙니다.

나는 우연한 기회에 월가에서 투자 전문가로 일하는 찰스 로버트를 만났습니다. 그는 성공한 투자 전문가가 되기 전까지 자신이 겪었던 고난을 이야기해 주었지요. 주식 투자에 관한 용어 탓에 여러분이 이해하기 어려운 부분이 있겠지만 꼼꼼히 읽다 보면 분명 깨닫는 바가 있을 것입니다. 로버트는 이렇게 말문을 열었습니다.

"저는 처음 뉴욕에서 3만 달러를 갖고 주식 투자를 시작했습니다. 그러나 딱 두 달 만에 돈을 전부 날리고 말았지요. 중간에 몇 번 이익을 내기도 했지만, 손실이 훨씬 컸으니까요.

저는 주식 투자 요령을 잘 알고 있다고 생각했지만 착각이었습니다. 주식 투자는 감이나 운으로 하는 것이 아니라는 사실을 뼈저리게 느꼈지요. 또한 남이 들려주는 소문이나 정체불명의 정보에 의존해서는 안 된다는 것도 실감했고요."

나는 찰스 로버트의 이야기가 낯설지 않았습니다. 그동안 나를 찾아와 상담했던 많은 사람들이 무모하게 주식 투자에 뛰어들었다가 큰 손해를 봤으니까요. 그런데 로버트는 다행히 금세 자신의 문제를 깨닫고 해결책을 모색했습니다.

"저는 몇 날 며칠 궁리한 끝에 주식에 대해 제대로 공부해보기로 결심했습니다. 여기저기 수소문해 유명한 투자 전문가 버튼 슐즈를 만날 수 있었지요. 저는 그의 명성이 행운에서 온 것이 아니라는 것을 금방 알아챘습니다. 그는 주식 투자에서 가장 중요한 원칙을 제게 들려주었지요."

"그게 뭔가요? 궁금하네요."

내가 호기심을 보이자 찰스 로버트의 목소리가 조금 커졌습니다. 그는 다음과 같이 말을 이었지요.

"슐츠가 이렇게 말하더군요. '나는 어떤 주식을 거래하든, 미리 정해 놓은 비율만큼 손해를 보면 당장 팔아치우는 손절매 조항을 반드시 달아놓는다네. 예를 들어 내가 1주에 50달러짜리 주식을 사면, 45달러가 될 경우 즉시 손절매한다는 원칙을 세우는 거지.' 그러니까 그의 말은 매수한 주식이 10퍼센트 하락하면 곧바로 매도해 더 이상 손실을 보지 않게 한다는 뜻입니다. 그가 계속 조언했지요. '거래가 잘 되면 이익은 평균 10퍼센트, 25퍼센트, 때로는 50퍼센트에 달할 때도 있을 거야. 결과적으로, 손실을 5퍼센트로 제한하면 거래에서 절반 이상 실패해도 여전히 많은 돈을 벌 수 있지 않겠나?'라고요. 그날 이후 저는 그 원칙을 철저히 지키고 있습니다. 그래서 지금은 월가에서 성공한 투자 전문가로 인정받고 있지요. 이제는 저를 믿고 돈을 맡기는 고객들도 아주 많습니다."

나는 찰스 로버트의 극적인 변화에 진심으로 박수를 보냈습니다. 그런데 그의 다음 이야기는 더욱 가슴에 와 닿았지요. 그가 말했습니다.

"저는 버튼 슐즈에게 배운 원칙을 주식 투자에만 한정하지 않았습니다. 시간이 좀 더 흐르면서, 그에게 배운 손절매를 일상생활에도 폭넓게 적용했지요. 그러자 정말 마법 같은 일이 일어나지 뭡니까. 저를 괴롭히는 온갖 걱정을 비롯해 성가시기 짝이 없는 일과 화나는 일 등에 손절매 주문을 하자 곧 마음에 평화가 찾아왔습니다. 쓸데없는 일에 감정을 낭비하지 않으니 주식 투자에 더욱 집중할 수 있었지요."

나는 찰스 로버트와 만나고 나서 '손절매'라는 단어를 잊지 않았습니다. 나 역시 그런 삶의 태도를 갖기 위해 노력했지요.

예를 하나 들어 볼까요?

내 친구 중에는 약속 시간을 잘 지키지 않는 나쁜 버릇을 가진 사람이 있습니다. 나는 그와 약속을 잡았다가 번번이 스트레스를 받고는 했지요. 그런데 손절매를 명심하면서 그와 같은 스트레스에서 벗어나게 됐습니다. 그게 무슨 말이냐고요?

어느 날 나는 그 친구에게 단호히 말했습니다. "빌, 자네를 기다리는 손절매 기준은 정확히 20분이야. 자네가 20분이 지나도 오지 않으면 점심 약속은 물 건너간 줄 알아. 나는 그냥 돌아갈 거야."라고요. 그러자 신기하게 친구가 약속 시간에 늦어도 화가 나지 않았습니다. 그가 나타나지 않으면, 20분 후 사무실이나 집으로 돌아오면 그만이었으니까요. 또 그러다 보니 그 친구도 이전보다는 훨씬 약속 시간을 잘 지켰습니다.

그제야 나는 지난날이 좀 후회됐습니다. 내가 오래전부터 이런저런 걱정과 분노에 대해 손절매 주문을 했더라면 얼마나 좋았을까, 하는 마음이 들었기 때문입니다. 내 마음의 평화를 위협하는 상황을 제대로 판단해 "이봐, 데일 카네기! 이번 일에 대해서는 딱 이 정도만 신경 쓰면 충분해. 그 이상은 절대 안 돼."라고 스스로 생각할 줄 알았더라면 참 좋았겠다 싶었던 것이지요.

전 세계 위인들 중에는 감정의 손절매 원칙을 철저히 지킨 사람들이 적지 않습니다. 그중 대표적 인물이 미국의 제16대 대통령 에이브러햄 링컨이지요. 남북 전쟁이 한창일 때, 링컨의 친구들이 찾아와 대통령을 비난하는 사람들을 마구 욕했습니다. 그들 깐에는 친구인 링컨을 위한답시고 한 이야기였지요. 그러자 링컨이 슬쩍 미소 지으며 말했습니다.

"허허, 자네들이 나보다도 그 사람들에게 원한이 더 심한 것 같군. 하기야 자네들 말마따나 나를 비난하는 사람들에게 내가 너무 점잖게 구는지도 몰라. 하지만 나를 비난하는 사람들에게 크게 분노하는 것이, 대통령으로서나 한 인간으로서나 그럴 만한 가치가 있는 일이라고 생각하지 않네. 길지 않은 우리의 인생을 쓸데없는 싸움에 낭비할 필요는 없지 않겠나? 어느 누구의 비난이라 하더라도 그것이 내게 치명적인 해를 입히지 않는다면 별일 아닌 것으로 생각하는 편이 낫다고 믿네."

링컨의 말에 친구들은 더 이상 험한 소리를 입에 담지 못했습니다. 링컨은 불필요한 감정을 손절매할 줄 아는 슬기로운 사람이었지요.

제1장에서 언급했던 『월든』의 작가 헨리 데이비드 소로우도 마찬가지였습니다. 그는 자신의 일기에 '어떤 일의 가치는 거기에 들인 시간으로 판단한다.'라고 적었습니다. 그 글귀에는

우리가 어떤 일에 지나치게 시간을 소비하면 안 된다는 교훈이 담겨 있지요. 따라서 걱정과 분노 같은 것에도 적절한 감정 소비가 필요하다는 뜻입니다. 그의 말 역시 감정 소비가 지나치지 않게 손절매할 줄 알아야 한다는 것이지요.

청소년 여러분, 큰 소리로 '손절매'라는 단어를 한번 따라해 보세요. 주로 주식 투자에 쓰이는 용어라 낯설겠지만 그 의미만큼은 분명히 기억해야 합니다. 여러분이 어떤 걱정이나 분노에 지나치게 휩싸일 때 "이 문제에 대해서는 이만 손절매 주문을 내자. 이깟 일로 괜히 나의 삶을 낭비하면 안 돼!"라고 되뇌어 보도록 해요. 그것이 곧 마음의 평화를 얻는 지름길이니까요. 마음이 평화로워야 여러분이 진정으로 바라는 일에 집중할 수 있으니까요.

# 톱으로 톱밥을 켜려고 하지마

몇 해 전, 나는 60만 달러를 투자해 시작한 사업에 실패했습니다. 어른들을 위한 교육 사업이었는데, 여러 도시에 지점을 열고 많은 돈을 홍보비로 썼지요. 매출은 제법 괜찮았습니다. 그런데 순이익이 한 푼도 없었지요. 그야말로 앞으로 남고 뒤로 밑지는 장사였습니다. 결국 얼마 지나지 않아 투자금 60만 달러를 전부 날리고 말았지요.

그 후 나는 걱정의 소용돌이에 빠져버렸습니다. 몇 달 동안 넋이 빠져나간 듯 망연자실한 상태에 있었지요. 잠을 잘 수 없었고, 체중이 쭉쭉 빠졌습니다. 이미 돌이킬 수 없는 실패에서 교훈을 얻는 대신 계속 어처구니없는 잘못을 빔하고 말았지요. 정말 어리석기 짝이 없게, 내가 다른 사람들에게 그토록 강조했던 삶의 규칙을 나 자신에게는 제대로 적용하지 못했습니다.

그래요, 맞습니다. 나는 그때의 실패를 철저히 분석해 두 번 다시 똑같은 실수를 반복하지 않을 교훈을 얻어야 했습니다. 그리고는 실패를 잊고 다시 일상생활에 최선을 다해야 했지요. 원래 해오던 강의를 더 열심히 하며, 절대로 회복할 수 없게 되어 버린 손실은 머릿속에서 지워야 했습니다. 그것이 내가 그동안 많은 사람들 앞에서 이야기해 온 바람직한 삶의 자세니까요.

당연한 말이지만, 이미 일어난 일을 걱정하는 것보다 어리석은 짓은 없습니다. 엊그제 일어난 일을 조금이나마 수습하기 위해 뭔가를 할 수는 있지요. 하지만 이미 일어난 일 자체를 뒤바꿀 수는 없습니다. 과거가 건설적일 수 있는 길은 단 하나밖에 없지요. 그것은 바로 조용히 과거의 잘못을 분석해 교훈을 얻은 뒤 실패의 아픔은 깨끗이 잊어버리는 것입니다.

언젠가 뉴욕의 조지워싱턴고등학교를 나온 한 친구가 들려줬던 이야기가 기억납니다. 그는 당시 폴 브랜드와인 선생님이 인생을 살아가며 영원히 간직할 만한 교훈을 남겨 주었다고 말했지요.

"나는 고등학교 시절에도 걱정이 많은 아이였네. 내가 저지른 실수 때문에 마음을 졸이거나 조바심을 내기 일쑤였지. 시험이 끝나면 성적 걱정을 하느라 뜬눈으로 밤을 새우기도 했어. 항상 내가 한 일을 되돌아보며 후회에 후회를 거듭했지.

그러던 어느 날 아침, 수업을 들으려고 과학 실험실에 갔는데 교탁에 우유병이 놓여 있지 뭐야. 우리는 모두 자리에 앉아 그것을 바라보며 우유와 과학 수업이 무슨 상관이 있을까 궁금해 했지. 그런데 잠시 뒤 실험실로 들어온 선생님께서 갑자기 그 우유병을 들어 옆에 있던 싱크대에 쏟아 버리며 크게 외치셨네."

"뭐라고 하셨는데?"

나는 두 눈을 동그랗게 뜨고 친구의 말에 귀 기울였습니다. 친구가 말을 이었지요.

"선생님께서 그러시더군. '이미 엎질러진 우유는 후회해도 소용없다!'라고 말이야. 그리고는 우리더러 싱크대에 다가와 쏟아진 우유를 보라고 하셨지. '잘 봐라. 나는 여러분이 평생 이 교훈을 기억했으면 좋겠다. 우유는 이미 엎질러져 거의 다 하수구로 흘러 들어갔지? 아무리 난리를 치고 머리를 쥐어뜯어도 우유는 한 방울도 되돌릴 수 없단다. 물론 우리는 우유를 쏟지 않기 위해 조심스럽게 행동할 수 있지. 그런데도 안타깝게 우유를 쏟았다면 더는 어떻게 해볼 도리가 없는 거야. 상황을 되돌리기에는 너무 늦이 비렸나는 말이지. 그러면 우리가 할 수 있는 것은 지난 잘못을 잊어버리고 다음 일로 넘어가 더 열심히 노력하는 거야.' 나는 그날 선생님께서 해주신 말씀을 잊을 수가 없었어. 내가 고등학교 때 배운 어떤 공부보다도 더 실용적인 삶의 방식을 가르쳐 주셨으니까. 브랜드와인 선생님의 가르침을 정리하면 '첫째, 가능하면 우유를 쏟지 마라. 둘째, 만약 우유를 쏟았다면 완전히 잊어버려라. 셋째, 그 실수에서 교훈을 얻어 다음 일에 더욱 최선을 다해라.'라는 거야."

어떤가요, 청소년 여러분? 폴 브랜드와인 선생님이 왜 우유병을 쏟았는지, 그날 학생들에게 어떤 교육을 하려고 했는지 이해할 수 있겠지요?

그런데 내가 강의할 때 친구의 경험담을 이야기하면 어떤 사람들은 시큰둥한 표정을 짓습니다. '이미 엎질러진 우유는 후회해도 소용없다.'라는 교훈이 너무 고리타분하다는 것이지요. 하지만 우리가 삶을 살아가며 반드시 새겨야 할 중요한 교훈은 무릇 뻔한 이야기 속에 깃들어 있는 법입니다. 그처럼 언뜻 당연해 보이는 가르침에 귀를 닫는 사람치고 실수와 잘못을 반복하지 않는 사람이 드물지요.

그럼 이쯤에서 왜 내가 이번 장 여섯 번째 이야기의 제목을 '톱으로 톱밥을 켜려고 하지 마'라고 정했는지 설명해야겠군요.

미국 뉴욕의 유명 출판사 편집장이 한 대학 졸업식에 초청받아 연설을 했습니다. 그가 뜬금없이 학생들에게 질문을 던졌지요.

"혹시 나무를 톱질해 본 사람이 있습니까? 그런 경험이 있다면 손을 들어 보세요."

그러자 몇몇 학생이 손을 번쩍 들었습니다. 편집장이 다시 물었지요.

"그렇다면 톱으로 나무가 아니라 톱밥을 켜 본 사람은 있습니까?"

편집장의 질문에 이번에는 아무도 손을 들지 않았습니다. 말하나 마나, 누가 톱으로 톱밥을 켜겠습니까. 나무에 톱질을 하면 쌓이는 것이 톱밥인데요.

편집장이 학생들을 둘러보며 큰 소리로 다시 말했습니다.

"물론 여러분은 톱밥을 켤 수 없습니다. 괜히 톱밥을 켤 일도 없고요. 이미 톱질이 끝났으니까요. 과거도 마찬가지입니다. 여러분이 이미 지나가 버린 일을 걱정하기 시작하면, 톱으로 톱밥을 다시 켜려는 것과 다르지 않습니다."

편집장의 말에 졸업식장은 잠시 침묵에 잠겼습니다. 그리고는 곧 그의 말뜻을 알아챈 학생들이 우레와 같은 박수를 보내기 시작했지요. 이제 내가 왜 이번 이야기의 제목을 '톱으로 톱밥을 켜려고 하지 마'라고 정했는지 알겠지요?

나는 『청소년을 위한 데일 카네기의 인간관계론』에서 씽씽 교도소를 몇 차례 언급한 적이 있습니다. 그곳의 교도소장을 만났을 때 다음과 같은 이야기를 들려주었지요.

"죄수들이 처음 교도소에 들어오면 억울해하며 분통을 터뜨리기 일쑤입니다. 하지만 몇 달 지나면 슬기로운 사람들은 자신의 불행을 잊고 교도소 생활에 차분하게 적응하지요. 사회에서 정원사로 일했던 한 죄수는 교도소를 온통 꽃밭으로 만들며 시간을 보내기도 했습니다. 그는 비록 죄를 지어 교도소에 갇히는 신세가 되었지만, 자기가 보람을 느끼는 일을 하며 유쾌하고 건강하게 수감 생활을 했지요."

　교도소에 갇힌 죄수들도 갖는 삶의 태도를 우리가 실천하지 못할 이유는 없습니다. 사람들은 누구나 잘못을 범하고 실수를 저지르지요. 그렇다고 쓸데없이 눈물만 흘리며 한탄하는 것은 어리석은 짓입니다. 그런 태도로는 아무것도 변화시키지 못하니까요. 청소년 여러분은 "나폴레옹도 자신이 싸운 전투에서 3분의 1은 패배했다."라는 말을 꼭 되새겨 봐야 합니다. 이따금 실패를 맛본다고 해서 톱으로 톱밥을 켜려고 해서는 절대 안 됩니다. 우리 모두 쓸데없는 걱정을 잊고 다시 앞으로 나아가야 하지요.


　자, 그럼 걱정하는 습관을 없애는 6가지 방법을 다시 한 번 복습하면서 이번 장을 마치겠습니다. 여러분 마음속에 하나씩 깊이 새겨 두기 바랍니다.

1. 바쁘게 일하고 열심히 공부해.

2. 딱정벌레에게 무릎 꿇지 마.

3. 걱정이 현실이 될 확률을 따져 봐.

4. 피할 수 없으면 받아들여.

5. 걱정은 손해를 보더라도 팔아 버려.

6. 톱으로 톱밥을 켜려고 하지 마.

⊙ 이번 장 두 번째 이야기의 제목은 '딱정벌레에게 무릎 꿇지
마.'입니다. 여기서 '딱정벌레'가 상징하는 것이 무엇인지 알아
보고, 자신의 '딱정벌레'에 대해 생각해 봐요.

# 평화롭고 행복한
# 마음을 갖는 방법

첫 번째 이야기 유쾌하게 생각하고 유쾌하게 행동해

두 번째 이야기 앙갚음하려 들지마

세 번째 이야기 대가를 바라지마

네 번째 이야기 문제보다 축복을 떠올려 봐

다섯 번째 이야기 자기 자신을 긍정해

여섯 번째 이야기 운명이 레몬을 주면 레모네이드로 바꿔 봐

일곱 번째 이야기 타인에게 선행을 베풀어

# 유쾌하게 생각하고 유쾌하게 행동해

내가 살아오면서 배운 가장 가치 있는 교훈은 '생각의 중요성'입니다. 누군가의 생각을 알면 그가 어떤 사람인지 알 수 있습니다. 우리의 생각이 우리를 만드니까요. 우리의 정신 자세가 우리의 운명을 결정짓는 무엇보다 중요한 요소입니다.

위인들 중에도 생각의 중요성을 강조한 사람들이 많습니다. 미국 출신 사상가 랄프 에머슨은 "그 사람이 하루 종일 생각하고 있는 것이 바로 그 사람이다."라고 말했지요. 또 로마 제국을 통치한 철학자 마르쿠스 아우렐리우스는 "우리의 인생은 우리의 생각대로 만들어진다."라고 했습니다.

네, 그렇습니다 여러분이 행복한 생각을 하면, 여러분은 행복해질 것입니다. 그와 반대로 여러분이 불행한 생각을 하면, 여러분은 실제로 불행해질 것입니다. 여러분이 두려운 생각을 하면 두려워질 것이고, 자꾸 실패를 생각하면 분명히 실패하고 말 것입니다. 생각의 힘이 그만큼 강력합니다.

생각은 육체에도 크나큰 영향을 끼칩니다. 영국의 정신과 의사 하드필드는 『힘의 심리학』이라는 책에서 놀라운 사례를 소개했습니다.

하드필드는 3명의 남자에게 양해를 구하고 실험에 들어갔습니다. 먼저 그들에게 악력계를 힘껏 쥐어 보라고 했더니 평균 악력이 45.8킬로그램으로 측정되었지요. 그리고 그는 3명의 남자에게 다른 조건으로 두 번씩 최면을 걸었습니다. 첫 번째는 그들의 힘이 매우 약하다는 최면이었고, 두 번째는 그들의 힘이 매우 강하다는 최면이었지요.

과연 그 결과가 어땠을까요?

첫 번째 실험에서 3명의 남자는 평균 악력 13.2킬로그램이라는 결과를 보였습니다. 그리고 두 번째 실험에서는 평균 악력 64.4킬로그램을 나타냈지요. 그러니까 3명의 남자는 단지 생각의 차이에 따라 자신들이 원래 가졌던 힘보다 훨씬 적거나 훨씬 많은 악력을 발휘했던 것입니다. 결국 우리는 이 실험을 통해서도 생각의 중요성을 실감할 수 있습니다.

나는 마음의 평화와 인생의 기쁨이 재산이나 사회적 지위 따위로 결정되지 않는다고 믿습니다. 그것을 결정하는 것은 정신 자세, 즉 자신의 생각에 달려 있지요. 일찍이 영국 시인 존 밀턴은 다음과 같은 시를 썼습니다.

정신은 그 자체가 세계이니

그 안에서 지옥을 천국으로

천국을 지옥으로 만들 수 있다.


여러분도 밀턴의 주장에 공감하나요? 청소년들에게 잘 알려진 위인 나폴레옹 보나파르트와 헬렌 켈러가 남긴 말을 비교해 보아도 생각의 중요성을 알 수 있습니다.

그들은 각각 이렇게 말했습니다.

"내 평생 행복했던 날은 6일도 되지 않는다."

이것은 나폴레옹이 세인트헬레나 섬에 유배당했을 때 했던 고백입니다. 그는 모든 사람이 부러워하는 권력과 부, 영광을 누렸지만 자신이 불행하다고 생각했지요. 그러면 아무리 그의 삶이 화려해 보여도 결코 행복할 수 없는 것입니다.

"나는 인생이 너무도 아름답다는 것을 발견했습니다."

이것은 헬렌 켈러의 말입니다. 그녀는 여러 장애를 안고 태어나 언뜻 불우해 보이는 삶을 살았지만 자신의 삶을 긍정적으로 받아들여 스스로 행복을 찾았지요.

청소년 여러분이 판단하기에 나폴레옹과 헬렌 켈러 중 누가 더 의미 있는 인생을 살았을까요? 누가 더 평화롭고 보람된 삶을 살았을까요? 물론 저마다 다른 판단을 할 수 있겠으나, 나는 헬렌 켈러의 삶이 더 행복했을 것이라는 데 동의합니다.

그녀의 생각이 나폴레옹의 생각보다 밝고, 건강하며, 긍정적이었으니까요.

프랑스 철학자 미셸 몽테뉴는 "사람은 어떤 일 때문에 상처를 받는 것이 아니라 그 일에 대한 자신의 생각 때문에 상처를 받는다."라고 말했습니다. 그와 비슷한 의미를 담아 하버드대학교 교수이자 심리학자였던 윌리엄 제임스는 "단지 생각을 달리 하는 것만으로도 행동을 바꿀 수 있다. 그리고 그것은 머지않아 우리의 감정까지 변화시킨다."라고 주장했지요. 그는 또 "그러므로 유쾌함이 사라졌을 때 다시 유쾌해지기 위한 최고의 방법은 유쾌하게 행동하고 말하는 것이다."라고 덧붙였습니다.

그럼 청소년 여러분도 제임스의 처방을 한번 따라해 볼까요?

자, 일단 얼굴에 환한 미소를 지어 봐요. 어깨를 활짝 편 다음 숨을 깊게 들이마셔 봐요. 그리고 신나는 노래를 크게 불러 봐요. 노래를 부를 수 없다면 휘파람이라도 실컷 불어 봐요. 노래나 휘파람 대신 콧노래도 좋아요. 그러면 여러분은 윌리엄 제임스의 말을 금방 이해하게 될 것이 틀림없습니다. 그렇게 몸으로 자꾸만 행복을 드러내면 마음과 생각도 더는 우울할 수가 없지요. 이것은 우리가 쉽게 경험할 수 있는 삶의 기적 중 하나입니다.

나는 얼마 전 제임스 알렌이 지은 『생각하는 모습 그대로』라는 책을 매우 감명 깊게 읽었습니다. 거기에 이런 내용이 있지요.

'우리가 주변 사물과 사람들에 대한 생각을 바꾸면, 자연스럽게 주변 사물과 사람들이 바뀐다. 다만 생각을 너무 돌발적으로 바꾸면 깜짝 놀랄 일이 벌어질 수 있다는 점에 주의해야 한다. 인간은 자신의 생각대로 성취한다. 인간은 생각을 발전시키는 만큼 꿈을 이룬다. 생각의 변화와 발전을 거부하는 사람은 성공하기 어렵다.'

나는 책을 읽으며 알렌의 주장에 완전히 공감했습니다. 청소년 여러분은 어떤가요?

나는 사람들에게 강의하면서 요즘 들어 시빌 패트릭의 글을 자주 인용합니다. 10가지 항목으로 구성된 그의 글은 모두 '오늘만은'이라는 문장으로 시작하지요. 그가 이미 수십 년 전에 발표한 글이지만 지금 읽어도 여전히 신선한 느낌을 갖게 합니다. 우리가 이 내용을 충실히 따른다면 앞으로의 삶에 걱정 대신 기쁨이 가득할 것이 틀림없지요. 10가지 항목을 옮겨 보면 다음과 같습니다.

1. 오늘만은 나는 행복할 것이다. 사람들은 자기가 행복하려고 하는 만큼 행복하다. 행복은 내면에서 나온다. 행복은 환경의 문제가

아니다.

2. 오늘만은 나 자신을 기대치가 아니라 현실에 맞추겠다. 나의 가족, 나의 일, 나의 행운과 불운을 있는 그대로 받아들이고 나를 거기에 맞추겠다.

3. 오늘만은 내 몸을 무엇보다 소중히 돌보겠다. 나는 운동을 할 것이고, 내 몸을 혹사시키지 않을 것이며, 나만을 위한 내 몸이 되도록 노력할 것이다.

4. 오늘만은 내 마음을 강하게 만들겠다. 나는 유익한 것을 배우며, 정신적으로 게으름뱅이가 되지 않을 것이다. 나는 노력하고, 생각하고, 집중할 것이다.

5. 오늘만은 내 마음을 3가지 방법으로 훈련하겠다. 우선 다른 사람 몰래 친절을 베풀 것이다. 그리고 더불어 내가 원하지 않는 일 2가지를 해 볼 것이다.

6. 오늘만은 나는 누구 못지않게 유쾌한 사람이 되겠다. 최대한 활발하게 행동하고, 우아하게 말하며, 타인에게 비난 대신 칭찬을 건넬 것이다. 어떤 일에도 트집 잡지 않고, 내 맘대로 다른 사람을 바로잡으려 하지 않을 것이다.

7. 오늘만은 내 인생의 문제를 한꺼번에 해결하려 들지 않고 하루를 충실하게 보내겠다. 사람은 평생 못할 일을 12시간 안에 해낼 수도 있다.

8. 오늘만은 계획표를 짜서 그대로 실천하겠다. 그러면 나의 성급함

과 우유부단함을 치유하는 데 분명 도움이 될 것이다.

9. 오늘만은 다만 30분이라도 아무 일 하지 않고 나를 돌아보겠다. 그 30분 동안 내가 믿는 종교의 방식대로 간절히 기도해도 좋을 것이다.

10. 오늘만은 나는 두려움에 빠지지 않겠다. 특히 행복해지는 것을, 사랑하는 것을, 내가 사랑하는 사람들이 나를 사랑한다고 믿는 것을 두려워하지 않겠다.

# 앙갚음하려 들지마

지금 여러분에게 미워하는 사람이 있나요?

나 아닌 다른 사람을 미워하는 것이 이상한 감정은 아닙니다. 인간이 어울려 살다 보면 서로 좋아하거나 미워하게 되지요. 타인에게 되도록 미움을 갖지 않는 편이 낫지만, 그렇다고 해서 미움이 절대로 가져서는 안 될 감정은 아니라는 말입니다.

그러나 미움이 심해져 증오로 변질되거나 어떤 일에 앙갚음을 하겠다는 복수심으로 나타나서는 안 됩니다. 내 마음의 증오는 상대방을 아프게 하지 않지요. 내가 품는 증오는 나의 낮과 밤을 지옥으로 만들 뿐입니다. 앙갚음하려는 복수심 역시 마찬가지고요.

『성경』에는 '원수를 사랑하라.'는 예수님의 말씀이 기록되어 있습니다. 그것은 종교적인 가르침이면서, 현대 의학을 위한 조언으로도 받아들일 수 있지요. 무슨 말인가 하면, 원수를 사랑할 만큼 미움의 감정을 버려야 심장 질환이나 위궤양 같은 각종 질병에 걸릴 확률이 크게 낮아진다는 의미입니다. 그역시 타인에게 갖는 증오와 복수심이 결국 상대방이 아니라 자신을 해치기 때문이지요.

'채소를 먹으며 서로 사랑하는 것이 소고기를 먹으며 서로 미워하는 것보다 낫다.'

이 또한 『성경』의 한 구절입니다. 누군가를 미워하면 나의 표정이 일그러져 얼굴에 주름이 늘어날 뿐입니다. 증오심 때문에 내 삶이 고통받고 있다는 사실을 알면 오히려 상대방이 기쁨의 환호성을 내지를지 모르지요.

적을 사랑할 수는 없어도, 나 자신을 사랑할 수는 있습니다. 누군가를 증오하며 복수심을 키울 시간에 자신을 사랑하는 것이 나의 행복과 건강, 아름다움을 지켜내는 길입니다. 여러분은 "너무 적의를 불태우지 마라. 그 불이 곧 너를 태울 테니."라고 했던 윌리엄 셰익스피어의 말을 반드시 명심해야 합니다.

물론 대부분의 인간은 성인군자처럼 미움의 대상을 사랑하기는 어렵습니다. 하지만 나 자신을 위해 상대방을 용서하며 증오와 복수심을 가라앉힐 수는 있지요. 미국 속담에 '바보는 화를 내지 못하지만 현명한 사람은 화를 내지 않는다.'라는 것이 있습니다. 중국의 공자는 "도둑을 맞거나 모함을 당해도 내가 기억하지만 않으면 아무것도 아니다."라고 말했지요. 또한 미국 제34대 대통령이었던 드와이트 아이젠하워가 "나는 싫어하는 사람들을 생각하느라 단 1분의 시간도 낭비하고 싶지 않습니다."라고 했던 말은 지금도 많은 사람들에게 화제가 되고 있습니다.

아이젠하워 이전에 그와 같은 삶의 지혜를 실천했던 사람은 바로 에이브러햄 링컨입니다. 사실 링컨만큼 다른 사람들에게 험한 욕을 듣고 배신당한 사람도 드물지요. 그럼에도 링컨은 자신이 좋아하고 싫어하는 감정에 따라 타인을 판단하지 않았습니다. 과거에 자신을 헐뜯거나 무시했던 사람이라 하더라도 그 자리에 적합하다고 판단하면 링컨은 즉시 그 사람을 관리로 임명했지요. 또 자신의 결정에 반대하는 의견을 낸다고 해서 함부로 해임하지도 않았습니다.

여기서 우리는 철학자 에픽테토스의 말을 되새겨 볼 필요가 있습니다.

"자기가 저지른 나쁜 짓에 대해 운명은 언젠가 대가를 치르게 만든다. 결국 모든 사람은 자신의 잘못에 대한 벌을 받을 것이다. 그 점을 명심한다면 굳이 다른 사람에게 화를 내는 쓸데없는 행동을 하지 말아야 한다. 어차피 대가를 치르고 벌을 받을 사람에게, 왜 내가 괜히 증오하고 복수심을 불태운단 말인가. 나는 분노하지 않을 것이고, 악의를 품지 않을 것이다. 나는 다른 사람을 탓하지 않고, 다른 사람을 증오하지 않을 것이다.”

어쩌면 에픽테토스의 말에 이번 장 두 번째 이야기에서 내가 전하려는 메시지가 전부 들어 있다고 해도 틀리지 않습니다. 다시 한 번 강조하건대, 상대방을 증오할 시간이 있으면 그를 불쌍히 여겨 내가 쓸데없는 감정 낭비에 빠져들지 않도록 하는 편이 낫습니다. 내가 미워하는 상대방에게 저주와 복수를 퍼붓는 대신 그들을 이해하고 용서하며, 나아가 그들을 위해 기도할 수 있다면 더 바랄 나위 없겠지요.

나는 저녁마다 『성경』 구절을 따라 읽고 가정기도문을 외우는 가정에서 자랐습니다. 나는 아직도 아버지가 시골집에서 나지막이 『성경』을 읽어 주시던 목소리를 기억하지요.

“적을 사랑해라. 너희를 저주하는 사람들을 축복하고, 너희를 미워하는 사람들을 성심껏 대해 주어라. 너희를 모욕하고 핍박하는 사람들을 위해 기도해라.”

실제로 나의 아버지는 예수 그리스도의 가르침을 실천하려고 애썼습니다, 그리고 그와 같은 삶이 자세를 통해 미움의 평화를 얻었지요. 나의 청소년 시절 추억이 이 책을 읽는 청소년 여러분에게도 소중한 길잡이가 되면 좋겠습니다.

[ 세 번째 이야기 ]

# 대가를 바라지마

나는 최근에 텍사스에서 온 사업가를 만났습니다. 그런데 그는 11개월이나 지난 일로 아직도 잔뜩 화가 나 있었지요. 자기 회사 직원들에게 크리스마스 보너스를 2천 달러씩 주었는데 아무도 감사 인사를 하지 않는다는 것이 그 이유였습니다.

"이럴 줄 알았으면 직원들에게 한 푼도 주지 말 걸 그랬어요!"

그는 내게 불만을 털어 놓으면서도 좀처럼 분이 풀리지 않는 표정이었습니다. 나는 딱히 건넬 말이 없어 다른 이야기로 화제를 돌렸지요. 그리고 그날 저녁 집으로 돌아와 그의 분노에 대해 곰곰이 생각해 보았습니다.

사실 나는 그 사업가가 좀 답답해 보였습니다. 거의 60살이 다 되어가는 사람이 그런 일로 오랫동안 서운한 감정을 갖는

제4장 평화롭고 행복한 마음을 갖는 방법 277

것이 한심해 보이기까지 했지요. 평균 수명을 기준으로 계산하면 그는 기껏해야 20여 년의 삶이 남았을 뿐입니다. 그럼에도 이미 지나가 버린 일에 화를 내느라 여생의 1년을 낭비했으니 불쌍하기 짝이 없는 노릇이었습니다.

내가 생각하기에, 그 사업가는 화를 내는 대신 왜 감사 인사를 받지 못했는지 진지하게 자신을 돌아봐야 했습니다. 어쩌면 그는 평소 직원들에게 적은 월급을 주면서 아주 높은 성과를 강요했는지 모릅니다. 직원들은 크리스마스 보너스를 행운의 선물이 아니라 자신들이 열심히 일해 받는 당연한 대가라고 생각했을지도 모르지요. 또 어쩌면 그가 너무 권위적인 사람이라 직원들이 선뜻 다가가기 힘들어했을 수도 있습니다. 좀 더 부정적으로 보면, 세금 문제 때문에 어쩔 수 없이 직원들에게 특별 보너스를 나눠 주었을 것이라는 의심을 샀을지도 모르고요.

물론 직원들이 정말로 이기적이고 예의 없는 사람들일 수도 있습니다. 영국 시인 사무엘 존슨은 "감사는 교양의 결실이다. 교양이 없는 사람에게서는 감사를 찾을 수 없다."라고 말했지요.

그런데 내가 이번 이야기에서 꼭 전하고 싶은 핵심이 바로 여기에 있습니다. 직원들이 예의가 있든 없든, 교양이 있든 없든, 텍사스의 그 사업가는 인간의 본성을 잘 모르고 감사를 기대하는 실수를 저지른 것입니다. 원래 인간은 호의를 베푼 사람의 기대와 달리 호의를 받은 사람은 별일 아닌 것으로 생각하기 십상이지요.

심지어 인간은 자신의 목숨을 구해 준 사람에게도 감사 표현을 잊을 때가 있습니다. 유명한 변호사였던 사무엘 라이보비츠는 사형 선고를 받을 수 있는 피고인들을 열심히 변호해 형량을 크게 줄여 주었지요. 적어도 78명 정도는 그의 변호 덕분에 목숨을 건졌다고 해도 틀린 말이 아니었습니다.

하지만 그중 몇 명이나 라이보비츠에게 감사 인사를 전했을까요? 놀랍게도, 편지로나마 감사 인사를 한 사람은 단 2명뿐이었습니다. 그것이 어쩔 수 없는 인간의 본성이지요.

청소년 여러분, 내가 인간의 본성을 부정적으로 말해 마음이 아픈가요? 하지만 그것은 명백한 현실입니다. 옛날에도 그랬고, 앞으로도 그런 인간의 본성이 달라질 가능성은 거의 없지요. 그렇다면 우리는 어떤 삶의 자세를 가져야 할까요? 일찍이 로마 제국의 위대한 통치자였던 마르쿠스 아우렐리우스가 그 해답을 이야기했습니다.

"나는 오늘도 지나치게 이기적이면서 감사할 줄 모르는 사람들을 만날 것이 틀림없다. 하지만 그런 사람들이 없는 세상은 상상할 수 없기 때문에 나는 조금도 놀라거나 기분 나빠하지 않을 것이다."

나는 어쩔 수 없는 인간의 본성 앞에서 아우렐리우스와 같은 마음가짐을 갖는 것이 바람직하다고 생각합니다. 괜히 감사할 줄 모르는 사람들에 대해 불평하면서 돌아다녀봐야 아무 소용없는 일이니까요. 한마디로 말해, 내가 누군가에게 호의를 베풀었다고 해도 감사 인사를 기대하지 않는 편이 현명합니다. 그러다가 가끔 누가 감사 인사를 정중히 전해 오면 기분이 더 좋겠지요. 설령 아무에게도 감사 인사를 받지 못한다고 해도 크게 마음이 상하지는 않을 테고요.

부모 자식 간의 사랑도 다르지 않습니다. 적지 않은 부모들이 자신이 베푼 사랑을 자식들이 몰라준다며 섭섭해 하지요. 하지만 그 역시 인간의 본성에 비춰 보면 당연한 일이라고 할 수 있습니다. 물론 예외는 있습니다. 나의 고모를 예로 들어 볼까요?

고모는 남편을 잃고 혼자 살아온 지 20년이 지났습니다. 5명이나 되는 자녀들은 오래전부터 고모를 서로 모시겠다고 성화지요. 고모의 자녀들은 자기 엄마를 무척 좋아합니다. 단지 엄마가 자신들을 키워 줬고, 그에 대한 감사함 때문에 그럴까요? 아닙니다. 이유는 단 하나, 그들은 서로에게 대가를 바라지 않는 사랑을 주었고 그 사랑을 다시 사랑으로 갚고 싶어 하기 때문입니다.

고모는 자녀들을 키우며 자신의 수고를 희생이라고 생각하지 않았습니다. 그러니 자녀에게 어떠한 보상도 기대하지 않았지요. 오직 따뜻한 사랑과 친절을 베풀었을 뿐입니다. 그런 사랑을 받고 자란 5명의 자녀 역시 어느덧 늙은 엄마를 사랑으로 대할 뿐이고요.

나는 고모의 가정을 보면서 사랑과 친절의 가치를 새삼 깨달았습니다. 그에 비해 나의 사촌은 상대방에게 늘 호의를 기대하지요. 그는 자기가 남에게 조금이라도 베푼 것이 있으면 꼭 감사 인사를 받기 바랍니다.

나는 몇 해 전 크리스마스 날 사촌 집에 갔다가 보았던 광경이 지금도 잊히지 않습니다. 그날 사촌에게 친구의 선물이 담긴 소포가 도착했지요. 잔뜩 기대하는 얼굴로 그것을 뜯어 본 사촌의 입에서 곧 투덜거리는 소리가 새어 나왔습니다.

"쳇, 얘는 친구를 위해 단돈 1달러도 안 쓴다니까! 크리스마스라고 보내 온 선물이 이게 뭐야?"

내가 소포를 살펴보니 친구의 선물은 집에서 직접 만든 몇 장의 행주였습니다. 거기에는 돈으로 따지기 어려운 정성이 깃들어 있었지요. 그럼에도 사촌은 자기가 예전에 베풀었던 호의를 떠올리며 몹시 기분 나빠 했습니다. 그날 나는 사촌의 행동을 보고 모른 척 지나칠 수 없었지요.

"케일리, 너는 친구의 진심을 헤아리지 못하는구나. 네가 언젠가 베풀었던 호의에 대해 꼭 감사 인사를 받아야 한다고 생각하는 거니? 옛말에 '어린아이는 귀가 밝다.'라고 했어. 너는 집에 있는 아이들을 봐서라도 그렇게 행동하면 안 돼. '친구가 크리스마스 선물로 행주를 보냈네. 이걸 만드느라 시간이 참 많이 걸렸겠다. 고맙다고 전화라도 해야겠는걸.'이라고 말했으면 얼마나 좋았겠니? 그래야 너의 자녀도 감사의 의미를 제대로 배울 수 있고 말이야."

다행히 사촌은 나의 충고를 잘 받아들였습니다. 상대방에게 감사 인사를 받고 싶다면, 내가 먼저 상대방에게 감사 인사를 전할 줄 알아야 하지요. 그리고 상대방이 내게 감사 인사를 하지 않는다고 해도 서운해 하지 말아야 합니다. 상대방이 어떻게 행동하든 내가 예의를 갖추면, 그것이 곧 내 마음의 평화로 이어지니까요.

# 문제보다 축복을 떠올려 봐

미군 장교 에디 리켄베커는 매우 흔치 않은 경험을 했습니다. 그는 몇 명의 동료 군인들과 함께 무려 21일 동안 뗏목을 타고 태평양을 표류했지요. 그들에게는 약간의 물과 식량만 남아 모든 것을 아끼고 또 아껴야 했습니다. 그늘 한 점 없는 뜨거운 태양빛에 괴로워하며 타오르는 갈증과 굶주림을 견뎌야 했지요.

마침 바다를 지나던 선박 덕분에 가까스로 목숨을 건진 리켄베커가 말했습니다.

"저는 망망대해 태평양을 표류하면서 큰 교훈을 얻었습니다. 그것은 다름 아니라, 목마르면 마실 수 있는 물이 있고 배고프면 먹을 수 있는 음식이 있는 한 세상 어떤 일에도 불평하면 안 된다는 깨달음이었습니다."

사람들은 흔히 리켄베커처럼 심각한 위기가 닥쳤을 때 비로소 삶의 진정한 가치를 발견하고는 합니다. 나는 몇 해 전 『타임』 지에서 전쟁에 나갔다가 부상당한 하사관의 인터뷰 기사를 읽은 적이 있습니다. 그는 목에 폭탄 파편을 맞아 여러 차례 수술을 받아야 했지요. 그런데도 영영 장애가 남지 않을지, 다시 말을 할 수 있을지 확신할 수 없었습니다.

하루하루 절망감에 빠져 있던 그가 종이에 글자를 써 가며 의사에게 물었습니다.

"제가 앞으로 건강을 되찾아 사회생활을 할 수 있을까요?"

"그럼요."

하사관이 다시 물었습니다.

"제가 다시 말을 할 수 있을까요?"

"네, 그럼요."

그때 하사관의 머릿속에 한 가지 생각이 번뜩 스쳐 지나갔습니다.

'아니, 그럼 걱정할 이유가 없잖아? 병원 생활을 하면서 더이상 절망할 필요가 없어.'

그날 이후 하사관은 병원 치료와 재활 운동에 전에 없이 적극적으로 참여했습니다. 그러자 몸의 회복도 훨씬 빨라졌지요.

두 사람의 사례에서 알 수 있듯, 우리는 지금 자신이 누리고 있는 축복에 감사할 줄 알아야 합니다. 괜히 문제점만 크게 생각해 절망에 빠져 지낼 필요가 없지요. 평범하게 먹고 마시고 쉬는 것에도 감사하며, 지나친 걱정 탓에 희망이 사라지지 않도록 주의해야 합니다.

보통은 우리의 삶에서 90퍼센트는 아무런 문제가 없습니다. 우리에게 걱정거리가 되는 것은 10퍼센트 정도지요. 여러분이 행복해지고 싶다면, 아무런 문제 없는 90퍼센트에 충실하면서 문제 있는 10퍼센트를 하나씩 차분히 해결해 가면 됩니다. 필요 이상 걱정하고 속상해하면서 문제 있는 10퍼센트에 시달리다 보면 위궤양 같은 질병에나 걸리기 십상이지요.

여러분은 누가 10억을 준다고 해서 두 눈을 팔겠습니까? 여러분의 가족을 돈이나 명예와 바꿀 수 있습니까? 가만히 생각해 보세요. 여러분은 이미 억만장자가 갖지 못한 것을 소유하고 있는 것입니다. 여러분의 두 눈과 가족은 오직 여러분만 가진 것이니까요. 그럼에도 우리는 왜 이토록 소중한 삶의 재산을 제대로 평가하지 않는지 모르겠습니다.

독일 철학자 아르투어 쇼펜하우어는 "사람들은 자신이 가진 것은 생각하지 않고, 항상 자기에게 없는 것을 생각한다." 라고 말했습니다. 그렇습니다. 우리에게 이미 있는 것은 생각하지 않고 우리에게 없는 것을 간절히 바라는 것이야말로 최대의 비극이라고 할 만하지요. 그런 삶이 행복할 가능성은 별로 없습니다.

그러므로 자신이 처한 상황을 긍정적으로 받아들여 그 위치에서 알차게 삶을 꾸려가려는 태도가 매우 중요합니다. 비록 사소한 것이라도 자기가 가진 축복을 떠올리며 삶을 조금씩 개선해 가는 사람만이 행복의 고지에 다다를 수 있습니다.

그럼 내 친구 루실 블레이크의 사례를 전하며 이번 장의 네 번째 이야기를 마무리하겠습니다.

블레이크 역시 자기에게 없는 것을 걱정하는 대신 자기가 이미 갖고 있는 것에 만족하는 법을 배우면서 삶이 달라졌습니다. 그녀는 하루하루 눈코 뜰 새 없이 바쁘게 살다가 심장에 문제가 생겨 쓰러지고 말았지요. 의사는 1년 정도 입원해서 꾸준히 치료를 받아야 한다는 진단을 내렸습니다. 그녀는 눈앞이 캄캄했지요.

"침대에서 1년이라는 긴 시간을 보내야 한다니! 어쩌면 그러다가 죽을지도 몰라. 나한테 왜 이런 일이 일어났을까? 내가 대체 무슨 잘못을 한 걸까?"

블레이크는 병상에 주저앉아 한탄하는 날이 잦았습니다. 자신의 처지를 억울해하며 눈물을 쏟기 일쑤였지요. 그러던 어느 날, 옆 병상에 있던 다른 환자가 그녀의 생각을 완전히 탈바꿈시키는 이야기를 해주었습니다.

"병원 침대에 누워 있는 시간이 비극처럼 느껴지겠지만, 어떻게 보면 꽤 괜찮은 기회가 될 수도 있지 않을까요? 일상에

쫓기지 않고 차분하게 생각할 시간이 주어졌으니 말입니다. 우리가 아프지 않았더라면 이렇게 침대에 누워 자신에 대해 돌아볼 기회를 갖기 어려웠겠지요. 병원에서 지내는 시간 동안 우리는 정신적으로 더 많이 성숙해질 수 있습니다."

옆 병상 환자의 이야기를 들은 블레이크는 답답했던 가슴이 뻥 뚫리는 듯했습니다. 그날 이후 그녀는 병원 생활을 긍정적으로 받아들였지요. 이런저런 책을 읽고 많은 생각을 하면서 퇴원 후 자신이 살아갈 삶을 계획했습니다. 또 매일 아침 눈을 뜨자마자 이미 닥친 문제보다 감사해야 할 것을 떠올렸지요. 그녀는 고통이 점점 누그러지는 것에 감사했고, 성심껏 자기를 돌봐 주는 가족에게 감사했습니다. 매일매일 라디오에서 흘러나오는 아름다운 음악에도 감사했지요.

그로부터 5년이 지난 지금, 블레이크의 삶은 그 전보다 훨씬 풍요로워졌습니다. 단지 경제적 풍요를 말하는 것이 아니라 자신의 삶에 더없이 만족하게 됐지요. 그녀는 기쁨으로 가득한 하루하루를 보내며 전에 없던 행복감을 느끼고 있습니다. 병원에서 생긴 습관 그대로, 매일 아침 잠자리에서 일어나면 가장 먼저 감사해야 할 일들을 머릿속에 떠올리지요.

나를 비롯한 우리 모두는 루실 블레이크의 변화를 곰곰이 되새겨 봐야 합니다. 우리는 이미 누리고 있는 축복은 가볍게 여기면서 자기가 맞닥뜨린 문제를 지나치게 크게 생각해 좌절하기 일쑤지요. 그것은 정말 어리석기 짝이 없는 태도입니다. 우리는 이제 매일 저녁 마주하는 노을을 바라보면서도 아름다움을 느낄 줄 알아야 합니다. 그리고 그에 대한 감사함을 바탕으로 이런저런 삶의 난관을 차분히 헤쳐 나아가야 합니다.

# 자기 자신을 긍정해

얼마 전 나는 대기업 인사 담당자 폴 보인튼을 만났습니다. 그는 지금까지 수많은 사람들의 서류를 검토하고 면접한 경험을 바탕으로 『취업에 성공하는 6가지 방법』이라는 책을 쓰기도 했지요.

내가 그에게 질문했습니다.

"구직자들이 가장 흔하게 저지르는 잘못이 무엇인가요?"

"뭐니 뭐니 해도 면접관의 비위를 맞추기 위해 눈치를 보는 것이지요."

"좀 더 구체적으로 설명해 주시겠습니까?"

"그러니까…… 자기 자신이 아닌 다른 사람인 척한다는 말입니다. 솔직하고 겸손하게 질문에 답하기보다 면접관의 입맛에 맞는 답변을 내놓기 위해 노심초사하지요."

그의 말은 한마디로 구직자들이 거짓된 태도를 보이면 안 된다는 조언이었습니다. 아무도 가짜를 원하지 않으니까요. 인사 담당자들은 자기 자신을 제대로 알고, 자기 자신을 긍정하는 사람을 신입 사원으로 뽑고 싶어 한다는 의미였습니다.

자기 자신이 아닌 다른 어떤 사람이 되고자 하는 욕구는 영화계에서 두드러집니다. 할리우드의 유명 감독이었던 샘 우드는 신인 배우들이 자기 본연의 모습을 갖도록 설득하는 것이 매우 어렵다고 털어놓은 적이 있지요. 그는 신인 배우들이 이미 명성을 얻고 있는 스타들의 연기, 나아가 제스처까지 따라 하려 한다고 꼬집었습니다. 우드는 그런 신인 배우들에게 당시 스타 배우들의 이름을 예로 들며 이렇게 말했지요.

"대중들은 이미 클라크 게이블이나 라나 터너의 매력을 맛봤어. 또 누군가 그들을 흉내 내면 질려 한다고. 대중들은 이제 개성 있는 배우의 색다른 연기를 바라고 있어."

당시 실제로 한 배우는 그 무렵 인기가 높았던 여러 배우들의 장점을 연구해 자신의 연기를 바꾸려고 했습니다. 그러자 자기가 기존에 갖고 있던 장점은 다 사라지고 이것도 저것도 아닌 이상한 연기를 하게 됐지요. 원래 의도는 나쁘지 않았지만, 자기를 부정하며 다른 사람들의 장점만 좇는 삶이 성공하기는 어려운 법입니다. 무엇을 하며 살아가든 자신의 개성을 지키며, 자기가 가진 장점을 긍정하는 자세가 필요하지요.

대배우 찰리 채플린도 마찬가지였습니다. 그가 처음 영화에 출연했을 때, 감독은 당시 유명세를 떨치던 독일의 코미디언을 흉내 내라고 요구했지요. 그때만 해도 신인 배우였던 채플린은 감독이 시키는 대로 연기를 할 수밖에 없었습니다. 당연히 영화는 흥행에 실패했고, 채플린은 자신의 색깔을 찾아 개성 있는 연기를 펼칠 때까지 그저 그런 무명 배우 신세를 면치 못했지요. 그 후에도 채플린이 계속 누군가의 흉내를 내는 데 그쳤더라면 오늘날 아무도 그의 이름을 기억하지 못할 것입니다.

그와 같은 사례는 음악계에서도 쉽게 찾아볼 수 있습니다. 위대한 음악가로 평가받는 미국의 작곡가 조지 거슈윈도 그런 경험을 했지요. 그는 젊은 시절 생활고에 시달리다가 이미 명성을 떨치고 있던 작곡가 어빙 벌린을 찾아가 부탁했습니다.

"선생님의 조수로 일하고 싶습니다. 부디 저를 받아 주십시오."

그 무렵 벌린은 미래가 기대되는 젊은 작곡가 거슈윈의 이름을 잘 알고 있었습니다. 벌린이 손수 따뜻한 차를 건네며 말했지요.

"자네가 내 조수로 일하겠다면 주급 100달러를 주겠네."

그 말에 거슈윈의 눈빛이 반짝었습니다. 당시 100달러는 자신이 다른 곳에서 받던 주급보다 3배나 많은 제법 큰돈이었으니까요.

그런데 벌린이 다시 말을 이었습니다.

"하지만 나는 자네가 내 제안을 받아들이지 않으면 좋겠군. 나의 조수로 일하게 되면 아무리 잘해 봤자 또 다른 어빙 벌린이 될 뿐이니까. 지금 생활이 좀 어렵더라도 묵묵히 견뎌내다 보면 머지않아 자네는 세상에 단 하나뿐인 음악가 조지 거슈윈이 될 걸세."

벌린의 진심어린 충고에 거슈인은 생각을 바꾸기로 마음먹었습니다. 한동안 생활고로 어려움을 겪었지만 음악에 더욱 몰두했지요. 그는 자신의 재능을 긍정하며 개성을 잃지 않아 훗날 어빙 벌린을 뛰어넘는 훌륭한 작곡가가 되었습니다.

나 역시 앞서 사례로 든 예술가들과 비슷한 경험을 한 적이 있습니다. 몇 년 전, 나는 대중 연설에 관한 최고의 책을 쓰겠다고 결심해 집필을 시작했지요. 그런데 그만 어리석은 짓을 벌이고 말았습니다. 그게 무슨 말이냐고요?

나는 다른 작가들의 생각을 빌려 와 나의 원고에 전부 집어넣으려고 했습니다. 대중 연설에 관한 책을 모조리 구해 그 저자들의 생각을 원고에 담으려고 노력했지요. 하지만 머지않아 내가 바보짓을 하고 있다는 판단이 들기 시작했습니다. 다른 사람들의 생각을 뒤죽박죽 집어넣은 원고는 재미도 없고 모조품에 불과해, 어느 누구도 내 책을 읽지 않을 것 같았지요. 그래서 오랜 시간 작업한 원고를 과감히 쓰레기통에 버리고 처음부터 다시 시작하기로 마음먹었습니다.

"이따금 실수하고 한계도 있겠지만, 너는 데일 카네기 자신이 되어야 해. 너는 다른 누구도 될 수 없고, 다른 누구도 네가 될 수 없어."

나는 당장 다른 사람들의 생각을 짜깁기하는 한심한 짓을 멈추었습니다. 그 대신 내가 직접 경험한 것, 내가 대중 앞에서 강의하며 직접 관찰하고 느낀 것을 기반으로 대중 연설에 관한 책을 썼지요. 그리고 그 결과물에 스스로 보람을 느꼈습니다.

많은 심리학자들은 인간이 자신에게 잠재되어 있는 능력의 10퍼센트도 채 발휘하지 못한다고 주장합니다. 그들은 인간이 신체적·정신적 능력의 극히 일부만을 사용하고 있을 뿐이며, 자신의 잠재력에 한참 못 미치는 삶을 살고 있다고 말하지요.

그렇습니다. 우리는 저마다 많은 능력을 갖고 있습니다. 그러므로 우리는 다른 사람과 같지 않다고 걱정하며 흉내 내는 데 단 1초도 낭비해서는 안 됩니다. 여러분은 이 세상에 단 하나뿐인 유일한 존재이기 때문입니다. 태초부터 여러분과 똑같은 사람은 없었고, 앞으로도 결코 없을 것입니다. 우리는 유일한 존재로서 자기 자신을 긍정해야 합니다.

단언컨대, 모든 삶은 그 자체로 가치가 있습니다. 그것은 자연이 우리에게 준 최고의 선물입니다. 오직 자신만이 자기의 삶을 노래할 수 있고 그려 나갈 수 있습니다. 여러분의 개성, 경험, 환경이 세상에 유일한 여러분의 존재를 만들어 냅니다. 여러분이 좋든 싫든 자기 자신만의 작은 정원을 가꿔야 합니다. 여러분이 좋든 싫든 인생이라는 오케스트라에서 자기 자신만의 아름다운 악기를 연주해야 합니다.

미국의 사상가 랄프 에머슨의 말을 끝으로 이번 이야기를 마치겠습니다.

"타인에 대한 질투와 모방은 결국 자기 자신을 해치게 됩니다. 우주에는 온갖 좋은 것이 넘쳐나지만, 자신에게 주어진 작은 경작지에서 수고하지 않으면 옥수수 한 톨 얻지 못하지요. 자기 자신에게 깃들어 있는 힘은 세상에서 유일한 것입니다. 자기가 무엇을 할 수 있는지는 오직 자신만이 대답할 수 있습니다."

나는 청소년 여러분이 에머슨의 말을 반복해 읽어 가슴 깊이 새겨 두기 바랍니다.

# 운명이 레몬을 주면
# 레모네이드로 바꿔 봐

"레몬을 받으면 레모네이드로 바꿔라!"

이것은 미국의 종합 유통 업체 시어스로벅앤드컴퍼니의 대표였던 줄리어스 로젠월드의 말입니다. 자신에게 레몬처럼 시큼한 운명이 닥치더라도 슬기롭게 받아들여, 오히려 레모네이드라는 달콤한 성과를 거두라는 상징적인 문장이지요.

그런데 많은 사람들이 로젠월드의 말과는 정반대의 삶을 살고는 합니다. 가령 인생이 레몬을 주면 그것을 신경질적으로 내팽개치며 "이건 최악의 운명이야. 나는 실패했어!"라고 소리치는 식이지요. 그리고 그들은 세상을 원망하며 절망감에 빠져 들기 십상입니다.

그와 달리 슬기로운 사람들은 운명이 건넨 레몬을 기꺼이 받아들며 이렇게 말합니다. "나는 이 난관에서 무엇을 배울 수 있을까? 어떻게 해야 지금의 상황을 바람직한 방향으로 개선할까? 어떻게 이 레몬을 레모네이드로 바꿀까?"라고요.

청소년 여러분도 살다 보면 이런저런 운명에 맞닥뜨리게 됩니다. 그중 어떤 운명은 견디기 힘들 만큼 맵고 쓰게 마련이지요. 또 어떤 운명은 너무 시어서 얼굴을 잔뜩 찡그릴 수밖에 없을 만큼 고약합니다. 그럴 때 심리학자 알프레드 아들러의 충고를 되새겨 볼 만하지요. 그는 "인간은 마이너스를 플러스로 바꾸는 놀라운 능력을 가진 존재이다."라고 말했습니다. 여기서 마이너스를 레몬으로, 플러스를 레모네이드로 바꾸면 줄리어스 로젠월드가 한 말과 의미가 같지요.

몇 달 전, 나는 자신에게 닥친 마이너스의 운명을 플러스의 현실로 바꾼 청년을 만났습니다. 그는 하루 종일 휠체어에 앉아 생활하면서도 얼굴에서 미소를 잃지 않았지요. 그는 24살의 젊은 나이에 자동차 사고로 하반신 마비가 와 다시는 걷지 못하게 되었다고 말했습니다. 그 역시 처음에는 운명을 저주하며 하루하루 절망 속에 빠져 지냈지요. 툭하면 분노를 드러내며 괜히 주위 사람들에게 화풀이를 하고는 했습니다.

그러던 어느 날, 청년은 거울에 비친 자신의 모습을 가만히 바라보다가 이미 닥친 운명에 저항할수록 삶이 더욱 비참해진다는 데 생각이 미쳤습니다. 그날 이후 그는 완전히 다른 사람이 되었지요. 불편한 몸을 무릅쓰고, 가능한 한 주변 사람들을 배려하며 친절을 베풀었습니다. 설령 자신의 힘으로 어쩔 수 없는 어려움에 맞닥뜨리더라도 미소만큼은 잃지 않으려고 노력했지요. 그러다 보니 점점 자신의 운명을 긍정적으로 받아들이게 됐습니다.

"솔직히 그날의 사고는 지금 돌이켜 봐도 끔찍합니다. 하지만 그 사고가 있어 이전에는 생각지도 못했던 삶을 살게 됐지요. 이를테면 나는 독서를 참 지겨워했는데, 이제는 해마다 100여 권을 책을 읽을 만큼 재미를 붙였거든요. 클래식 음악에도 흥미를 갖게 됐고요. 내가 읽은 수많은 책들은 세상을 바라보는 새로운 시각을 갖게 해주었습니다. 또한 클래식 음악은 나의 정서를 풍요롭게 해 진정한 아름다움을 깨닫게 해주었지요."

나는 청년의 이야기를 들으며 크게 감동했습니다. 그야말로 그는 갑작스럽게 던져진 운명의 레몬을 끊임없는 노력을 통해 레모네이드로 바꾼 인생의 승리자였지요.

그동안 나는 성공적인 인생을 살아간 사람들을 연구하면서 놀라운 사실 하나를 알게 됐습니다. 그들은 대부분 역경을 견뎌 냈을 뿐만 아니라 역경을 사랑했지요. 역경이 그들을 더욱 분발하게 만들어 인생의 참다운 결실을 맺게 한 것입니다. 존 밀턴은 시각 장애가 있어 더 좋은 시를 쓸 수 있었고, 루트비히 판 베토벤은 청각 장애가 있어 더욱 훌륭한 음악을 창작했다고 말할 수 있지요. 그들 모두 자신에게 닥친 맵고 쓰고 시큰한 운명을 극복하기 위해 다른 사람들보다 몇 배 더 노력했으니까요.

어디 밀턴과 베토벤뿐인가요. 러시아 작곡가 표트르 차이콥스키는 순탄치 않은 가정생활에 자살을 시도할 만큼 힘든 삶을 살았지만, 어쩌면 그런 슬픔이 불멸의 교향곡 〈비창〉을 탄생시켰는지 모릅니다. 또한 위대한 작가 표트르 도스토옙스키는 평생 빚에 시달리는 절박한 삶 속에서 『죄와 벌』 같은 명작을 썼다고도 말할 수 있지요.

'북풍이 강인한 바이킹을 만들었다.'

이것은 북유럽 스칸디나비아 사람들이 자주 하는 말입니다. 여기서 북풍이란, 북극에서 휘몰아쳐 오는 몹시 차가운 바람을 일컫지요. 그러니까 이 말은 자연이 가져다 준 견디기 힘든 고난이 스칸디나비아 민족을 강하게 단련시켜 누구와도 싸워 지지 않는 용맹한 바이킹을 만들었다는 뜻입니다. 즉 그들도 운명의 레몬을 레모네이드로 변화시킨 셈이지요.

그렇듯 운명의 좋고 나쁨에 상관없이 자신의 책임을 기꺼이 감당하는 사람들에게 행복은 찾아오는 법입니다. 자기에게 닥친 운명에 쉽게 굴복한 채 분평불만만 늘어놓는 사람들은 푹신한 침대에 누워서도 자신을 불쌍히 여길 뿐이지요.

물론 인생을 살아가다 보면 너무 낙담해서 레몬을 레모네이드로 바꿀 조금의 가망조차 없다고 느낄 때가 있습니다. 그럼에도 우리가 계속해서 노력을 멈추지 말아야 할 2가지 이유가 있지요. 그중 첫 번째 이유는, 우리의 삶은 어떤 상황에서도 여전히 성공에 이를 가능성이 남아 있기 때문입니다. 단 1퍼센트의 확률만으로도 성공을 위해 최선을 다하는 것이 인간만이 가진 끈기와 집념입니다.

그리고 두 번째 이유는 비록 성공하지 못하더라도 마이너스를 플러스로 바꾸려는 시도, 레몬을 레모네이드로 만들려는 시도가 우리의 미래에 희망을 가져다주기 때문입니다. 부정적인 생각을 긍정적인 생각으로 변화시키면 창조적인 에너지가 발생하게 마련이지요. 그러면 현재는 설령 슬픔에 잠겨 있더라도 미래의 희망은 결코 사라지지 않습니다.

청소년 여러분, 덴마크 태생의 유명 바이올린 연주자 올레 불이 프랑스에서 공연했을 때의 실화를 소개하겠습니다. 그가 한창 음악에 심취해 연주하고 있는데 심각한 사건이 벌어졌지요. 아 글쎄, 바이올린의 줄 하나가 갑자기 끊어졌지 뭡니까. 그날따라 다른 바이올린으로 교체하는 것이 마땅치 않은데다, 관객들의 집중력을 흐트러뜨리지 않고 싶었던 불은 그대로 남은 3개의 줄로 연주를 마쳤습니다. 그의 노련한 솜씨 덕분에 이렇다 할 문제는 없었지요.

공연을 모두 끝낸 불은 관객들에게 당시 상황을 설명하며 양해를 구했습니다. 그리고는 이렇게 덧붙였지요.

"오늘 우리는 연주회장에서 인생을 제대로 느꼈습니다. 바이올린 줄 하나가 끊어져도 남은 3개의 줄로 연주를 마쳐야 하는 것이 인생이 아닐까요, 여러분?"

올레 불의 말에 관객들은 다시 한 번 큰 박수를 보내 주었습니다. 그는 공연 중에 자신에게 던져진 레몬을 멋지게 레모네이드로 만들었지요.

# 타인에게 선행을 베풀어

오스트리아 출신 알프레드 아들러는 뛰어난 정신의학자이
자 심리학자였습니다. 그는 자신을 찾아온 환자들에게 이렇
게 말했지요.

"매일 어떻게 하면 남을 기쁘게 해줄지 생각해보세요. 그러
면 당신은 2주 안에 우울증이 훨씬 나아질 것입니다."

그리고 한 가지 처방을 덧붙였습니다.

"당신이 하고 싶지 않은 일은 절대로 하지 마세요."

나는 이번 장 일곱 번째 이야기를 통해 위에 언급한 아들러
의 말들이 어떤 의미인지 설명하려고 합니다. 그가 환자에게
해준 2가지 처방이 평화롭고 행복한 마음을 갖는 데 어떤 효
과가 있는지 알아보도록 하지요.

먼저 다른 사람들을 기쁘게 해주는 삶의 자세에 대한 이야
기입니다.

타인을 기쁘게 하는 가장 일반적인 방법은 선행을 베푸는 것입니다. 내가 아는 사람들 중에 프랭크 루프라는 남자가 있습니다. 그는 사회학 박사 학위를 가져 여러 대학에서 인기 있는 강사로 활동했지요. 그런데 그에게는 만만치 않은 삶의 난관이 닥쳤습니다. 벌써 20년 넘게 심한 관절염을 앓아 자주 병원에 입원해 치료를 받아 왔지요.

그럼에도 루프는 다른 사람들을 대할 때 늘 활기찬 표정이었습니다. 그렇게 오랫동안 투병하면서 어떻게 미소를 잃지 않을까 신기할 정도였지요. 나아가 그는 자신처럼 질병에 시달리는 동료 환자들을 위한 선행을 멈추지 않았습니다. 그는 틈날 때마다 병실을 돌아다니며 이런저런 책들을 나눠 주거나 고민거리를 상담해 최대한 도움을 주려고 노력했지요. 그가 권한 책들은 대부분 희망에 관한 내용을 담고 있어 환자들의 정신 안정에 큰 역할을 했습니다. 아울러 환자들의 고민에 진심으로 귀 기울이며 도움의 손길을 내밀어 무료하고 고통스러운 병원 생활에 활력을 불어넣었지요.

그럼 보통의 사람들과 프랭크 루프의 차이점은 무엇일까요? 그는 여느 사람들보다 뜨거운 목표 의식과 사명감을 가진 인물입니다. 그것은 자신의 성공을 위한 집념이면서, 타인에게 기쁨을 주려는 선량한 마음이지요. 그는 자신이 세상과 타인에게 숭고한 도구로 사용되는 것에 큰 보람을 느껴 왔습니다. 걸핏하면 세상이 자신을 기쁘게 하지 않는다며 불평하는 자기중심적인 사람들과는 정반대의 모습이지요.

알프레드 아들러는 남을 기쁘게 하는 선행에 놀라운 힘이 있다고 주장했습니다. 다른 사람들을 기쁘게 하다 보면 우리가 지나치게 자기 자신에 대해 생각하는 것을 멈추게 된다고 말했지요. 그것은 곧 스스로에 대한 걱정과 두려움, 우울증에서 벗어나게 된다는 의미였습니다. 다시 말해, 타인을 위한 선행은 상대방을 기쁘게 하면서 자신의 고민거리를 덜어 내는 데도 도움이 된다는 뜻입니다.

다음은 '당신이 하고 싶지 않은 일은 절대로 하지 말라.'는 처방에 대한 이야기입니다.

실제로 알프레드 아들러는 정신 불안 증세를 겪는 많은 환자들에게 그렇게 처방해 상당한 치료 효과를 보았다고 강조했습니다. 그는 환자들에게 "당신이 하고 싶은 일을 하세요." 라고 말하지 않았지요.

왜 그랬을까요? 만약 아들러가 "당신이 하고 싶은 일을 하세요."라고 말했다면 대부분의 환자들이 "저는 하고 싶은 일이 아무것도 없어요."라고 시큰둥하게 대답했을 것입니다. 정신 질환을 겪는 적지 않은 환자들이 무기력증에 빠져 있기 때문이지요. 그런 사람들에게 어떤 일에 의욕을 가지라고 조언하는 것은 오히려 부작용을 낳을 뿐입니다.

자기가 하고 싶은 일을 하는 것에 비해, 하고 싶지 않은 일을 하지 않는 것은 얼핏 소극적인 태도로 보입니다. 하지만 아들러는 그런 과정을 통해 우울증 같은 정신 질환을 겪는 환자들이 자존감을 갖게 된다고 보았지요. 억지로 하기 싫은 일을 하는 것보다는 스스로 어떤 일을 하지 않는 것이 환자에게 자신에 대한 만족감을 키워 주니까요.

그렇게 시간이 좀 더 흐르면, 환자는 자연스럽게 주변에 눈길을 주는 변화를 보이게 됩니다. 자기가 하고 싶지 않은 일을 하지 않는 단계를 벗어나 스스로 하고 싶은 일을 조금씩 찾는 것이지요. 그럴 때 타인에게 선행을 베푸는 경험을 유도하면 더욱 평화롭고 행복한 마음을 갖게 해 치료 효과를 높입니다.

그런데 여기서 말하는 타인에 대한 선행이 꼭 거창한 것을 의미하지는 않습니다. 우리가 일상생활을 하면서 만나는 사람들에게 내보이는 작은 친절과 예의가 모두 선행에 포함되지요. 이를테면 마트 계산원에게 먼저 인사를 건네는 것, 음식을 가져다준 식당 종업원에게 고맙다고 말하는 것, 기다리던 물건을 배달해 준 택배 기사에게 시원한 물 한잔을 대접하는 것 등이 모두 타인을 위한 선행입니다.

그러니까 알프레드 아들러가 이야기하는 선행은 플로렌스 나이팅게일 같은 희생을 요구하는 것이 아닙니다. 또한 엄청난 선행을 통해 이 사회를 탈바꿈시키는 개혁을 기대하는 것도 아니지요. 당장 내일 아침부터 여러분이 주변에서 만나는 사람들에게 작은 선행을 베풀면 그만인 것입니다. 그러면 그것이 오히려 선행을 베푸는 사람에게 더 큰 자부심과 만족감, 나아가 행복감을 느끼게 하지요. 여러분은 "남에게 선행을 베풀 때 인간은 스스로에게 최선을 다하는 것이다."라는 벤저민 프랭클린의 말을 꼭 명심할 필요가 있습니다.

어느 날 나는 공원을 걷다가 개를 데리고 산책 나온 한 여성과 마주쳤습니다. 내가 그녀에게 가볍게 눈인사를 건네며 말했지요.

"개가 참 예쁘게 생겼네요."

그러자 그녀가 활짝 웃으며 대답했습니다.

"고맙습니다, 선생님! 즐거운 하루 되세요."

나는 개가 예쁘다는 한마디의 말을 했을 뿐인데, 그녀는 더없이 기쁜 표정으로 인사했습니다. 나에게 즐겁게 산책하라는 덕담까지 덧붙이면서 말이지요.

개가 예쁘다고 한 나의 말 역시 넓게 보면 타인에 대한 선행이라고 할 수 있습니다. 그냥 지나칠 수도 있었지만, 상대방이 아끼는 대상을 칭찬해 기쁨을 느끼게 해주었으니까요. 그렇듯 타인에 대한 선행은 서로가 평화롭고 행복한 마음을 갖는 데 큰 도움이 됩니다.

"만일 인생에서 기쁨을 얻고자 한다면, 자신의 삶뿐만 아니라 다른 사람의 삶도 좀 더 나아지도록 노력해야 합니다. 나의 행복은 결국 다른 사람과 함께하는 생활 속에서 만들어지기 때문이지요."

이것은 미국 작가 시어도어 드라이저의 말입니다. 세월이 갈수록 점점 더 각박해지는 현대 사회에서 우리 모두가 한번쯤 되새겨 봐야 할 조언입니다.

자, 그럼 이번 장에서 함께 공부한 내용을 정리해 볼까요? 아래의 7가지 규칙은 청소년 여러분이 앞으로 평화롭고 행복한 삶을 살아가는 데 중요한 길잡이가 될 것입니다.

1. 유쾌하게 생각하고 유쾌하게 행동해 우리의 마음을 평화와 용기와 희망의 생각으로 가득 채우자. 인생은 우리가 생각하는 대로 만들어지니까.
2. 미워하는 사람에게 앙갚음하려 들지 마라. 그러면 상대방보다 나 자신이 더 많이 상처를 입게 되니까.
3. 내가 호의를 베풀었다고 해서 대가를 바라지 마라. 상대방이 은혜를 갚을 것이라고 기대하지 말고, 은혜를 모른다며 화내지 마라. 상대방의 감사를 기대하지 않고 베풀어야 진정한 행복을 느끼게 되니까.

4. 자꾸 문제점을 떠올리며 괴로워하지 마라. 내가 가진 축복을 떠올리며 감사하라.

5. 다른 사람을 부러워하며 흉내 내지 말고 자기 자신을 긍정하라. 나 자신의 참모습을 발견하여 개성 있게 살아가라.

6. 운명이 우리에게 시큼한 레몬을 주면 달콤한 레모네이드를 만들기 위해 노력하라.

7. 다른 사람의 행복을 위해 노력하며 나의 불행을 잊어라. 내가 남에게 선행을 베풀면, 그것이 곧 나에게 가장 좋은 일을 하는 것이니까.

⊙ 운명의 신은 헬렌 켈러에게 매우 시다 못해 쓴맛까지 나는 레
   몬을 주었습니다. 그 운명을 레모네이드로 바꾼 헬렌 켈러의
   위인전을 읽고 느낀 점을 적어 보아요.

# 제 5 장

# 다른 사람의 비판을
# 걱정하지 않는 방법

첫 번째 이야기 내가 잘났으니까 걷어차는 거야

두 번째 이야기 그냥 별일 아닌 듯 웃어넘겨

세 번째 이야기 비판을 받아들여 반성하면 돼

# 내가 잘났으니까 걷어차는 거야

　많은 사람들이 자기보다 성공하고 똑똑한 사람들을 비난하며 쾌감을 얻고는 합니다. 나는 언젠가 라디오 방송에 출연해 구세군을 창립한 윌리엄 부스에 대해 존경심을 표현한 적이 있지요. 부스는 삼십대 중반에 영국 런던 동부의 빈민굴에서 기독교 전도 활동을 펼친 것을 계기로 구세군을 조직했습니다. 그는 종교 활동과 함께 여러 가지 사회사업을 벌여 빈민 구제에 앞장섰지요.

　그런데 세상에는 윌리엄 부스를 못마땅해 하는 사람들이 적지 않았습니다. 그가 빈민들에게 무관심한 교회를 비판한 탓이었지요. 그에 대한 평범한 사람들의 지지가 높아질수록 비난의 소리도 점점 커졌습니다. 그 후 제법 세월이 흐른 뒤에도 부스에 대한 비판의 소리는 사라지지 않았지요.

나는 라디오 방송을 마치고 나서 일주일 만에 아직도 부스를 싫어하는 사람들이 있다는 사실을 새삼 알게 됐습니다. 라디오 방송국을 통해 내게 한 통의 편지가 전해졌지요. 거기에는 다음과 같은 내용이 쓰여 있었습니다.

'선생님께서 윌리엄 부스가 훌륭한 인물이라고 말씀하시는 것을 듣고 큰 충격을 받았습니다. 그는 빈민 구제를 하겠다며 돈을 모금해서는 횡령하기 일쑤였지요. 겉으로는 선행하는 척하면서 뒤로는 자기의 잇속을 챙긴 것입니다.'

하지만 나는 편지의 내용이 진실이 아니라는 것을 잘 알고 있었습니다. 그동안 여러 차례 윌리엄 부스를 고발하는 소송이 벌어졌지만 번번이 사실이 아닌 것으로 밝혀졌지요. 그것은 기존 교회를 비판하며 구세군을 창립한 윌리엄 부스에 대한 모함일 뿐이었습니다.

사람들이 자기보다 성공하고 똑똑한 인물에게 괜한 심술을 부린 사례는 아주 많습니다. 그것은 대부분 질투심에서 비롯된 근거 없는 비난이었지요. 오래전 미국에서도 그와 같은 일이 벌어졌습니다. 로버트 허친스라는 사람이 시카고대학교 총장에 취임했기 때문이지요. 대체 무슨 일이 있었던 것일까요?

"쳇, 고작 30살짜리 풋내기가 대학 총장 자리에 앉는 게 말이 돼?"

"그러게. 그것도 명문으로 손꼽히는 시카고대학에서 말이야."

그랬습니다. 교육계에서 일하는 많은 학자들과 교수들이 허친스의 총장 임명을 두고 비난의 말을 쏟아냈지요. 첫 번째 이유는 그의 나이가 30살에 불과했기 때문입니다. 그보다 나이가 훨씬 많은 교수들로서는 소외감과 질투심을 느낄 수밖에 없었지요.

그리고 두 번째 이유는 허친스가 별 볼 일 없는 집안에서 자라났기 때문입니다. 그는 집이 가난해 웨이터와 벌목 노동자, 가정교사 등의 일을 하며 힘겹게 예일대학교를 졸업했지요. 20세기 초만 해도 은근히 명문가 출신을 따지던 사회 분위기에 허친스의 피나는 노력은 그에 걸맞은 평가를 받지 못했습니다.

로버트 허친스의 시카고대학교 총장 취임에 대한 비난은 언론을 통해서도 계속됐습니다. 몇몇 신문사에서는 그가 사회 경험이 없다느니, 잘못된 교육관을 갖고 있다느니 하면서 신랄한 비난 기사를 싣기까지 했지요.

어느 날, 허친스를 아끼는 사람들이 그의 아버지를 찾아가 위로했습니다.

"아드님을 비난하는 말들에 너무 신경 쓰지 마세요. 시간이 좀 지나면 잠잠해질 것입니다."

그런데 사람들의 걱정과 달리 허친스 아버지의 표정은 너무나 담담했습니다. 그가 오히려 미소 띤 얼굴로 사람들을 달랬지요.

"여러분이 나보다 더 걱정이 큰 것 같군요. 하지만 나도 그렇고 아들도 그렇고 그런 비난에 흔들릴 만큼 나약하지 않습니다. '죽은 개는 아무도 걷어차지 않는다.'라는 말도 있지 않습니까? 이게 다 나의 아들이 열심히 노력해 성공한 대가라고 생각하면 그만입니다."

나는 로버트 허친스와 그의 아버지에 관한 일화를 처음 알고 나서 무릎을 탁 쳤습니다. 다른 사람들의 비판에 대처하는 가장 슬기로운 방법이라고 생각했기 때문이지요. 만약 청소년 여러분이 누군가에게 부당한 비판을 받는다면 허친스의 아버지가 한 말을 떠올려 봐야 합니다. 비판의 대상이 된다는 것은 여러분이 무언가를 이루어 관심과 부러움을 받는다는 뜻이기도 하니까요.

한 가지 사례를 더 이야기하겠습니다. 이번에는 1909년 4월 6일, 인류 최초로 북극에 도달해 첫 발자국을 남긴 탐험가 로버트 피어리의 일화입니다.

피어리는 북극 탐험에 나섰다가 숱한 고난에 맞닥뜨렸습니다. 극심한 추위와 굶주림 탓에 여러 차례 죽을 고비를 넘겼지요. 발에 심한 동상이 걸려 발가락을 잘라 내는 고통까지 겪었습니다. 그럼에도 그는 절대로 포기하지 않아 3번의 도전 끝에 마침내 북극 극지에 도달했지요.

그런데 피어리의 성공 소식이 알려지자 축하의 박수 못지않게 비난의 소리가 들려왔습니다. 피어리는 당시 미국 해군에 소속되어 있었는데, 그의 상관들이 얼토당토않은 트집을 잡기 시작한 것입니다. 심지어 탐험 비용을 마련하기 위해 모금 활동을 벌인 일까지 들춰 내 부패한 군인 취급을 하기도 했지요.

그것은 피어리가 상관의 명령에 복종하며 아무런 야망도 갖지 않았더라면 듣지 않았을 비난이었습니다. 달리 말하면, 피어리가 상관들에게마저 질투를 불러일으킬 만큼 중요한 인물이 되었다는 뜻이지요. 그때만 해도 북극 극지에 도달한다는 것은 누구도 섣불리 엄두내지 못할 대단한 업적이었으니까요.

"하찮은 사람들은 위대한 사람들의 작은 결점에 손가락질하며 커다란 즐거움을 느낀다."

이것은 윌리엄 셰익스피어의 말입니다.

만약 여러분에게 누군가 근거 없는 비난을 한다면 '내가 잘났으니까 걷어차는 거야.'라고 생각하면 그만입니다. 앞서 로버트 허친스의 아버지가 말한 것처럼 죽은 개는 아무도 걷어차지 않으니까요. 물론 살아 있는 개도 함부로 걷어차면 안 되지만 말입니다.

# 그냥 별일 아닌 듯 웃어넘겨

나는 평생 직업 군인으로 살아온 남자를 알고 있습니다. 그는 미국 해병대를 지휘했던 스메들리 버틀러 장군이지요. 버틀러는 자신의 이름보다 '늙은 송곳눈'이나 '지옥의 악마'라는 별명으로 더 잘 알려진 인물입니다.

나는 한 언론사의 부탁으로 버틀러와 인터뷰를 한 적이 있습니다. 그는 해병대 장군답게 목소리가 우렁차고 모든 행동에 절도가 있었지요. 나는 그에게 젊은 시절에는 성격이 어땠는지 물었습니다. 그러면서 원래 타고난 성품이 그럴 것이라고 짐작했지요. 하지만 버틀러의 대답은 나의 예상과 달랐습니다.

"나는 젊었을 때 소심한 성격이었습니다. 누가 나를 조금이라도 비난하면 밤잠을 못 이룰 만큼 속상해했어요. 그때 나는 모든 사람들에게 좋은 인상을 주고 싶었지요. 단 한 사람이라도 나를 못마땅해 할까 봐 말 한마디, 행동 하나까지 늘 신경 썼습니다."

나는 버틀러의 말에 궁금증이 생겨 다시 질문했습니다.

"그럼 장군님은 언제부터 지금과 같은 성격으로 바뀌셨나요?"

"내 성격은 해병대 생활을 하면서부터 조금씩 달라졌습니다. 어느덧 30년 넘게 군 생활을 하다 보니 얼굴이 두꺼워졌다고나 할까요? 그동안 나는 숱한 욕설을 듣고 모욕을 당하기도 했습니다. 해병대 군기가 원체 세니까 종종 그런 일이 벌어졌지요. 그런데 희한하게 시간이 지날수록 점점 더 대범해지는 나 자신을 발견할 수 있었습니다. 힘든 훈련과 상급자들의 강압적인 태도는 오히려 나를 단련시키는 계기가 됐지요. 이제 나는 웬만한 비난쯤 별일 아닌 듯 웃어넘기는 성격으로 완전히 바뀌었습니다. 스스로 나를 돌이켜봤을 때 부끄러움이 없으면 그만이니까요. 누가 뭐라고 하든지 내가 정정당당하면 움츠러들 까닭이 없습니다."

나는 버틀러와 인터뷰를 마치고 나서 교훈 하나를 얻었습니다. 어쩌면 그는 이제 자신을 향한 비판에 너무 무감각해졌는지 모릅니다. '늙은 송곳눈'이나 '지옥의 악마'라는 별명도 대수롭지 않게 받아들였으니까요. 그럼에도 그는 엄격한 잣대로 스스로 자신을 판단할 뿐 타인의 평가에 흔들리지 않았습니다. 그의 말마따나 자기 자신을 돌이켜봤을 때 부끄러움이 없으면 그만이니까요.

많은 사람들은 여전히 버틀러의 젊은 시절처럼 타인의 비난 하나하나에 지나치게 예민한 반응을 보이고는 합니다. 누군 가 무심코 던진 비판의 말이나 조롱에도 안절부절못하지요. 상대방의 사소한 공격을 너무 심각하게 받아들이는 것입니다.

하지만 곰곰이 생각해 보면 그럴 필요가 있을까요?

물론 타인의 평가는 인생을 살아가는 데 중요한 기준이 됩니다. 다른 사람들의 평가가 나를 돌아보는 계기가 될 수도 있지요. 그럼에도 타인의 사소한 비판과 조롱에 지나치게 마음을 졸이면 자신의 삶을 주도적으로 꾸려가기 어렵습니다. 올바른 길을 가면서도 쓸데없는 걱정에 휩싸이기 십상이지요.

나는 한 잡지에서 엘리너 루스벨트에 관한 이야기를 읽은 적이 있습니다. 그녀는 미국 제32대 대통령 프랭클린 루스벨트의 아내지요. 예나 지금이나 대통령 못지않게 영부인도 정치적 경쟁자들에게 온갖 비난을 들어야 했습니다. 그녀는 크고 작은 비난에 시달리다가 평소 가깝게 지내는 남편의 누나를 찾아가 자문을 구했지요.

"사실 나는 성격이 대범하지 못해요. 누구한테 조금이라도 싫은 소리를 들으면 오랫동안 신경이 쓰이지요. 이제 영부인으로서 이런저런 일을 해보고 싶은데, 또 어떤 비난을 듣게 될까 걱정스럽네요."

그러자 루스벨트 대통령의 누나가 그녀의 손을 잡으며 말했습니다.

"자기 마음속에서 옳다는 판단이 들면 다른 사람들이 이러쿵저러쿵 이야기하는 것에 절대 신경 쓰지 마. 어차피 영부인이라는 자리는 정치적으로 반대편에 있는 사람들한테 비난을 듣게 마련이니까. 그들은 무슨 일을 해도 자네를 곱게 바라보지 않을 거야."

그 조언에 엘리너 루스벨트는 큰 힘을 얻었습니다. 그날 이후 그녀는 영부인으로서 여러 가지 일들을 좀 더 과감하게 해나갈 수 있었지요.

사실 사람들은 타인의 삶에 별 관심이 없습니다. 깊이 관심을 가져 자세히 알아보고 비난하는 것이 아니라 그냥 기분 내키는 대로 섣불리 자기의 감정을 쏟아내기 일쑤지요. 사람들의 머릿속은 하루 종일 자기 자신에 대한 생각으로 가득 차 있습니다. 아마 내가 죽었다는 뉴스가 신문에 실려도, 나를 아는 대부분의 사람들은 오늘 저녁 식사로 먹을 메뉴에 더 관심을 기울일지 모릅니다. 그러니 다른 사람들이 나를 어떻게 평가할지 걱정하며 지나치게 마음을 쓸 까닭이 없는 것이지요.

다른 사람들이 나에 대해 부당한 평가를 하는 것은 막을 수가 없습니다. 하지만 그런 부당한 평가에 흔들리는 것은 나 자신에게 달린 문제지요. 세상의 숱한 비난들 중 대부분은 그냥 별일 아닌 듯 웃어넘겨도 그만입니다.

내가 생각하기에, 타인의 비난에 슬기롭게 대처한 대표적인 인물은 에이브러햄 링컨입니다. 그는 자신에게 쏟아지는 비난에 일일이 대응하는 것이 부질없다는 사실을 일찌감치 깨달았지요. 그가 만약 다른 사람들의 부당한 비난에 신경을 곤두세웠다면 남북 전쟁을 승리로 이끌기 전에 쓰러졌을 것이 틀림없습니다.

'내가 받는 무수한 공격에 신경 쓰느니 당장 대통령을 그만두고 다른 일을 하는 편이 낫다. 나는 지금처럼 묵묵히 나의 길을 가면 된다. 끝까지 최선을 다하는 것이 가장 중요하니까. 나는 다른 사람들의 비난에 일일이 반응하기보다 목표로 하는 일에 좋은 결과를 내기 위해 노력해야 한다. 내가 최선을 다해 바라는 결과를 얻지 못한다면, 천사들이 모두 나를 칭찬해도 대통령으로서 맡은 바 역할을 해내는 데 도움이 되지 않는다.'

이것은 링컨이 남긴 여러 기록물들 가운데 들어 있는 글입니다. 제2차 세계 대전의 명장 더글러스 맥아더 장군은 이 글을 담은 액자를 자신의 책상에 놓아두었지요. 또한 영국의 위대한 정치가 윈스턴 처칠도 자신의 서재 한쪽에 링컨의 글을 붙여 놓았다고 합니다.

## [ 세 번째 이야기 ]

# 비판을 받아들여 반성하면 돼

"나는 어리석었다. 참으로 많은 잘못을 저질렀다."

이것은 이스라엘 민족의 초대 왕 사울이 한 말입니다. 그는 지금으로부터 무려 3천 년 전 사람이지요. 까마득한 옛날이나 지금이나 인간은 일생을 살아가면서 참 많은 실수와 잘못을 범하는 듯합니다. 물론 나 역시 다르지 않고요.

나는 사무실에 아주 많은 분량의 서류들을 보관하고 있습니다. 그중에는 '내가 저지른 바보 같은 일들'이라는 서류철이 있지요. 말 그대로, 부끄럽지만 내가 저지른 실수와 잘못들을 기록해 놓은 것입니다. 나는 틈날 때마다 그 서류철을 꺼내 보며 똑같은 실수와 잘못을 반복하지 않기 위해 자신을 돌아보지요.

나는 젊은 시절에 어떤 일이 잘못되면 세상 탓, 남 탓을 하기 일쑤였습니다. 하지만 점점 나이가 들고 강연 활동을 하면서 그런 습관에 큰 문제가 있다는 것을 깨달았지요. 세인트헬레나 섬에 유배당했던 나폴레옹 보나파르트가 "내가 몰락한 책임은 순전히 나에게 있다."라고 했다는데, 나의 생각이 그와 똑같았습니다.

자신의 삶을 스스로 반성하며 자기관리를 철저히 한 대표적인 인물은 벤저민 프랭클린입니다. 그는 매일 밤 자신의 일과를 돌이켜보며 반성의 시간을 가졌지요. 그의 반성 목록에는 시간 낭비를 하지 않았는지, 사소한 일에 흥분하지 않았는지, 쓸데없는 논쟁을 벌이지 않았는지 등 모두 13가지 항목이 들어 있었습니다.

프랭클린이 그처럼 구체적으로 매일같이 일상을 되돌아본 이유는 무엇이었을까요?

그는 누구보다 현명한 사람이었기에 그 결점들을 극복하지 못하면 자신의 삶이 더 이상 앞으로 나아갈 수 없다는 것을 깨달았습니다. 그래서 그는 매주 자신의 결점 중 하나를 선택해 일주일 동안 고집스럽게 바로잡으려고 노력했지요. 그 다음 주에는 또 다른 결점 하나를 반성의 링으로 불러내 글러브를 낀 권투 선수처럼 치열하게 맞서 싸웠고요. 그와 같은 노력을 꾸준히 했기에 프랭클린은 오늘날까지 미국에서 존경받는 인물이 될 수 있었습니다.

벤저민 프랭클린처럼 자기 자신을 스스로 반성하는 것은 우리가 꼭 본받아야 할 바람직한 삶의 자세입니다. 누군가 우리를 비판하기 전에 스스로 실수와 잘못을 바로잡는 것이 최선이니까요. 『종의 기원』이라는 훌륭한 책을 남긴 찰스 다윈도 그렇게 행동했습니다. 다윈은 원고를 다 쓴 뒤 세상의 창조에 대한 자신의 혁명적인 이론이 교육계와 종교계에 엄청난 충격을 줄 것이라고 예상했지요. 그래서 그는 스스로 자신의 비판자가 되어 몇 번씩이나 원고의 내용을 확인하고 검증하는 데 무려 15년의 시간을 보냈습니다.

그렇다면, 내가 스스로 반성하며 실수와 잘못을 바로잡으려고 노력하는데도 누군가 비판을 멈추지 않는다면 어떻게 해야 할까요?

그럴 때는 기꺼이 다른 사람들의 비판을 받아들이는 태도를 가져야 합니다. 인격적으로 성숙하지 못한 사람은 타인의 사소한 비판에도 감정적으로 대응하지요. 하지만 슬기로운 사람은 타인의 비판을 오히려 자기 발전의 계기로 삼습니다. 미국 시인 월터 휘트먼은 "당신을 좋아하고, 존경하며, 공손하게 대하는 사람에게만 무엇을 배우려고 하면 안 됩니다. 당신을 거부하고, 비난하며, 툭하면 갈등을 일으키려는 사람에게도 무언가를 배울 줄 알아야 합니다."라고 충고했지요.

만약 누군가 여러분에게 "이 바보야!"라고 소리친다면 어떻게 하겠습니까?

네, 당연히 대부분의 사람들은 상대방에게 목소리 높여 항의하겠지요. 일부는 멱살잡이를 하며 주먹다짐을 벌일 수도 있습니다.

그런데 에이브러햄 링컨은 달랐습니다. 실제로 그는 자신이 임명한 국방부 장관 에드워드 스탠튼에게 "대통령은 정말 바보 같군!"이라는 비난을 들었습니다. 링컨이 대통령으로서 국방부 업무에 자꾸만 간섭하자 벌어진 일이었지요. 비록 비서를 통해 전해들은 이야기였지만, 스탠튼의 도를 넘은 분노에 링컨은 해임 통보를 할 수도 있었습니다. 하지만 그는 그렇게 하지 않았지요.

"국방부 장관이 바보라고 하니, 내게 그런 비난을 들을 만한 구석이 있나 보군. 지금까지 스탠튼은 잘못된 판단을 한 적이 거의 없으니까 말이야. 내가 직접 그를 만나서 이야기를 한번 해봐야겠어."

그리고 링컨은 곧장 스탠튼을 찾아가 서로 다른 판단에 대해 의견을 나누었습니다. 스탠튼은 당당히 각종 자료를 제시하며 대통령의 지시가 잘못되었다는 주장을 굽히지 않았지요. 그러자 놀랍게도 링컨은 고개를 끄덕이며 흔쾌히 국방부 장관의 의견을 따르기로 결심했습니다. 자신을 향한 스탠튼의 비판이 건설적이고, 진실하며, 객관적인 자료에 근거한 것이라고 생각했기 때문이지요.

청소년 여러분도 링컨과 스탠튼의 일화를 반드시 기억할 필요가 있습니다. 설령 누가 나를 "이 바보야!"라고 비판한다고 해도 다짜고짜 흥분하기보다 그 이유를 곰곰이 따져 볼 줄 알아야 합니다. 그럴 만한 타당한 이유가 있는 비판이라면 기꺼이 받아들여야 하지요.

"나를 비판하는 사람의 생각이, 스스로에 대한 나 자신의 생각보다 더 진실에 가깝다."

이것은 17세기 프랑스 작가 라 로슈푸코의 말입니다.

나는 청소년 여러분이 이 말에 담긴 속뜻을 이해하기 바랍니다. 그래야만 타인의 비판을 헤아려 자기 자신을 반성할 수 있으니까요. 그리고 그 과정을 통해 자신의 삶을 한 단계 더 성숙하게 만들어 갈 수 있으니까요.

우리는 누군가 나를 비판하기 시작하면 그 의미를 제대로 이해하지도 않은 채 무작정 반발합니다. 무조건 칭찬에 기뻐하고, 비판에는 화를 내지요. 어쩌면 인간의 이성은 폭풍이 휘몰아치는 캄캄한 감정의 바다에서 이리저리 흔들리는 작은 돛단배와 같은지 모릅니다. 하지만 그런 삶의 자세로는 결코 자신을 발전시킬 수 없습니다.

이번 장의 이야기를 모두 읽은 청소년 여러분은 이제 타인의 비판을 슬기롭게 받아들일 줄 아는 사람이 되어야 합니다. 누군가 나를 흉본다고 해서 무턱대고 화를 내면 안 됩니다.

그 대신 상대방의 비판을 겸손한 태도로 받아들여 자신을 반성하는 기회로 삼아야 합니다. 그러면 나를 비판하는 상대방이 어리둥절해하며, 오히려 나를 존중하게 됩니다.

어차피 모든 인간은 완벽하지 않습니다. 누구나 실수하고 잘못을 저지릅니다. 그래서 누군가 그것을 비판하면 기꺼이 받아들여 반성하면 됩니다. 다른 사람들의 비판을 통해 나를 성장시키면 더 바랄 나위 없습니다.

아래 내용을 모두 함께 큰 소리로 따라 읽어 볼까요?

이제 누군가 나를 비판해도 걱정하지 않습니다. 왜냐하면 우리는 다음의 3가지 규칙을 잊지 않았기 때문입니다.

1. 내가 잘났으니까 걷어차는 거야. 내가 별 볼 일 없으면 누가 신경이나 쓰겠어?
2. 그냥 별일 아닌 듯 웃어넘겨. 다른 사람들의 비난에 일일이 반응할 필요 없어.
3. 기꺼이 비판을 받아들여 반성하면 돼. 그게 곧 나의 삶을 성숙하게 만드는 길이야.

⊙ 여러분은 친구에게 잘못을 지적받거나, 친구의 잘못을 지적한 경험이 있나요? 당시 상황을 떠올려 그 비판이 타당했는지 생각해 봐요. 그리고 이유를 적어 봐요.

제**6**장

## 걱정을 잊고 **활기차게 사는 방법**

# 하루를 25시간으로 늘리기

많은 청소년들이 '하루를 25시간으로 늘리기'라는 제목을 보자마자 고개를 갸웃하겠지요. 누구에게나 하루는 24시간이 주어지는데, 그 시간을 어떻게 매일 한 시간씩이나 늘린다는 말인지 선뜻 이해되지 않을 것입니다. 그렇지만 분명히 이야기하건대, 우리는 하루를 24시간이 아니라 25시간으로 살아갈 수 있습니다.

그 방법이 궁금하다고요?

물론 여기서 내가 말한 25시간은 실제의 시간이 아닙니다. 하루는 똑같이 24시간이지만 마치 25시간인 것처럼 생활할 수 있다는 뜻이지요. 그 방법을 결론부터 이야기하면, 바쁜 일과 중에 반드시 쉬는 시간을 가지라는 것입니다. 피로가 쌓여 건강을 해치고 일의 능률이 나빠지기 전에 충분히 휴식해 재충전의 시간을 가지라는 것이지요.

이쯤에서 몇몇 청소년들이 도저히 이해할 수 없다는 표정으로 내게 질문할지 모르겠네요. "선생님은 왜 갑자기 피로에 대해 이야기하시나요?"라고요. 내가 이번 장에서 피로를 언급하는 까닭은 그것이 곧 걱정을 불러오기 때문입니다.

흔히 사람들은 피로가 몸의 균형을 망가뜨려 신체 건강에 문제를 일으킨다고 생각합니다. 하지만 피로는 육체뿐만 아니라 정신 건강에도 나쁜 영향을 끼치지요. 정신의학과 의사들은 피로가 공포와 걱정이라는 감정에 대한 저항력을 떨어뜨린다고 강조합니다. 그러므로 가능한 한 피로를 줄여야 걱정을 예방할 수 있다고 조언하지요.

그와 같은 피로의 위험성을 자주 이야기한 전문가들 중에 미국 시카고임상생리학연구소 소장으로 일했던 제이 콥슨 박사가 있습니다. 그는 일상생활에서 걱정과 긴장을 줄이는 방법에 관한 책을 2권이나 썼는데 그 제목이 '적극적 휴식'과 '당신은 쉬어야 한다'였지요. 책 제목만 들어도 어떤 내용일지 감이 오지 않나요?

콥슨은 자신의 책에서 걱정과 긴장을 없애려면 휴식을 통해 피로를 줄여야 한다고 주장했습니다. 바쁜 일과 속에서도 쉬는 시간을 충분히 가져야 심리 상태가 이완되고, 그래야만 걱정과 긴장이 고개를 내밀지 못한다는 것이지요. 여러분이 이미 알고 있는 단어겠지만, 이완이란 바짝 조였던 것이 느슨해진 상태를 말합니다.

일찍이 미국의 군대는 쉬는 시간의 중요성을 깨달았습니다. 미군은 계속된 실험을 통해 아무리 건장한 청년이라 하더라도 적절히 휴식해야만 더 많이 행군하고 더 강한 훈련을 견뎌낼 수 있다는 사실을 알았지요. 그래서 그들은 50분 동안 훈련하면 꼭 10분씩 쉬는 규칙을 만들었습니다. 매 시간 주어지는 달콤한 10분의 휴식으로 군인들은 지친 몸과 마음을 추슬러 더욱 활기차게 훈련을 받게 됐지요.

여러분이 알고 있는 위인들 중에도 적절한 휴식을 통해 에너지를 재충전한 사람들이 적지 않습니다. 가장 먼저 손꼽을 만한 인물이 영국의 총리를 지낸 윈스턴 처칠이지요.

처칠이 제2차 세계 대전을 지휘할 때, 그의 나이는 무려 60대 후반에서 70대 초반이었습니다. 그 몇 년 동안 처칠은 하루에 16시간씩 일하는 놀라운 체력을 보여 주었지요. 그 비결이 무엇이었을까요?

그것은 다름 아닌 낮잠이었습니다. 그는 매일 점심 식사를 하고 나서 1시간씩, 오후 일과를 마치고 저녁 식사를 하기 전까지 2시간씩 낮잠을 즐겼다고 합니다. 그렇게 자주 쉬었기 때문에 처칠은 열정적으로 수많은 보고서를 읽고, 여러 가지 중요한 결정을 내리고, 숱한 사람들과 회의를 했지요. 항상 맑은 정신으로 아침 일찍부터 밤늦게까지 집중해 일할 수 있었습니다. 그러니까 그는 낮잠을 통해 피로에서 회복한 것이 아니라 피로가 아예 싹을 틔우지 못하도록 한 것이지요.

처칠처럼 낮잠을 통해 피로를 줄인 인물은 또 있습니다. 바로 미국의 백만장자 석유 사업가 존 록펠러가 그랬지요. 그는 매일 낮 30분씩 짧게 낮잠을 즐기는 습관이 있었습니다. 대개 사무실 소파에 누워 잠을 자고는 했는데, 그 시간에는 설령 대통령이 전화를 걸어도 깨울 수 없었다고 합니다. 록펠러역시 그와 같은 방법으로 피로를 없애 스트레스를 줄였고, 그결과 사업에 승승장구하며 98살까지 장수했지요.

그 밖에 발명왕 토머스 에디슨도 잠을 통한 휴식의 장점을 여러 차례 이야기했습니다. 그는 독특하게 자신이 잠을 자고 싶으면 아무 때나 미련 없이 잠자리에 든다고 털어놓았지요. 그것이 에디슨의 놀랄 만한 지구력과 넘치는 에너지의 비결이었습니다.

"휴식은 그냥 아무것도 하지 않는 상태가 아니다. 휴식은 우리의 몸과 정신을 치유하는 과정이다."

이것은 의사 다니엘 조슬린이 『왜 피곤한가?』라는 책에서 한 말입니다.

청소년 여러분은 인간의 심장이 하루 종일 얼마나 많은 에너지를 소모하는지 알고 있나요? 과학자들은 그것이 매일 석탄 20톤을 약 1미터 높이로 퍼 올리는 에너지와 비슷하다고 설명합니다. 또한 심장은 매일 10만 번 이상씩 박동하느라 인체에서 가장 많은 에너지를 소모한다고 덧붙이지요. 게다가 그 일을 한 사람의 일생 동안 끊임없이 해야 하니 심장의 역할이 그야말로 고될 수밖에 없습니다.

그렇다면 한시도 멈추지 않는 심장의 수고를 어떻게 덜어 줄 수 있을까요?

그것이 바로 휴식입니다. 몸과 마음을 쉬게 하는 것이지요. 그러면 심장 박동의 피로를 줄여 걱정과 스트레스의 수치를 낮출 수 있습니다. 아울러 하루 24시간이 마치 25시간인 것처럼 더욱 활기차게 생활할 수 있습니다.

# 피로의 원인과 대응 방법을 알아 둬

과학자들에 따르면, 인간이 오랫동안 일해도 뇌에 흐르는 혈액은 피로한 증상을 보이지 않는다고 합니다. 8시간, 12시간 계속 일해도 혈액은 처음과 다름없이 원활하게 활동한다는 것이지요. 그렇다면 도대체 우리는 왜 피로를 느끼는 것일까요?

영국 출신의 유명한 정신의학자 하드필드는 그 해답이 우리의 정신에 있다고 확신합니다. 그는 사람들을 괴롭히는 대부분의 피로가 정신에서 비롯된다고 보았지요. 아울러 단순히 육체적인 원인으로 발생하는 피로는 드물다고 말했습니다. 그는 특별히 건강한 신체를 가진 사무직 노동자를 예로 들며, 그들이 피로를 느끼는 이유는 거의 모두 정신 상태에서 나오는 감정적인 문제라고 주장했지요.

그럼 하드필드가 피로의 원인으로 지목한 감정은 구체적으로 어떤 것일까요?

그것은 당연히 기쁨이나 만족감 같은 감정이 아닙니다. 걱정, 분노, 권태, 무기력, 소외감 같은 감정이지요. 그처럼 불안정한 정신이 발생시키는 감정들이 피로를 느끼게 한다는 것입니다. 나아가 신체의 건강을 해치고 일의 능률을 떨어뜨리지요.

걱정, 분노, 권태, 무기력, 소외감 같은 감정은 우리의 삶에 긴장을 불러옵니다. 그 긴장을 제때 풀지 못하면 극심한 피로로 이어져 일상생활의 균형이 망가지게 되지요.

그런데 그와 같은 긴장도 일종의 습관이라고 할 수 있습니다. 별일 아닌데도 자주 긴장을 느끼는 사람들이 있지요. 긴장도 습관이고, 이완도 습관입니다. 이완이라는 단어의 의미는 앞에서 공부했는데, 기억하나요?

우리는 흔히 나쁜 습관을 고쳐야 한다고 말합니다. 그런 면에서 보면 긴장이라는 나쁜 습관도 반드시 고쳐야 하는 것이지요. 쓸데없는 긴장을 없애야 피로를 줄이고, 그것이 곧 정신을 어지럽히지 않아 평화로운 감정을 나타내게 됩니다.

그렇다면 긴장이라는 나쁜 습관은 어떻게 고쳐야 할까요?

일단 마음가짐 못지않게 몸의 자세를 바로잡아야 합니다. 여러분은 하루에 얼마나 스마트폰을 들여다보나요? 요즘 사람들은 스마트폰 같은 전자기기들을 워낙 폭넓게 사용해 시력과 척추 등에 악영향을 끼치는 경우가 많습니다. 인체 신경 에너지의 4분의 1을 소비하는 눈이 나빠지는 것은 물론, 거북목과 척추 옆굽음증 같은 증상이 나타나지요. 그것이 다 끊임없이 몸과 정신의 긴장을 일으키는 잘못된 생활 방식에서 비롯되는 것입니다.

그러므로 긴장이라는 나쁜 습관을 고치려면, 우선 생활 방식을 올바르게 바꿔야 합니다. 스마트폰 같은 전자기기를 사용할 때 바른 자세를 유지해야 하며, 나아가 사용 시간 자체를 줄여야 하지요. 그래야 몸과 정신이 이완되어 피로를 줄이니까요.

유도 선수를 떠올려 보면 이완이 얼마나 중요한지 알 수 있습니다. 유도 기술 중에는 낙법이 있는데, 그것은 상대방의 공격을 받아 넘어질 때 충격을 최소화하는 기술이지요. 그런데 낙법을 잘하려면 긴장을 풀어 몸을 부드럽게 만들어야 합니다. 그렇게 긴장을 풀어 몸을 이완시켜야만 바닥에 내던져져도 다치지 않지요. 그와 반대로 잔뜩 긴장해 몸이 딱딱해지면 실제로 받는 충격이 2~3배 늘어나게 됩니다.

정신의 이완도 유도의 낙법과 같은 원리입니다. 걱정, 분노, 권태, 무기력, 소외감 같은 감정을 없애면 몸이 그렇듯 정신이 부드러워져 긴장을 벗고 이완하게 되지요. 그렇게 몸과 정신이 이완되어야 우리는 비로소 피로를 느끼지 않습니다.

그리고 신체의 건강을 지키며, 자신의 일을 훨씬 더 효과적으로 해낼 수 있지요.

그럼 제6장 두 번째 이야기를 마치면서, 피로의 원인이 되는 긴장을 없애는 방법을 정리해 보겠습니다.

1. 틈틈이 쉬어라. 충분히 휴식해 우리의 몸을 고양이처럼 부드럽게, 우리의 정신을 걱정과 분노 따위 없이 이완된 상태로 만들어라.
2. 올바른 몸의 자세로 공부하고 일하라. 잘못된 자세를 가져 육체의 통증과 정신의 피로를 불러오지 않도록 조심하라.
3. 하루에도 몇 번씩 자신의 생활을 되돌아보아라. '내가 괜히 어렵게 행동하는 것 아닌가?', '내가 쓸데없이 감정을 낭비하는 것 아닌가?' 스스로 돌아봐 몸과 정신을 이완시켜라.
4. 하루 일과가 끝나면 얼마나 피곤한지 생각해 보아라. 만약 심한 피로를 느낀다면, 그것은 대부분 잘못된 정신 상태와 생활 태도가 불필요한 긴장을 불러온 탓인 것을 깨달아라.

# 걱정을 줄이거나 없애는 4가지 공부 습관

같은 시간 동안 열심히 공부하는데 누구는 높은 성적을 받고, 또 누구는 노력한 만큼 결과를 얻지 못합니다. 어떤 친구는 목표를 향해 몰두하지만, 또 어떤 친구는 공부를 하면서도 이런저런 걱정에 휩싸여 집중하지 못하지요.

그럼 노력한 만큼 결과를 얻지 못하거나 집중력이 부족한 친구들은 어떻게 공부해야 할까요? 그 방법을 4가지로 정리하면 다음과 같습니다.

첫째, '지금 하고 있는 공부와 상관없는 책을 모두 치워라!'

청소년 여러분의 책상 위에는 지금 어떤 책이 펼쳐져 있나요? 『청소년을 위한 데일 카네기의 자기관리론』이 펼쳐져 있다고요? 그리고 또 어떤 책들이 책상 위에 어지럽게 놓여 있나요?

가끔 보면 국어 공부를 하면서 사회 교과서를 자꾸 들춰 보는 친구들이 있습니다. 또 수학 공부를 하면서 국어책을 들여다보기도 하지요. 어떤 친구들은 학교 숙제를 하면서 학원에 가서 볼 시험공부를 하기도 하고요. 어떤 친구들은 공부를 하다 말고 책꽂이에 꽂아 두었던 동화책을 꺼내 와 펼쳐보고는 합니다. 바로 그와 같은 학습 태도가 집중력을 흐트러뜨려 자기가 바라는 만큼 좋은 성적을 못 거두는 중요한 원인이지요.

"책상 위에 잡다한 서류들을 늘어놓은 사람은 지금 당장 일하는 데 필요한 것만 남기고 깨끗이 치워야 합니다. 그래야만 자신의 업무를 쉽고 정확하게 처리하게 되지요. 이것이야말로 업무의 효율성을 높이는 첫 번째 방법입니다."

이것은 미국의 노스웨스턴철도 사장이었던 롤랜드 윌리엄스가 직원들에게 한 말입니다. 나는 그의 말을 청소년 여러분에게도 강조하고 싶습니다. 위 글에서 서류를 책으로, 일이나 업무라는 단어를 공부로 바꾸면 청소년들이 꼭 명심해야 할 내용이 되니까요.

사람들이 하는 대부분의 걱정은 해야 할 일이 많아서 생기는 것이 아닙니다. 공부도 마찬가지고요. 일이나 공부를 하면서 걱정에 빠져드는 이유는 '질서'를 찾지 못하기 때문입니다. 일이나 공부를 할 때 질서가 있으면 설령 그 양이 많더라도 허둥대지 않지요. 청소년 여러분이 지금 공부하지 않는 책들을 책상 위에 쌓아놓고 자꾸 곁눈질하는 것, 그것이 바로 공부의 질서를 깨드리는 잘못된 학습 태도입니다.

'질서는 하늘의 제1법칙이다.'

미국 국회도서관 천장에 쓰여 있는 글귀입니다. 시인 알렉산더 포프가 한 말이지요.

청소년 여러분이 이해하기에 좀 어려운 글인가요?

하지만 앞서 내가 이야기한 질서의 의미를 생각하면 하나도 어려울 것이 없습니다. 질서는 정치와 사업은 물론이고 공부를 하는 데도 가장 중요한 법칙이 되어야 하지요. 깨끗이 정돈해 질서 잡힌 책상에서 하는 공부는 효율성도 크게 높아지게 마련입니다.

둘째, '우선순위를 따져 차례대로 공부하라!'

"저는 아주 오래전부터 매일 새벽 5시에 일어납니다. 그 무렵이 다른 어느 때보다 집중이 잘 되기 때문이지요. 저는 그 시각부터 하루 동안 할 일을 하나씩 떠올리며 먼저 할 일과 나중 할 일을 차례대로 정리합니다."

이것은 젊은 나이에 크게 성공한 기업인 찰스 럭맨의 말입니다. 일찍이 자신의 꿈을 이룬 많은 사람들은 럭맨처럼 부지런함과 꾸준함, 그리고 일의 우선순위를 따져 차례대로 해결해 나가는 좋은 습관을 가졌지요.

청소년 여러분이 공부할 때도 그와 같은 학습 태도를 지녀야 합니다. 공부할 내용이 많다고 해서 이것 먼저 해야 하나,

저것 먼저 해야 하나 혼란스러워하면 절대 안 되지요. 일단 학교와 학원에서 할 공부 내용을 정리한 다음 우선순위를 따져 봐야 합니다. 물론 거기에는 집에서 스스로 공부하는 시간도 생각해 둬야 하지요.

나는 공부의 우선순위를 잘 아는 학생이 우등생이 된다고 믿습니다. 깨끗하게 정돈한 책상에서 집중력이 높아지듯, 우선순위에 따라 머릿속을 가지런히 정리해야 허둥대지 않고 차분히 공부할 수 있지요. 우등생은 공부할 내용이 아무리 많아도 우선순위대로 하나씩 해결해 나가는 바람직한 학습 태도를 갖습니다. 그런 학생은 머릿속이 어수선하지 않아 공부하면서 쓸데없는 걱정에 빠져들지 않지요.

셋째, '오늘 할 일을 내일로 미루지 않아야 걱정이 사라진다!'

우리 주위에는 습관적으로 오늘 할 일을 내일로 미루는 사람들이 있습니다. 학생들 중에도 그와 같은 생활 자세를 가진 사람들이 적지 않지요.

"오후에 친구들이랑 만나서 게임하기로 했으니까 숙제는 밤중에 하지 뭐, 그리고 밤에 너무 졸리면 내일해도 괜찮아."

"선생님께서 오늘 수학 수업에서 배운 내용을 꼭 복습하라고 했지만, 다음에 하지 뭐. 으악! 난 수학 공부가 너무 싫어!"

여러분의 주변에도 이렇게 말하는 친구들이 있지 않나요?

그런 친구들은 밤중은커녕 다음날이 되어도 숙제를 하지 않을 가능성이 큽니다. 그리고 그날 수업 시간에 배운 내용을 영영 복습하지 않아 계속 수학을 싫어하게 될 확률이 높지요. 당연히 성적도 나쁠 수밖에 없고요.

또 하나, 그런 친구들일수록 걱정에 빠져들기 십상입니다. 정작 숙제와 복습은 하지 않으면서 선생님과 부모님께 꾸중을 들을까 안절부절못하지요. 그와 같은 행동을 반복하다 보면 나중에는 자신의 잘못에 대해 걱정조차 하지 않는 한심한 지경에 이르게 됩니다.

그와 달리 우등생은 지금 할 일을 다음으로 미루지 않습니다. 그날의 숙제는 되도록 그날 해결하고, 수업 시간에 배운 내용은 그때그때 완전히 이해하려고 노력하지요. 그 작은 차이가 누군가를 우등생으로 만드는 것입니다.

아울러 우등생은 쓸데없는 걱정에 빠져 괜히 불안해하지 않습니다. 자기가 해야 할 일을 제때 해결하다 보니 걱정거리가 아예 생겨나지도 않지요. 오늘 할 일을 내일로 미루지 않는 학습 태도가 우등생이 되는 것은 물론 걱정에서도 해방되는 지름길입니다.

넷째, '친구들과 서로 도움을 주고받으며 공부하라!'

한국 속담에 '백짓장도 맞들면 낫다.'라는 말이 있습니다. 자기 혼자 모든 것을 처리하기보다는 다른 사람들과 협력해야 일을 더 수월하고 완성도 높게 해결할 수 있다는 뜻이지요. 공부는 백짓장을 드는 일보다 훨씬 어려운 것이니까 친구들과 함께 탐구하는 과정이 필요하다고 할 수 있습니다.

요즘 대학교에서는 '팀플'이 매우 중요하다고 합니다. 그것은 '팀플레이'의 줄임말로 혼자 해결하기 어려운 과제를 여러 명의 친구들이 힘을 모아 해내는 것이지요. 여럿의 지식이 합쳐지니 문제 해결 능력이 커지고, 그 과정에서 협동심을 비롯해 서로 다른 의견을 조율하는 방법도 깨닫게 됩니다.

흔히 '혼자 가면 빨리 가지만 함께 가면 멀리 간다.'라고 합니다. 아프리카 속담으로 알려져 있는데, 공부에도 적용할 만한 유익한 말이지요. 아무리 똑똑한 사람이라고 해도 모든 분야에 대해 잘 알 수는 없습니다. 그와 달리 별로 아는 것이 없어 보이는 사람도 특별한 분야에 대해서만큼은 누구보다 해박한 지식을 갖추고 있지요. 그러므로 공부하면서 친구들이 협력해 서로 도움을 주고받는 것은 매우 바람직한 학습 태도입니다. 자기가 모르는 것을 누군가 보완해 주거나 함께 힘을 합쳐 해결하게 되니까요. 그러면 자연스럽게 이런저런 걱정도 사라지게 마련입니다. 공부나 세상일이나 전부 나 혼자 해결할 수는 없지요.

## [ 네 번째 이야기 ]

# 피로와 걱정을 불러오는 권태 없애기

권태란, 어떤 일이나 상태에 시들해져 생기는 게으름과 싫증을 의미합니다. 그러니까 어떤 일이 몹시 지루하게 느껴져 아무런 의욕도 갖지 못하는 심리를 가리키지요.

권태는 육체적으로 힘들거나 무료해서만 찾아오는 것이 아닙니다. 심리학 박사 조셉 바맥이 말했듯, 육체의 고단함보다는 정신의 피로가 더 중요한 원인이지요. 정신의 피로는 주로 자기가 하기 싫은 일을 억지로 할 때 생겨나게 됩니다. 청소년 여러분이 좋아하지 않는 과목의 공부나 취미 활동을 마지못해 할 때 느끼는 감정과 비슷하지요. 별다른 흥미가 없어 지루하지만 어쩔 수 없이 무언가를 꼭 해야만 하는 상태 말입니다.

조셉 바맥은 한 고등학교에 찾아가 학생들을 상대로 무척 재미없는 실험을 했습니다. 그는 학생들의 반응을 살피기 위해 일부러 어렵고 따분한 내용으로 실험을 진행했지요. 학생들은 실험 시간 내내 꾸벅꾸벅 졸거나 갑자기 두통을 호소했습니다. 일부 학생들은 배가 아프다며 실험에서 빠지고 싶어 했지요.

바맥은 실험에 참여한 학생들을 상대로 몇 가지 간단한 건강 검진을 실시했습니다. 그러자 놀랍게도, 실제로 학생들의 신진대사에 문제가 나타났지요. 혈압이 낮아지고 산소 소비량도 줄어든 것을 확인할 수 있었습니다.

그와 같은 현상이 빚어진 까닭은 무엇이었을까요?

그 이유는 단 하나, 자기가 결코 하고 싶지 않은 실험에 억지로 참여했기 때문입니다. 그처럼 인간은 하기 싫은 일을 할 때 권태를 느끼게 되고, 그것이 피로와 걱정으로 이어지지요. 다시 말해 심리적으로 아무런 활기도 띠지 못하게 되는 것입니다.

그렇다면 권태를 없애기 위해 어떻게 해야 할까요?

그것은 다름 아닌 자기가 좋아하는 일, 재미있어 하는 일을 하는 것입니다. 공부 역시 자기가 흥미를 느끼는 과목일 때 성적이 향상될 확률이 높지요. 자기가 원하는 일을 해야만 피로가 줄어들고, 자연히 걱정도 사라지게 됩니다.

나는 종종 등산과 낚시를 즐깁니다. 몇 시간씩 등산을 하거나 하염없이 물고기가 낚이기를 기다리는 것은 육체적으로 꽤나 힘이 들지요. 하지만 나는 휴일이 되면 흔쾌히 등산과 낚시에 나서고는 합니다. 하루 종일 산과 강에 머물다 보면, 이상하게 몸은 힘든데 마음과 정신이 오히려 가뿐해지는 것을 느끼지요. 그 이유는 바로 등산과 낚시가 내가 좋아하는 일, 재미있어 하는 일이기 때문입니다.

얼마 전 나는 뮤지컬 코미디를 보러 극장에 갔다가 주인공이 던지는 대사에 크게 공감했습니다. 극 중에 등장하는 선장이 선원들을 향해 다음과 같이 말했지요.

"자기가 좋아하는 일을 하는 사람이 가장 행복한 법이야!"

그렇습니다. 어떤 일이든 자기가 진심으로 원하는 일을 해야 의욕이 생기게 마련이지요. 권태를 느끼는 일은 피로와 걱정을 불러올 뿐입니다.

사람들이 어떤 일을 해내는 데는 육체적 활동만 필요한 것이 아닙니다. 어쩌면 정신적이고 심리적인 활동이 더 필요한지 모르지요. 그러므로 우리는 어떤 일에 임하는 자신의 정신과 마음을 스스로 격려해야 합니다. 물론 자기가 좋아하고 재미있어 하는 일을 해야 진심어린 격려를 하는 것이 가능하겠지요.

어른들이 자기가 하는 일이 즐겁고 재미있으면 그만큼 성공에 가까워지게 됩니다. 스스로 자신을 격려해 능동적인 자세로 삶을 살아가게 되니까요. 그리고 청소년 여러분처럼 공부하는 학생이라면 하루하루 학교생활이 즐겁고 재미있어야 성적이 오르고 친구 사이에 우정도 깊어집니다. 만약 학교에 가는 것이 권태롭기 짝이 없다면 괜히 몸과 마음이 피로해지고 쓸데없는 걱정거리로 골머리를 앓기 십상이지요.

청소년 여러분, 다시 한 번 강조하건대 나를 즐겁고 재미있게 하는 것이 무엇인지 알아야 합니다. 그것이 인생의 행복을 누릴 수 있는 길이니까요.

그렇지만 예를 들어, 내가 즐겁고 재미있는 것이 컴퓨터 게임이라고 해서 거기에만 빠져 지내서는 안 됩니다. 공부하기 싫다며 학생으로서 마땅히 집중해야 할 수업 시간에 딴 짓을 해서도 안 되지요. 그랬다가는 머지않아 여러분의 하루하루가 피로와 걱정으로 물들지 모릅니다. 나를 즐겁고 재미있게 하는 것이 무엇인지 알려면, 자신의 삶에 책임감 있는 태도를 먼저 갖춰야 하지요. 지금 한순간의 즐거움과 재미보다, 앞으로 여러분에게 펼쳐질 인생의 즐거움과 재미를 찾아야 합니다.

# 자기에게 맞는 수면 시간이 있어

사람들은 대략 인생의 3분의 1을 잠을 자면서 보냅니다. 잠은 인간에게 일종의 본능이며, 에너지를 재충전하는 휴식이지요. 그런데 하루에 얼마나 잠을 자야 좋은지에 대해서는 학자들마다 의견이 엇갈립니다. 내가 보기에는, 사람들마다 서로 다른 개성을 지니듯 적정한 수면 시간 역시 그 기준이 저마다 다르다고 생각합니다.

한때 한국 사회에 '4당5락'이라는 말이 유행했습니다. 대학 입시를 준비하면서 하루에 4시간 자고 공부하면 합격하고 하루에 5시간 자고 공부하면 떨어진다는 의미였지요. 그러니까 최대한 잠을 줄여 학업에 열중하라는 충고였습니다.

하지만 나는 그 말에 동의하지 않습니다. 앞서 이야기했듯 사람에 따라 적정한 수면 시간이 다르니까요. 하루에 적어도 5시간은 자야 하는 사람이 4시간만 자고 공부한다면 얻는 것보다 잃는 것이 많게 마련입니다. 성적이 기대만큼 오르지 않는 것은 말할 것 없고 건강마저 해치게 되지요.

내가 아는 변호사 중에 샘 운터마이어라는 사람이 있습니다. 그는 대학생 때부터 심한 불면증으로 고생했지요. 여러 병원에 다녀 봤지만 아무 소용이 없었습니다. 밤마다 쉽게 잠을 못 이루다 보니 신경쇠약증에 걸릴 지경이었지요. 그는 잠에 들기 위해 침대에서 뒤척이는 시간이 지옥 같았습니다.

그러던 어느 날 밤, 그는 여지없이 불면증에 시달리다가 문득 한 가지 생각이 떠올랐습니다.

'내가 왜 억지로 잠을 자려고 이렇게 고통 받지? 잠이 안 오면 그냥 일어나서 할 일을 하면 되잖아!'

그리고 운터마이어는 침대에서 벌떡 일어나 책을 펼쳤습니다. 그날 이후 그는 하루에 5시간만 자면서 공부에 몰두했지요. 그 덕분에 변호사 시험에 합격했고, 그 뒤에도 누구보다 부지런한 변호사로 소문이 자자했습니다. 결국 불면증이 그를 성공한 변호사로 만든 셈이었지요. 만약 그가 불면증 때문에 계속 조바심을 냈다면 건강만 해쳤을 것이 틀림없습니다.

하지만 샘 유터마이어와 달리 하루에 8·9시간은 잠을 자야 활기차게 일상생활을 할 수 있는 사람들도 많습니다. 미국 제30대 대통령이었던 캘빈 쿨리지도 그런 사람들 가운데 한 명이었지요. 그는 심지어 하루에 10~11시간은 잠을 자야 정치인으로서 자기 역할을 제대로 할 수 있었습니다. 그보다 잠이 부족하면 종일 피로에 절어 집중력을 잃었지요. 쿨리지는 앞서 예로 든 운터마이어에 비해 잠자는 것으로 인생의 2배 넘는 시간을 더 보낸 셈입니다.

청소년 여러분이 생각하기에 캘빈 쿨리지의 삶이 샘 운터마이어보다 나태했나요?

결코 그렇지 않습니다. 불면증에 대한 걱정이 불면증보다 더 나쁜 영향을 끼치듯, 잠을 너무 많이 잔다는 걱정으로 괴로워하는 것 역시 바람직하지 않습니다. 쿨리지는 잠에서 깨어 있는 시간에 누구보다 성실하게 생활했을 것이 틀림없습니다. 만약 그가 게으른 삶을 살았다면 절대로 대통령의 자리에 오르지 못했을 것입니다.

물론 잠을 너무 적게 자거나 지나치게 많이 자면 건강에 해로울 수 있습니다. 공부를 하거나 사회생활을 하는 데 방해가 될 수도 있지요. 하지만 그렇다고 해서 누구나 하루에 7시간씩만 자야 한다고 강요하는 것은 옳지 않습니다. 하루에 5시간만 잠을 자도 최상의 컨디션을 유지하거나, 하루에 9시간은 잠을 자야 활기를 잃지 않는다면 그렇게 하는 편이 낫지요.

내가 책을 통해 여러 차례 이야기했듯 사람에게는 저마다 다른 개성이 있습니다. 잠을 자는 것도 마찬가지지요. 새벽에 정신이 맑은 사람이 있다면, 무슨 일이든 저녁에 해야 집중력이 높아지는 사람도 있습니다. 자기에게 어떤 생활 리듬이 어울리는지, 하루에 몇 시간 동안 잠을 자는 것이 적정한 수면 시간인지 깨닫는 것도 삶의 피로와 걱정을 줄이는 길입니다. 아울러 공부를 하거나 회사 일을 하면서 자신의 능력을 최대치로 끌어올리는 길이기도 합니다.

그럼, 내가 이번 장에서 걱정을 잊고 활기차게 생활하기 위해 강조한 5가지 방법을 정리해 볼까요? 큰 소리로 따라 읽어 보세요.

1. 피로가 쌓여 건강을 해치고 일의 능률이 나빠지기 전에 충분히 휴식해 재충전의 시간을 가져라. 그러면 하루가 25시간인 것처럼 살 수 있다.

2. 불안정한 감정에서 비롯되는 긴장을 줄여야 피로가 사라지고 걱정이 없어진다. 몸과 정신을 이완시켜라.

3. 공부에도 우선순위가 있다. 주변을 깨끗이 정돈하고, 오늘 할 일을 내일로 미루지 마라. 그리고 친구들과 도움을 주고받아라.

4. 피로와 걱정을 불러오는 권태를 없애라. 그러려면 무엇보다 나를 즐겁고 재미있게 하는 일을 해야 한다.

5. 누구나 자기에게 맞는 수면 시간이 있다. 불면증으로 괴로워하지 말고, 남들보다 잠을 많이 잔다고 해서 불안해하지 마라. 깨어 있는 시간에 더욱 충실히 노력해라.

⊙ 나는 이번 장에서 청소년들이 지켜야 할 4가지 공부 습관을 이야기했어요. 각각의 내용을 간단히 적고, 자신은 어떤지 하나씩 설명해 보도록 해요.

『청소년을 위한 위한 데일 카네기의 자기관리론』을 마치며 딱 2가지 이야기를 덧붙이겠습니다. 여러분은 인생을 살아가며, 머지않아 2가지 중요한 결정을 내려야 합니다. 그것은 대학에 가서 어떤 공부를 할 것인지, 그리고 대학을 졸업한 뒤 어떤 직업을 가질 것인지에 대한 결정입니다.

먼저, 훗날 대학에 가면 무엇을 공부하고 싶은지 생각해보세요.

인간은 동물과 달리 평생 공부하는 존재입니다. 인간은 동물처럼 본능적인 행동만으로 삶을 살아가지 않습니다. 공부가 꼭 학교에서만 이루어지는 것은 아니지만, 현대인은 유치원부터 대학까지 약 20년 가까이 학교 교육을 받지요. 그중 대학 교육은 사회생활에 필요한 전문 지식을 쌓는 소중한 시기입니다.

대학에서는 여러 전공에 따라 가을적인 교육이 이루어십니다. 고등학교를 졸업한 학생들은 자신의 선택에 따라 전공을 결정하지요. 그 전공은 인간으로서 삶과 세상을 이해하는 데 중요한 열쇠가 됩니다. 누구는 법으로, 누구는 철학으로, 누

354

구는 과학으로, 누구는 공학으로 자신의 꿈을 펼쳐 나가지요.

그러므로 청소년 여러분도 대학에 가서 무엇을 공부할지 생각해 보는 시간을 가져야 합니다. 자기의 적성을 비롯해 미래에 어떤 일을 하며 살고 싶은지 잘 판단해 전공을 결정해야 하지요.

전공은 유행에 따라 결정하는 것이 아닙니다. 전공은 경제적 가치로만 결정하는 것도 아닙니다. 자기가 어떤 공부를 해야 가장 자존감을 느낄 수 있는지, 또 어떤 공부를 할 때 가장 행복한지에 따라 결정해야 합니다. 물론 전공은 앞으로 자신이 갖고 싶어 하는 직업과도 상당히 깊은 연관성이 있습니다. 만약 대학 전공에 대한 지식이 부족하다면 서점에 가서 그와 관련된 책을 사 보는 것도 좋은 방법입니다.

다음은, 대학을 졸업한 뒤 어떤 직업을 가질지 생각해 봐야 합니다.

이미 설명했듯 이 문제는 대학 전공의 선택과도 관계가 있습니다. 하지만 대학 전공과 직업이 항상 일치하는 것은 아니지요. 대학 공부와 상관없이 직업 선택이 이루어질 수도 있다는 말입니다.

나는 언젠가 미국 화학 기업 듀폰의 인사 책임자를 만났을 때 다음과 말을 들었습니다.

"많은 젊은이들이 자신이 정말로 무엇을 하고 싶은지조차 모르는 것은 큰 비극입니다. 매일 일을 해 월급만 받을 뿐, 그 밖에 어떤 의미도 찾지 못하는 인생만큼 불행한 것도 없지요."

나는 그의 의견에 완전히 공감했습니다.

실제로 주변을 살펴보면 요즘 어떤 직업이 인기 있다고 해서, 또는 돈을 많이 버는 직업이라고 해서 별 고민 없이 그 길을 선택하는 젊은이들이 적지 않습니다. 하지만 그런 결정이 누구에게나 행복과 평화를 가져다주는 것은 아니지요. 모름지기 인간이란 자기가 즐겁게 할 수 있는 일을 해야 삶의 만족도가 높아지는 법이니까요.

"잘못된 직업 선택은 사회의 중대한 손실이다."

이것은 영국 경제학자 존 스튜어트 밀이 한 말입니다. 그는 1800년대 사람인데, 그때 이미 직업 선택의 중요성을 강조한 것이지요. 잘못된 직업 선택은 사회의 중대한 손실일 뿐만 아니라, 개인에게도 크나큰 비극입니다. 자기가 하고 있는 일을 싫어하는 사람만큼 불행한 사람도 드물기 때문입니다.

그러므로 나는 청소년 여러분이 미래에 갖게 될 직업에 대해서도 틈틈이 생각해 보기 바랍니다. 아직은 먼 훗날의 일이라 실감나지 않겠지만, 자신의 직업에 대해 고민해 보는 시간은 충분히 의미가 있지요.

여기서 청소년 여러분이 명심할 점은 직업이 단지 돈을 벌기 위한 수단은 아니라는 사실입니다. 물론 직업을 통해 경제적 보상을 받는 것은 무척 중요합니다. 그래야만 자기 스스로 일상생활을 꾸려가며 가족을 부양할 수도 있으니까요.

하지만 그렇다고 해서 돈만 좇아 직업을 결정하는 것은 바람직하지 않습니다. 인간은 어떤 일을 하면서 삶의 보람을 느끼는 존재이기도 하니까요. 직업을 결정할 때는 경제적 보상과 삶의 보람을 비롯해 미래의 전망과 근무 환경 등 곰곰이 살펴봐야 할 점이 많습니다.

# 데일카네기 성공대화론

# 대화와 연설을 잘하는 방법

인간은 언어 활동을 합니다. 몇몇 동물들도 아주 단순한 수준의 언어 활동을 하지만, 결코 사람에 비할 바는 아니지요.

그중 '말'은 일상생활을 해나가는 데 가장 중요한 의사소통 수단입니다. 대부분의 사람들은 눈을 뜨는 순간부터 잠자리에 들기 전까지 끊임없이 누군가와 말을 주고받으며 생각을 조율하고 행동을 결정합니다. 말은 주변 사람들과 감정을 나누는 도구라고도 할 수 있지요.

말의 형식은 다양합니다. 나와 다른 사람 사이에 일대일로 이루어지는 대화가 있고, 여러 사람들이 한자리에 모여 서로 이야기를 주고받는 형태가 있지요. 또한 여러 사람들 앞에서 특정한 사람이 자신의 주장을 펼치는 연설도 말의 한 형식이라고 할 수 있습니다.

나는 오랫동안 강연 활동을 해왔습니다. 나 혼자 다수의 사람들 앞에서 어떤 주제에 대해 이야기를 해왔으니, 그것을 일종의 연설이라고 할 수 있겠지요. 그동안 적지 않은 사람들이 나의 연설을 듣고 삶을 변화시켰다고 고백했습니다.

하지만 내가 처음부터 연설에 소질이 있었던 것은 아닙니다. 대부분의 사람들이 그렇듯 대중을 상대로 혼자 이야기를 이끌어가는 일이 결코 만만치 않았지요. 잘 알고 있는 내용을 말하면서도 버벅대기 일쑤였고, 등에는 자주 식은땀이 흘렀습니다. 나는 강연 활동을 하면서 말의 힘과 연설의 중요성을 절실히 깨달을 수밖에 없었지요.

그래서 나는 강연 활동하는 틈틈이 성공적인 인간관계에 꼭 필요한 대화 방법, 나아가 연설 방법에 대해 고민했습니다. 나의 경험과 다른 인물들의 사례를 통해 바람직한 대화와 연설 방법을 하나둘 정리했지요. 그렇게 맺은 결실이 바로 이 책 『청소년을 위한 데일 카네기의 성공대화론』입니다. 앞서 펴낸 『청소년을 위한 데일 카네기의 인간관계론』, 『청소년을 위한 데일 카네기의 자기관리론』의 뒤를 잇는 청소년 자기 계발 시리즈의 마지막 편이라고 할 수 있지요.

나는 『청소년을 위한 데일 카네기의 성공대화론』을 통해 여러분이 부모님과 선생님, 그리고 친구들과 서로 원활히 소통하는 방법을 깨닫게 되기를 희망합니다. 또한 여러분이 다른 사람들 앞에서 자신의 의견과 주장을 펼쳐야 할 때 논리정연하게 상대방의 관심을 이끌어내는 성공하는 연설자가 되기를 바랍니다.

이 책은 연설에 앞서 자신감을 키우는 단계부터 시작해, 나의 연설을 통해 상대방의 변화를 불러오는 단계까지 다양한 내용으로 구성되어 있습니다. 청소년 여러분이 하나씩 차분히 읽고 이해하다 보면 어느새 대화와 연설에 자신감을 갖게 되리라 믿습니다.

그럼, 대화와 연설을 잘하려면 어떻게 해야 하는지 나와 함께 탐구해 볼까요?

– 데일 카네기

제 **1** 장

# 잘할 수 있다는
# **자신감 기르기**

# 01

## 처음에는 누구나 두려운 법이야

지금까지 나의 강연을 들은 수강생은 모두 2만여 명에 달합니다. 그들 중 상당수는 여러 사람들 앞에서 말을 좀 더 잘하고 싶다는 바람을 갖고 참석했지요.

"사회 활동을 하다 보면 사람들 앞에 나서서 말을 해야 할 때가 종종 있습니다. 그때마다 너무 부끄럽고 두려워 머릿속이 새하얘지고는 하지요. 무슨 말부터 어떻게 해야 할지 갈피를 잡을 수 없습니다. 아, 그 순간이 지나고 나면 얼마나 후회가 밀려오는지요. 저도 앞으로는 남들 앞에서 자신감을 갖고 당당하게 이야기하고 싶습니다."

아마도 이렇게 고민을 털어놓은 사람들이 수백 명은 될 것입니다. 나는 그 사람들에게 말했지요. 몇 가지 원칙만 잘 따르고 충분히 연습하면 누구나 훌륭한 연설을 할 수 있다고요.

그리고 당신이 알고 있는 이름난 연설가들도 처음에는 크나큰 두려움을 느꼈다고요.

나의 말은 괜한 위로가 아니었습니다. 실제로 청소년 여러분이 잘 아는 여러 위인들도 처음 대중 앞에 나설 때는 평범한 사람들 못지않게 바짝 긴장했지요.

그중 한 사람이 『톰 소여의 모험』을 지은 마크 트웨인입니다. 그는 "처음에 강연하려고 일어섰을 때의 기분을 지금도 잊지 못합니다. 입은 마치 솜으로 꽉 틀어막은 듯했고, 맥박이 정신없이 뛰었지요."라고 고백했습니다. 그뿐 아닙니다. 미국 남북 전쟁의 영웅 율리시스 그랜트 장군도 처음 대중 앞에서 연설할 때 다리가 후들거렸다는 일화를 털어놓았지요. 숱한 전쟁을 승리로 이끈 군인도 긴장할 만큼 연설은 절대 쉬운 일이 아닙니다.

그 밖에도 대중 연설의 어려움을 솔직히 이야기한 위인들은 더 있습니다. 프랑스 정치인 장 조레스는 처음 의원에 당선되고 나서 1년 동안 연설 자리를 피해 다녔다고 말했지요. 영국 정치인 로이드 조지는 "나는 정치를 시작하고도 한동안 연설이 무척 부담스러웠습니다. 연단에 서면 혀가 입천장에 달라붙은 것 같은 느낌이 들 정도였지요."라고 고백하기도 했습니다.

대개 정치인들은 사교적인 성격에 달변가로 알려져 있습니다. 곳곳에서 수많은 사람들을 만나고, 자주 수많은 사람들 앞에서 연설을 해야 하지요. 숫기 없는 성격을 가진 사람은 견디기 힘든 직업입니다. 그럼에도 장 조레스나 로이드 조지 같은 정치인의 고충을 들어보면, 연설이 얼마나 어려운 일인지 짐작할 만하지요.

하지만 무슨 일이든 처음에는 이런저런 난관에 맞닥뜨리게 마련입니다. 연설도 그렇고요. 앞서 예로 든 작가와 군인, 정치인들은 그 시기를 슬기롭게 극복해 곧 훌륭한 연설자로 인정받았지요. 그렇습니다. 내가 이미 설명했듯, 몇 가지 원칙만 잘 따르고 충분히 연습하면 누구나 다 훌륭한 연설을 할 수 있습니다.

대중 앞에서 침착하고 명확하게 연설하는 것이 소수에게만 주어진 특별한 능력은 아닙니다. 굳은 의지만 있다면 누구나 잠재력을 발휘할 수 있지요. 그러려면 가장 먼저, 청중을 자신을 심판하는 두려움의 대상으로 여기지 말고 긍정적인 자극제로 바라봐야 합니다. 곰곰이 생각해보면 모든 것은 심리적인 문제지요. 청중을 늘 만나는 친구같이 바라보도록 반복해서 마음과 정신을 잘 조절하면 주금씩 자신감과 용기가 샘솟게 됩니다. 그것이 연설을 잘하게 되는 변화의 첫걸음입니다.

고대 로마의 정치가이자 작가였던 마르쿠스 키케로는 대중 연설의 진정한 매력이 긴장감에 있다고 말했습니다. 그러니까 대중 앞에 섰을 때 느껴지는 긴장감에 불안해하지 말고 그 감정을 즐기라는 의미지요. 키케로의 말을 실천한 대표적인 인물이 다름 아닌 에이브러햄 링컨입니다. 그의 절친한 동료가 전한 말을 옮겨 보겠습니다.

"연설을 통해 지지자들을 감동시키는 링컨도 처음에는 무척 서툰 모습을 보였습니다. 자신감 없는 태도에 목소리마저 작아 입 안에서만 맴돌기 일쑤였지요. 인물도 썩 좋지 않은 사람이 행동까지 어정쩡해 옆에서 지켜보는 사람들이 더 불안할 지경이었습니다. 하지만 링컨은 자신의 단점을 바로잡을 줄 아는 슬기로운 사람이었습니다. 그는 머지않아 연단에 올라가 실패를 두려워하지 않는 자세를 보였지요. 나중에는 청중이 많을수록 오히려 그 분위기를 즐기는 단계로 올라섰습니다. 그게 다 연설에 대한 자신감과 용기를 스스로 북돋워 낸 덕분이었지요. 그러자 그가 갖고 있던 특유의 따뜻함과 진실함까지 빛을 발해 누구보다 감동적인 연설을 하게 됐습니다."

나는 링컨 같은 사람만 그와 같은 변화가 가능하다고 생각하지 않습니다. 지금 이 책을 읽는 청소년 여러분도 마음먹기에 따라 충분히 훌륭한 연설가로 변신할 수 있지요. 그 구체적인 방법을 4가지로 정리해 보겠습니다.

# 02

## 훌륭한 연설가가 되는 첫걸음

앞서 나는 몇 가지 원칙만 잘 따르고 충분히 연습하면 누구나 훌륭한 연설을 할 수 있다고 말했습니다. 그 원칙을 4가지로 구분하면 다음과 같습니다.

첫째, 강력한 의지를 갖고 시작하라.

무슨 일이든 굳은 의지를 가져야 성공의 확률이 높아집니다. 어른들이 하는 사업이든, 청소년 여러분이 하는 공부든 마찬가지지요. 의지는 곧 열정을 불러일으킵니다. 열정이 있어야 자기가 가진 능력을 최대한 쏟아 부을 수 있습니다.

만약 여러분이 연설을 잘하고 싶다는 희망을 품는다면, 당연히 굳은 의지를 가져 열정을 불살라야 합니다. 반드시 훌륭한 연설가가 되겠다는 결심부터 해야 하지요. 연설을 잘한다는 것은 다른 사람들에게 말로써 설득력을 갖는 것입니다. 설득력이 있어야 상대방을 내가 바라는 대로 움직이게 할 수 있습니다.

"설득력 있게 말하는 것만큼 확실한 성공을 이루는 방법은 없다."

이것은 미국 정치인 촌시 데퓨의 말입니다. 우리가 일상생활을 해나가는 데 설득력이 꼭 필요하고, 설득력을 높이는 연설의 기술이 중요하다는 뜻이지요.

여러분이 많은 청중 앞에서 연설하는 장면을 상상해 보세요. 그들이 여러분의 이야기에 고개를 끄덕이며 공감을 표한다면 얼마나 기분이 좋을까요. 나아가 그들이 여러분이 주장하는 대로 삶을 변화시킨다면 또 얼마나 보람이 클까요. 그런 연설을 하다 보면 말로 다 표현할 수 없는 짜릿한 기분을 느끼게 마련입니다. 그 첫 단계가 다름 아닌, 강력한 의지를 갖는 것입니다.

둘째, 내가 말하려는 내용에 대해 철저히 공부하라.

우리 주변에는 자신의 주장을 강하게 내세우는 사람들이 적지 않습니다. 그런데 그중 일부는 자기가 하는 말이 무슨 뜻인지 정확히 알지 못한 채 목소리만 높이고는 하지요. 그런 사람들일수록 타인의 의견에는 귀를 닫고 맥락 없이 별 의미 없는 이야기만 반복합니다.

그러므로 훌륭한 연설가로 평가받으려면, 무엇보다 자기가 하는 연설 내용을 스스로 완벽히 이해하고 있어야 합니다. 청중 앞에서 이야기하려는 내용을 미리 철저히 공부해둬야 하지요. 자기도 잘 알지 못하는 것을 남들에게 정확히 설명할 수는 없으니까요. 그렇게 부정확한 정보를 다른 사람들에게 섣불리 이야기했다가는 도움은커녕 심각한 피해만 입히게 됩니다.

우리는 이따금 길을 몰라 다른 사람에게 도움을 청할 때가 있습니다. 그런데 상대방 역시 길을 잘 모르면서 자신만만하게 엉뚱한 방향을 가리켜주는 경우가 있지요. 그러면 차라리 "저는 그 길을 모릅니다."라고 솔직히 말하는 것만 못한 결과를 낳게 됩니다. 연설도 그와 다르지 않지요. 내가 다른 사람들 앞에서 말하려는 내용에 대해 철저히 공부해두지 않으면 잘못된 길을 알려줘 상대방이 큰 곤란을 겪게 됩니다.

셋째, 자신감 있게 행동하라.

미국 제32대 대통령 프랭클린 루스벨트는 자서전을 통해 다음과 같이 고백했습니다.

'나는 어렸을 때 몸이 약하고 수줍음이 많았다. 그래서도 자신감이 없었다. 하지만 열심히 훈련해 정신을 강하게 단련시켰다. 그 무렵 우연히 읽은 한 권의 책이 계기가 되었다. 거기에는 어느 군함의 함장 이야기가 나온다. 그는 부하들에게 누구나 전투는 공포스럽지만, 마치 두려움이 없는 것처럼 자기암시를 하다 보면 어느새 실제로 용감해진 자신을 발견하게 된다고 충고한다. 그 후 나는 함장이 말한 원리를 따르려고 노력했다. 처음에는 많은 일들이 무서웠지만, 의식적으로 그렇지 않은 듯 행동하자 점차 두려움이 사라졌다.'

나는 청소년 여러분이 루스벨트의 고백을 꼭 가슴에 새겨두기 바랍니다. 미국의 유명한 심리학자인 윌리엄 제임스도 비슷한 이야기를 했지요.

"사람들이 감정에 따라 행동하는 것 같지만 실은 감정과 행동이 함께 움직입니다. 그러므로 유쾌함이 사라졌을 때 다시 기분이 좋아지려면, 실제로 기분이 좋은 것처럼 행동하고 말하는 것이 최선의 방법이지요. 그러니 두려움을 느낄수록 용기 있게 행동해야 합니다. 그렇게 행동하다 보면 두려움이란 감정이 어느새 사라져 버리게 됩니다."

이미 설명했듯, 여러분이 연설을 잘하려면 강력한 의지부터 가져야 합니다. 또한 연설하려는 내용에 대해 철저히 공부해야 하지요. 그 다음에 필요한 것은 바로 자신감입니다.

연설을 위한 모든 준비를 마쳤나요?

그렇다면 이제 숨을 한 번 깊이 내쉬고 자신감 있게 연단으로 걸어 나가야 합니다. 그리고는 청중의 시선을 편안히 즐기면서 잠시 여유를 갖는 것이 좋습니다. 그때 여러분의 심장은 여느 때와 달리 빠르게 뛰겠지만 절대 허둥대면 안 됩니다. 괜히 어쩔 줄 몰라 하며 손바닥을 부비는 것 같은 쓸데없는 동작을 하면 안 됩니다. 그럼에도 꼭 그래야만 한다면, 청중이 보지 못하도록 양 손을 등 뒤로 감추면 됩니다. 양 팔을 벌려 앞에 놓인 탁자에 슬며시 몸을 의지하는 것도 괜찮은 방법입니다.

어느 시대나 어느 지역에서나 인간은 용기를 찬양해왔습니다. 이제 여러분이 그 주인공이 될 차례입니다. 두려울수록, 당당히 두려움에 맞서야 합니다.

넷째, 연습하고 또 연습하라.

수영을 배우려면 어떻게 해야 할까요?

우선 수영을 잘하겠다는 의지를 갖고 기본적인 이론 교육을 받아야 합니다. 그 다음에는 자신감을 가져 물에 뛰어들어야 하지요. 그리고 수영 강사의 가르침에 따라 반복적으로 연습해야 합니다. 자꾸만 연습하고 또 연습해 경험을 쌓다 보면 물속에서 두려움이 사라지게 됩니다. 그러니까 자신감을 키우는 가장 좋은 방법이 연습이라는 것이고, 자신감이 커지면 자연히 두려움이 없어진다는 말이지요.

나는 앞서 훌륭한 연설가가 되는 3가지 원칙을 설명했습니다. 그런데 뭐니 뭐니 해도 지금 이야기하는 원칙이 가장 중요합니다. 지금까지 읽은 것을 전부 잊어버려도 이것만은 반드시 기억해야 합니다. 연습하고 또 연습하는 것! 연설할 때 자신감을 키워 절대로 실패하지 않는 방법은 자꾸 연습해 보는 것입니다. 모든 문제의 핵심은 연습입니다. 연습이야말로 어떤 일을 훌륭히 해내는 필수 요소입니다.

이미 이야기한 것처럼 인간의 용기는 찬양받아 마땅합니다. 진정한 용기는 마음을 안정시키고 침착함을 잃지 않는 가운데 생겨납니다. 그리고 그런 용기는 반복적인 연습 과정을 통해서만 자신의 것으로 만들 수 있습니다.

### [첫 번째 이야기] 말은 인격을 들여다보는 돋보기입니다.

어떤 사람의 됨됨이를 알고 싶다면 대화를 나누어 보세요. 험한 말을 자주 하거나 말만 번지르르한 사람이라면 가까이하기 어렵겠지요.

말투도 중요합니다. 아무리 사실을 이야기한다고 해도 거들먹거리는 말투라면 바람직하지 않지요. 자기 생각을 말하면서 우물거린다면 듣는 사람에게 믿음을 주기 어렵습니다.

말의 내용이나 말투는 그냥 표현되는 것이 아닙니다.

얼마나 많이 깨닫고, 뉘우치고, 공부하느냐에 따라 드러나는 품격이 달라집니다. 가족과 친구, 이웃을 진심으로 아끼고 사랑할 때 말이 아름답게 표현되는 법이지요. 그러므로 어떻게 말하고, 무엇을 말하는지 귀 기울여 들어보면 그 사람의 인격을 알게 됩니다. 착한 사람은 말도 예의바르게 하지요. 정직한 사람은 허튼말을 하지 않고요.

돋보기로 들여다보면 깨알만한 글씨도 크게 보이지 않나요? 말은 바로 사람의 마음속에 숨겨져 있는 것들을 확대해서 들여다볼 수 있는 돋보기와 같습니다.

출처 - 『초등 대화 기술』(하늘땅사람 지음, 도서출판 책에반하다)

# 제**2**장

## 철저히 **준비하기**

# 01

## 준비가 얼마나 중요한지 알아둬

군인이 총알 없는 총을 들고 전쟁터에 나간다면 어떻게 될까요? 말하나 마나 적을 무찌르기는커녕 자신의 목숨조차 지켜내기 어렵겠지요. 군인에게 총알은 다름 아닌 준비입니다. 준비를 잘한 군인이 자신을 지키며 전쟁에서 승리할 수 있지요.

연설도 마찬가지입니다. 어떤 주제로 어떻게 이야기할지 철저히 준비한 연설자가 청중의 공감을 이끌어내며 박수를 받게 됩니다. 몇몇 사람들과 함께하는 대화도 나름의 준비가 있어야 관심을 끌게 마련인데, 하물며 많은 사람들 앞에서 하는 연설은 그보다 훨씬 더 꼼꼼한 준비가 필요한 법이지요.

그동안 나는 강연이라는 이름으로 일일이 셀 수 없을 만큼 자주 연설을 했습니다. 또 그만큼 다른 사람들이 하는 연설을 유심히 지켜보기도 했지요. 그런 과정을 통해 나는 깨달은 바가 있습니다. 무엇보다, 연설을 잘하려면 청중에게 강한 인상을 심어줄 분명한 메시지가 필요하다는 것이지요. 청중과 진심으로 교감하고 싶어 하는 연설을 들으면 나도 모르게 연설자의 이야기에 빨려 들어가는 듯한 경험을 했으니까요. 그러려면 연설자는 반드시 철저한 사전 준비를 해야 합니다.

잘 준비한 연설은 이미 10분의 9의 성공을 보장합니다. 반대로 제대로 준비하지 못한 연설은 실패가 불 보듯 뻔하지요. 연설 준비를 철저히 해놓으면 자연스럽게 연설자가 자신감을 갖게 됩니다. 자신감은 성공하는 연설을 위해 없어서는 안 될 조건이지요.

미국의 정치인 다니엘 웹스터는 "연설 준비가 덜 된 채 청중 앞에 서는 것은 마치 옷을 안 입고 사람들 앞에 서는 것과 같다."라고 말했습니다. 완벽한 준비만이 연설자의 두려움을 없애고 자신감을 북돋워 청중의 호응을 불러일으키는 지름길입니다.

# 02

## 연설을 준비하는 방법

그럼 어떻게 연설을 준비할까요?

책을 읽어야 할까요? 물론 독서가 연설을 준비하는 하나의 방법이지만 최고의 방법은 아닙니다. 독서가 도움이 되기는 하겠지만, 책에서 얻은 지식을 그대로 연설에 인용하면 어딘가 부족한 점이 나타나지요. 그것만으로는 청중의 깊은 공감을 이끌어내기 어렵습니다.

나는 뉴욕시에서 은행 간부로 일하는 사무엘 잭슨이라는 사람을 만난 적이 있습니다. 그는 종종 젊은 은행원들 앞에서 연설할 기회가 있었는데, 청중이 아무런 흥미를 느끼지 못하는 것 같다며 고민을 털어놓았지요.

그가 먼저 자신의 연설 준비 과정에 대해 말했습니다.

"며칠 전에도 저는 연설을 해야 했습니다. 오후 4시 30분에 사무실에서 나와 강연장으로 가는 지하철을 탔지요. 저는 자리에 앉아 미국에서 꽤 유명한 잡지인『포브스』지를 꺼내 들었습니다. 그날 마땅히 연설 내용을 준비하지 못해 잡지에서 이야깃거리를 찾을 생각이었지요. 마침『포브스』지에서 '10년밖에 남지 않은 성공의 기회'라는 기사가 눈에 띄었습니다. 솔직히 저는 그 기사가 그저 그랬지만, 젊은 은행원들에게 들려줄 만한 내용이라고 판단했지요. 연설이라는 게 뭐든 근사해 보이는 이야기를 해야 하니까요."

그리고 잭슨은 그날의 연설 역시 성공하지 못했다고 털어놓았습니다. 자신의 기대와 달리 젊은 은행원들이 별다른 관심을 보이지 않았다고 말했지요.

나는 조용히 그의 이야기를 다 듣고 나서 다음과 같이 조언했습니다.

"잭슨 씨, 그날의 청중은『포브스』지 기자가 쓴 기사를 당신의 입을 통해 전해 들으려고 모여 있던 것이 아닙니다. 그들이 기대한 것은 은행원 선배로서 당신이 해줄 실감나는 이야기였지요. 당신의 개인적인 경험과 의견을 듣고 싶었던 것입니다. 다른 사람의 이야기를 그대로 옮기는 것은 바람직한 연설이 아니지요. 만약 당신이 그날『포브스』지의 기사에 공감했다면, 자신의 경험담을 입혀 이야기를 전개했어야 합니다. 그리고 만약 그 기사에 동의하지 않았다면, 그 이유에 대해 젊은 은행원들이 흥미로워할 만한 사례들을 들어 이야기했어야 합니다. 그날 잭슨 씨가 읽은『포브스』지의 기사는 연설의 여러 재료들 중 하나로만 쓰였어야 하지요. 그 자체로 연설을 전부 이끌어갈 수 있다고 생각한 것은 큰 잘못입니다."

나의 분석에 사무엘 잭슨은 진심으로 고개를 끄덕였습니다. 그제야 그는 비로소 자신의 문제점을 깨달았지요.

그 후 사무엘 잭슨은 지하철 같은 데 앉아 얼렁뚱땅 연설 준비를 하지 않았습니다. 미리미리 연설 내용을 정리해 기승전결에 따라 메모했지요. 그리고 책이나 잡지에서 읽은 내용을 별다른 고민 없이 연설에 인용하지도 않았습니다. 그는 책이나 잡지에서 어떤 글을 읽으면 꼭 자신의 생각을 덧붙이는 습관을 길렀지요. 그 내용을 연설에 인용할 때는 자신의 경험담을 녹아들게 해 이야기의 재미를 높였습니다. 그러자 점점 그의 연설에 흥미를 느끼는 청중이 늘어갔습니다.

# 03

## 무엇이 진정한 준비인가?

앞서 나는 연설을 준비하는 방법에 대해 설명했습니다. 그렇다면 어떤 준비 방식이 바람직한가에 대해 좀 더 이야기해 보도록 하지요.

연설을 준비하는 자세가 좋은 문장을 써놓고 달달 외우기만 하면 되는 것은 아닙니다. 연설자 자신의 마음에도 와 닿지 않는 내용을 줄줄이 나열하는 것은 더 더욱 아니지요. 진정한 연설 준비는 틈틈이 자신의 생각을 모으고 정리한 다음, 그것을 뚜렷한 방향성 있게 끌고 가는 것입니다.

연설은 패스트푸드처럼 뚝딱 만들어지는 것이 아닙니다. 미리 주제를 정하고, 언제 어디서나 계속 그 주제에 대해 생각해봐야 합니다. 가능하다면, 주변 사람들과 그 주제에 대해 토론하면서 청중이 궁금해할 만한 모든 질문을 던져볼 필요도 있습니다.

사람들은 일상생활을 하며 누구나 매일 생각을 합니다. 여러분의 지성은 그와 같은 생각에 더해 다양한 감정과 경험으로 완성되지요. 만약 여러분이 연설을 하게 된다면, 그렇게 준비한 지성을 끄집어내 청중에게 전달하면 됩니다. 그것은 짐작만큼 어려운 작업이 아닙니다. 평소 이런저런 경험을 하며 집중해서 생각하고, 그 내용을 잘 정리해 여러 시각에서 살펴볼 줄 아는 습관을 들이는 것이 중요합니다. 그것이 바로 연설에 대비하는 진정한 준비 자세입니다.

나는 연설을 준비하는 방법에 대해 드와이트 무디 목사와 대화를 나눈 적이 있습니다. 그때 그가 들려준 이야기가 아직도 귓가에 생생합니다.

"나는 다양한 설교 주제로 구별해놓은 수십 개의 커다란 봉투를 갖고 있습니다. 하루 일과를 보내다가 문득문득 좋은 생각이 떠오르면 곧바로 메모해 주제에 따라 서로 다른 봉투에 넣어두지요. 책을 읽다가도 그 주제에 어울리는 내용이 있으면 종이에 옮겨 적어 각각의 봉투에 집어넣습니다. 그리고 매주 설교 주제를 정하고 나면 거기에 해당하는 봉투를 꺼내 차곡차곡 모아둔 자료들을 살펴보지요. 그런 방식은 설교를 앞두고 즉석에서 자료를 찾거나 생각을 정리하는 것에 비해 훨씬 효율적입니다."

나는 무디 목사의 이야기를 듣고 마음속으로 박수를 쳤습니다. 그야말로 그것은 진정한 연설 준비 방법이라고 할 수 있으니까요.

　실제로 여러 목사들이 평소 설교 준비에 많은 시간을 할애합니다. 설교도 넓은 의미의 연설이므로 우리가 충분히 참고할 만하지요. 그중 예일대학교 신학대 학장을 지낸 찰스 브라운은 진정한 연설 준비 방법에 대해 다음과 같이 이야기했습니다.

　"연설을 준비할 때는 우선 주제에 걸맞게 여러모로 생각을 발전시켜야 합니다. 설령 사소한 것이라도 골똘히 생각하다 보면 뜻밖의 결실로 이어질 수 있지요. 우리는 길을 걷거나 식사를 하면서도 생각을 발전시킬 수 있습니다. 만약 잠자리에 들었다가도 문득 어떤 생각이 난다면 바로 일어나 메모를 해놓아야 합니다. 꼭 문장이 아니라 몇 개의 단어만 적어두어도 연설에 큰 도움이 될 수 있지요. 단지 몇 개의 단어만으로도 상상력이 드넓게 퍼져나가고는 하니까요. 그와 같은 생각은 루비나 다이아몬드 같은 보석보다 더 찬란하고 소중합니다."

　청소년 여러분, 드와이트 무디와 찰스 브라운의 연설 준비 방법이 참 멋지지 않나요? 그리고 진정한 연설 준비 방법을 설명할 때 빼놓을 수 없는 또 다른 인물이 에이브러햄 링컨입니다. 그는 어떻게 연설을 준비했을까요?

링컨의 연설 준비 방법은 한마디로 생각을 멈추지 않는 것입니다. 찰스 브라운의 방법과 닮았지요. 그는 일을 하거나, 식사를 하거나, 길을 걷거나, 심지어 끊임없이 재잘대는 아들과 놀아주면서도 연설에 관한 생각을 멈추지 않았습니다. 그리고 그 내용을 꼼꼼히 메모해두었다가 틈나는 대로 고치고 정리했지요. 그렇게 탄생한 명연설 중 하나가 다름 아닌 '게티즈버그 연설'입니다.

1863년 11월 19일, 링컨은 펜실베이니아 주 게티즈버그에서 진행된 남북 전쟁 전사자들을 위한 추도식에 참석했습니다. 그는 그 자리에서 2분 남짓 짧은 연설을 했는데, 지금까지도 많은 사람들의 입에 일부 내용이 오르내리고 있지요. 특히 "우리는 국민의 정부이자, 국민에 의한 정부이며, 국민을 위한 정부로서 결코 지구상에서 사라지지 않을 것입니다."라는 구절이 큰 감동을 전했기 때문입니다.

청소년 여러분은 그날 링컨이 2분 남짓 연설을 하기 위해 얼마나 긴 시간 동안 생각에 생각을 거듭했을 것 같나요? 링컨의 평소 무습을 떠올린다면, 아마도 그는 몇 날 며칠 게티즈버그 연설을 준비했을 것이 틀림없습니다. 그것이 바로 성공하는 연설을 위한 진정한 준비 방법입니다.

# 04

## 연설을 앞두고 반드시 생각할 것

　연설에 앞서 가장 먼저 고려할 사항은 어떤 주제로 이야기할 것인가 하는 문제입니다. 연설을 주최하는 기관에서 특별히 주제를 정해놓지 않았다면, 여러분이 잘 아는 분야로 결정하는 것이 좋지요. 만약 내가 태권도에 남다른 소질이 있다면 그 내용을 주제로 삼는 것이 좋은 선택이라는 말입니다.

　그런데 여기서 명심해야 할 점이 있습니다. 한정된 연설 시간에 너무 많은 이야깃거리를 늘어놓지 말아야 하지요. 주제에 어울리지도 않는 소재를 이것저것 들먹이다 보면 정작 연설자가 무엇을 말하려는지 헷갈리니까요. 자칫하면 연설자가 자신의 잡다한 지식이나 자랑한다는 오해를 살 수도 있습니다.

　아울러 연설의 주제를 정했으면, 적어도 일주일 정도는 그 내용을 반복해서 되새겨야 합니다. 그러니 연설을 코앞에 두고 허둥지둥 주제를 선택해서는 안 되지요. 일주일 정도는 일상생활 틈틈이 자기가 정한 주제를 곱씹어봐야 연설의 품질이 좋아집니다. 그에 덧붙여 청중의 질문을 하나씩 가정해보면서 어떻게 답변할지 고민할 필요도 있지요. 그렇게 철저히 준비해 연설을 시작하고 나서 2~3분을 잘 풀어 나간다면 첫 고비는 넘기는 셈입니다.

연설을 앞두고 주제를 결정했다면, 그 다음에는 청중을 연구하는 시간을 가져야 합니다. 청중의 성별과 나이, 직업, 학력 등을 두루 살펴봐야 하지요. 그래야만 똑같은 주제로 연설하더라도 이야기를 전개하는 방식을 달리 할 수 있습니다. 청중의 수준과 분위기를 무시한 채 내가 하고 싶은 이야기만 일방적으로 늘어놓는 연설은 결코 성공하지 못하지요.

예를 들어볼까요?

만약 여러분이 여름 방학 생활에 대해 연설한다면, 그 대상이 친구들인 경우와 가족인 경우가 달라야 합니다. 청중이 어떤 사람들인지 살피지 않고 똑같은 내용을 이야기하면 공감을 얻기 어렵지요. 그러므로 연설의 주제를 잘 정하는 것 못지않게 중요한 것이 청중에 대한 정확한 분석입니다.

그리고 마지막으로 고려할 사항은 자료 준비입니다. 내가 정한 연설 주제와 관련해 다양하고 구체적인 자료들을 최대한 많이 확보해야 하지요. 요즘은 인터넷이 발달해 자료 수집이 한결 수월해졌지만, 도서관에 가서 여러 책을 찾아보는 것도 효과적인 방법입니다.

연설을 위한 자료 준비의 중요성은 아무리 강조해도 지나치지 않습니다. 연설자가 이렇다 할 자료 없이 말발만 앞세워서는 청중의 호응을 얻기 힘들지요. 그러면 긴 시간을 보내고 나서도 연설자와 청중 모두 허탈한 감정에 빠져들기 십상입니다.

또한 자료 준비를 할 때는 실제로 사용하는 것보다 훨씬 더 많은 양을 수집하고 정리해야 합니다. 10가지 자료를 얻기 위해 90가지 자료를 버린다고 마음먹어야 하지요. 일찍이 미국의 원예학자 루터 버뱅크는 한두 개의 우수한 식물 표본을 얻기 위해 백만 개의 표본을 만들었다는 소문이 돌 정도였습니다. 그만큼 최고의 자료를 얻으려면 그보다 10배, 100배 더 많은 자료를 수집해야 한다는 의미지요. 그런 끈질긴 노력이 있어야 연설도 성공할 수 있는 것입니다.

지금까지 우리는 이번 장에서 연설을 준비하는 과정과 바람직한 태도에 대해 알아봤습니다. 무슨 일이든 철저한 준비가 성공을 불러오는 법이지요. 여러분에게 연설의 기회가 주어진다면 당장 주제를 정하고, 그 주제에 대해 몇 날 며칠 곰곰이 생각을 거듭해야 합니다. 그때 반드시 청중의 수준과 성향을 염두에 두면서, 정확하고 다채로운 자료들을 수집해 연설의 품질을 높여야 하지요. 그러고 나면, 이제 여러분이 연단으로 씩씩하게 올라갈 일만 남은 것입니다.

## [두 번째 이야기] 말하는 것만 말이 아니에요

우리는 흔히 누구와 이야기할 때 말에만 신경을 씁니다.

하지만 상대방은 내가 하는 말만 듣는 것이 아닙니다. 물론 대화를 나눌 때 가장 중요한 것은 말이지만, 그에 못지않게 말을 하는 모양새도 큰 영향을 끼치지요.

만약 어른 앞에서 비스듬히 기대어 앉아 이야기를 한다면 어떨까요?

만약 선생님이 말씀하시는데 딴청을 피우면 어떨까요?

만약 친구들에게 짜증 섞인 목소리로 이야기를 한다면 어떨까요?

그렇다면 아무리 또박또박 앞뒤 맞게 말을 해도 좋은 반응을 기대하기 어려울 것입니다. 진심을 말한다고 해도 오해받기 십상이지요.

그러니 입으로 내뱉는 것만 말이 아니라는 점을 가슴 깊이 새겨 두어야 합니다.

말하는 자세가 바르면 상대방에게 더 많은 이해를 구할 수 있습니다. 단정한 옷차림으로 반듯하게 행동하면 설령 말에 실수가 있더라도 용서받을 수 있지요. 상대방은 귀로 내 이야기를 들으면서, 눈으로는 내가 이야기하는 모양새를 살피는 법이니까요.

출처 – 『초등 대화 기술』(하늘땅사람 지음, 도서출판 책에반하다)

제**3**장

# 유명인들은
# 어떻게 연설을 준비했을까

# 01

## 좋은 구성의 필요성

나는 언젠가 정부 고위 관료의 연설을 들은 적이 있습니다. 워낙 유명한 인물이라 청중의 기대가 컸지요. 그런데 결과는 매우 실망스러웠습니다. 그는 분명 그날의 주제에 관한 전문가였지만, 자신의 지식을 훌륭한 연설로 소화해내지 못했지요.

그의 연설 내용은 한마디로 뒤죽박죽이었습니다. 하나씩 떼어놓고 보면 꽤 흥미로운 이야기인데, 그것을 질서 없이 나열하다 보니 무슨 말인지 이해하기 어려웠습니다. 실컷 어떤 소재를 들먹이다, 뜬금없이 다른 소재를 끌어들이기 일쑤였지요. 나중에는 연설자 본인도 자기가 무슨 말을 하는지 헷갈리는 눈치였습니다. 그냥 연설 시간이 빨리 끝나기만 바라는지 자꾸 시계만 흘끔거렸지요.

그러다가 그가 갑자기 양복 안주머니에서 종이 한 장을 주섬주섬 꺼냈습니다. 나는 그가 왜 그때까지 애써 준비한 자료를 주머니 속에 처박아두었는지 궁금했지요. 그는 아마도 그 자료가 썩 마음에 들지 않아 즉석 연설을 할 작정이었던 듯했습니다. 알고 보니, 그 자료는 자기가 직접 준비한 것이 아니라 비서가 급히 대신 써준 것이었지요. 그러니 자료가 마음에 들지 않는 것이 당연했습니다.

그럼에도 그는 비서가 써준 자료를 읽어 내려갈 수밖에 없었습니다. 이미 연설 내용이 꼬여버린 탓에 다른 선택지가 남아 있지 않았기 때문입니다. 과연 비서가 준비해준 자료도 엉망진창이었습니다. 그는 연설이 점점 더 혼란에 빠져들자 식은땀을 흘렸지요. 그러다가 연설을 멈추고 청중을 향해 사과하기 시작했습니다.

"미안합니다, 여러분. 오늘 연설에 기대가 크셨을 텐데⋯⋯ 제가 제대로 준비하지 못했습니다. 죄송합니다."

그는 솔직했지만, 그것이 그 자리에 모인 청중의 실망감을 씻어낼 수는 없었습니다. 그는 연단에 놓인 물을 벌컥벌컥 들이켜더니 서둘러 인사하고 연설을 마쳤지요. 그날 나는 일찍이 경험한 적 없던 최악의 연설을 지켜보았습니다.

"일목요연하게 정리하지 않으면, 오히려 생각이 많을수록 혼란스러워진다."

영국 출신 사회학자 허버트 스펜서가 한 말입니다. 그날 연단에 올라 허둥대기 바빴던 정부 고위 관료에게 딱 어울리는 말이지요. 한국 속담에도 '구슬이 서 말이라도 꿰어야 보배'라는 것이 있지 않습니까? 아무리 내용이 풍부해도 그것을 제대로 구성해 효과적으로 펼쳐내지 못하면 결코 성공적인 연설이 될 수 없는 법입니다.

연설은 목적이 있는 항해입니다. 그러므로 미리 정밀한 항해 지도를 그려놓아야 하지요. 어딘지 모르는 곳에서, 어디로 가는지도 모르고 출발하는 사람은 자기가 목적했던 곳이 아니라 엉뚱한 곳에 다다르게 마련입니다. 이리저리 헤매다 결국 갈피를 못 잡고 주저앉게 될지도 모릅니다.

일찍이 나폴레옹 보나파르트는 "전쟁의 기술은 과학이다. 치밀하게 계산하고 끊임없이 생각하지 않으면 어떤 것도 성공하지 못한다."라고 말했습니다. 나는 그 이야기가 연설에도 적용된다고 믿습니다. 그럼에도 현실은 많은 사람들이 연설을 치밀하게 계산해 효율적으로 구성하는 데 소홀하지요.

그럼, 청중의 호응을 일으키는 연설의 구성에는 어떤 특징이 있을까요?

첫째, 성공적인 연설은 시작과 끝이 분명합니다.

이것은 서론, 본론, 결론이 명확하다는 뜻입니다. 연설이 이러한 구성을 갖는 것은 말처럼 쉽지 않지요. 서론, 본론, 결론만 잘 구별해놓아도 청중에게 연설의 내용을 전달하기 수월합니다. 설령 재미없는 연설일지언정 무슨 말을 하는지 하나도 모르겠다는 반응은 피할 수 있습니다.

시작과 끝이 분명한 연설은 최소한의 성공을 보장합니다. 서론이 소박하더라도 본론과 결론을 거치며 연설자가 전하려는 의미가 점점 날개를 펼치기 때문입니다. 그것을 바탕으로 또 다른 몇몇 기술들이 더해지면 더욱 성공적인 연설로 평가받을 수 있습니다.

둘째, 참신하고 독창적인 연설이 청중의 호응을 불러일으킵니다.

여느 일이나 그렇듯, 개성 있는 독창성은 나와 다른 사람을 구별하는 중요한 기준이 됩니다. 연설에서도 참신한 독창성이 있으면 청중에게 강렬한 인상을 남기게 마련이지요.

나는 지난달에 미국 필라델피아 출신 사업가의 연설을 들을 기회가 있었습니다. 그는 필라델피아의 넓은 면적을 설명하면서 앵무새처럼 수치를 나열하지 않았습니다. 사람의 두뇌는 숫자만으로 땅의 면적을 가늠하기 어렵지요. 그는 필라델피아가 보스턴과 파리, 베를린의 면적을 합친 것보다 넓다고 표현해 청중의 이해를 도왔습니다.

거기에 더해 사업가는 필라델피아의 산업에 대해서도 수치를 인용하는 대신 단 몇 마디의 실감나는 말로 표현했습니다.

"요즘 필라델피아에서는 두 시간에 한 대꼴로 기관차를 만듭니다. 미국 국민 절반 이상이 필라델피아에서 만든 기관차를 타지요."라고 설명했거든요. 그 말만으로도 청중은 필라델피아의 산업이 얼마나 발달했는지 알 수 있었습니다.

나는 참신하고 독창적인 그 사업가의 연설 방식이 아주 마음에 들었습니다. 앞서 연설이 서론, 본론, 결론을 제대로 갖추기 쉽지 않다고 말했듯 단순한 통계 수치의 나열을 벗어나는 것 또한 많은 연설자들이 놓치는 문제입니다. 그날 연설자로 나선 사업가는 필라델피아뿐만 아니라 보스턴과 파리, 베를린의 면적을 각각 조사해 비교해 보았겠지요. 연설을 준비하면서 그만한 노력을 기울이는 것도 아무나 보이는 정성이 아닙니다.

셋째, 연설의 전체 내용이 질서정연해야 좋은 구성이라고 할 수 있습니다.

이따금 청중 자격으로 연설에 참여해보면 이야기 전개가 몹시 혼란스러운 것을 목격하게 됩니다. 이를테면 본론을 구성하는 여러 소재가 맥락 없이 뒤섞이기 일쑤지요. 하나의 소재를 다 언급했는데 뒤에 가서 갑자기 그 소재가 다시 등장하는 식입니다. 1, 2, 3, 4, 5 순서대로 요점을 이야기하는 것이 아니라 1, 2, 5, 3, 2 식으로 소재가 들쑥날쑥 나열된다는 말이지요. 그러면 청중은 혼란에 빠질 수밖에 없습니다.

그와 달리 질서정연하게 구성된 연설은 이미 했던 이야기를 쓸데없이 반복하지 않습니다. 불필요하게 빙빙 돌려 이야기하지도 않지요. 괜히 앞으로 갔다 뒤로 갔다 헤매지 않고, 아무 계획 없이 오른쪽이나 왼쪽으로 이야기가 새 나가지도 않습니다.

그렇다고 내 말이 무조건 순서대로, 준비한 자료들을 지루하게 읽어 내려가라는 뜻은 절대 아닙니다. 무미건조하게 사실만 나열해서는 좋은 연설이 될 수 없지요. 그럼에도 질서정연한 구성을 강조하는 까닭은 그것이 청중과 소통하는 연설의 기본 조건이기 때문입니다. 큰 틀에서 질서를 갖추면서, 그때그때 상황에 맞는 변화를 줄 수 있어야 합니다. 아무리 구성이 질서정연해도 청중의 호기심과 감동을 불러일으키지 못하면 실패한 연설인 것입니다.

# 02

## 유명인들의 연설 구성 방법

연설의 바람직한 구성에 대해 어느 한 가지 방법만 정답이라고 주장할 수는 없습니다. 시대에 따라, 청중에 따라, 또 연설자의 가치관에 따라 효과적인 구성 방법이 다르니까요. 그럼에도 우리가 알고 있는 유명인들의 연설 구성 방법을 살펴보는 것은 나름의 의미가 있습니다. 그들은 자신만의 규칙을 통해 여러 차례 성공적인 연설을 했기 때문입니다.

그럼 먼저 러셀 콘웰의 연설 구성 방법에 대해 알아보겠습니다. 그는 예일대학교를 졸업하고 변호사로 활동하다가 목사가 된 인물이지요. 콘웰은 미국 곳곳을 돌며 무려 5천 번 넘게 강연 활동을 펼친 연설 전문가였습니다. 그는 연설을 앞두고 늘 다음과 같은 순서로 연설을 구성했습니다.

① 사실을 제시하라.
② 사실로부터 나의 주장을 발전시켜라.
③ 청중의 변화와 행동을 북돋워라.

콘웰의 연설 구성을 이렇게 응용할 수도 있습니다.

① 문제점을 제시하라.
② 그 문제를 어떻게 바로잡을지 이야기하라.
③ 청중이 스스로 참여하도록 유도하라.

어떤가요, 여러분? 러셀 콘웰의 성공적인 연설 구성이 예상보다 단순하지 않나요? 하지만 모든 성공은 이처럼 단순한 원칙을 지키는 데서 시작된다는 사실을 알아야 합니다.

미국 정치인 앨버트 베버리지의 연설 구성 방법은 좀 더 간단합니다. 그는 『대중 연설법』이라는 자신의 책을 통해 2단계 원칙을 강조했지요. 그 내용은 요약하면 이렇습니다.

'연단에 올라가는 사람은 연설 주제에 대해 전문가가 되어야 한다. 그러려면 먼저, 주제에 관련된 모든 사실을 수집하고 정리하고 공부해야 한다. 그 사실이 단지 일부 사람들의 주장이 아니라 객관적인 근거가 있는지 확인해야 한다. 그러고 나서 해법을 내놓고 결론을 제시해야 한다. 그때 연설자가

이야기하는 해법과 결론은 구체적이면서 실천 가능해야 한다.'

베버리지의 말은 이미 우리가 이 책을 통해 공부한 성공적인 연설의 기본 조건입니다. 연설을 잘한다고 평가받은 유명인들은 무엇보다 그와 같은 기본을 잘 지켰지요.

다음은 미국 제28대 대통령이었던 우드로 윌슨의 연설 구성 방법에 대해 살펴볼까요? 그는 어느 인터뷰에서 자신이 성공적인 연설을 할 수 있는 비결을 솔직히 이야기했습니다.

"나는 연설에서 말하고 싶은 소재들을 메모한 뒤, 우선 서로 연관성 있는 것끼리 배열합니다. 그것이 내가 하는 연설 구성의 1단계지요. 다음에는 그 소재들을 이용해 연설문 초고를 빨리 작성합니다. 그리고는 그것을 프린트해 몇 번씩 문장을 수정하며, 내용을 더하거나 빼지요."

미국 제32대 대통령을 역임했던 프랭클린 루스벨트도 윌슨 못지않게 연설문을 여러 차례 고치고 또 고쳤습니다. 그는 한 걸음 더 나아가, 여러 전문가들 앞에서 자기가 쓴 연설문을 큰 소리로 읽어주며 문제점을 지적받으려고 했지요. 그가 여단에서 해낸 많은 연설들이 그런 과정을 통해 청중의 공감과 감동을 불러일으켰습니다. 루스벨트는 평소 "미리 계획해서 꼼꼼하게 작업하지 않고 어떤 일에 성공한 적이 없다."라고 말하고는 했지요.

미국의 존경받는 정치인 벤저민 프랭클린의 연설 준비 방법도 우리에게 전하는 교훈이 적지 않습니다. 그는 훌륭한 연설문 작성을 위해 무엇보다 문장력을 발전시킬 필요가 있다고 주장했지요. 그가 자신의 자서전에서 설명한 문장력 훈련 방법은 매우 독특합니다.

'나는 훌륭한 글을 보면 모방하고 싶은 충동을 느낀다. 그래서 백지를 준비한 뒤 잘 쓰인 글의 핵심 단어들을 나열한다. 그 다음에는 책을 덮고, 그 단어들로 책 속의 문장을 연상해 그대로 적어 본다. 나만의 방식으로 훌륭한 글을 옮겨 써보는 셈이다. 물론 내가 단어들만으로 책에서 본 것과 똑같이 문장을 완성하기는 어렵다. 하지만 그 과정을 통해 책의 저자가 가진 장점을 배울 수 있다.'

여러분, 프랭클린의 문장 훈련 방법이 참 기발하지 않나요?

그는 단어들로 문장을 연상해 흉내 내 보고, 그것을 원래의 문장과 비교해가면서 장단점을 확인했습니다. 그와 같은 반복 훈련은 자신의 문장력을 발전시키는 더없이 효과적인 방법이었지요.

벤저민 프랭클린의 독특한 문장 훈련 방법은 또 있었습니다. 그는 이따금 동화 작품을 골라 시로 바꾸는 연습을 했지요. 반대로 시 작품을 산문으로 재탄생시켜보기도 했고요. 그뿐 아니라 자신이 평소 메모해둔 문장들을 뒤죽박죽 섞어놓은 다음 가장 어울리는 순서로 배열해보기도 했습니다. 그런 다양한 훈련 방법을 통해 프랭클린은 뛰어난 문장력을 갖게 됐고, 그것을 바탕으로 멋진 연설문을 작성했지요. 그 연설문은 곧 연설의 성공을 가져왔습니다.

# 03

덧붙이는 말
## 연설문을 준비하되 그대로 읽지는 마

지금까지 나는 연설을 준비할 때 필요한 좋은 구성과 몇몇 유명인들의 사례를 이야기했습니다. 여기에 나의 의견을 하나 더 더한다면, 연설문의 바람직한 활용 방법입니다. 아무리 연설문을 잘 써놓았더라도 제대로 활용하지 못하면 큰 의미가 없으니까요.

훌륭한 연설자들은 흔히 4가지 종류의 연설이 있다고 말합니다. 즉 자신이 준비한 연설, 실제로 연단에서 한 연설, 청중이 기억하는 연설, 그리고 집에 가는 길에 연설자의 머릿속에 아쉬움과 함께 떠오르는 좀 더 나은 연설이 그것이지요.

미리 준비한 연설문을 그대로 지켜나가면 자신이 준비한 연설과 실제로 연단에서 한 연설에 실패하지 않을 수 있습니다. 하지만 청중의 호응은 장담하기 힘들지요. 집으로 돌아가는 길에는 연설자의 머릿속이 후회로 가득할지도 모릅니다.

앞서 나는 연설문을 준비하기 위해 기울여야 할 끈질긴 노력을 여러 차례 강조했습니다. 수많은 자료를 찾고, 그 내용을 문장으로 완성하고, 고치고 또 고치라는 조언이었지요. 우선 좋은 연설문을 준비한 뒤, 연단에서 일어날 법한 일들에 대한 생각을 거듭해야 성공적인 연설을 할 수 있다고 말했습니다.

하지만 그렇다고 해서 연설문이 전부는 아닙니다. 연설문에 지나치게 의존하는 연설도 바람직하지 못한 면이 있지요. 에이브러햄 링컨은 "연설문만 읽어 내려가는 연설은 청중을 피곤하게 하며 집중력을 떨어뜨린다."라고 말했습니다. 물론 그도 대통령이 된 후 항상 완벽한 연설문을 준비하기 위해 노력했지만, 그것은 연설의 흥미보다 대통령으로서 지녀야 할 책임감을 중요하게 생각했기 때문입니다.

링컨의 말마따나, 연설문에만 의존하는 연설은 청중의 호응을 불러일으키기 어렵습니다. 단조로운 연설문이 연설자와 청중의 교감을 방해하기도 하지요. 어쩌면 청중은 연설문만 죽 읽어 내려가는 연설자를 바라보며 준비가 소홀하다고 판단할지도 모릅니다.

다시 한 번 말하지만, 연설을 앞두고는 좋은 연설문을 준비하는 데 최선을 다해야 합니다. 그래야만 청중 앞에서 마음

편히 자신감을 가질 수 있으니까요. 하지만 어디까지나 연설문은 보조 수단이어야 합니다. 연설의 주인공은 뭐니 뭐니 해도 연설자 자신이지요. 훌륭한 연설자는 연설의 내용을 미리 완벽히 파악해 청중과 눈을 맞추며 이야기할 줄 압니다. 이따금 연설의 내용을 확인하거나, 자연스러운 시선 처리 등을 위해 연설문을 활용할 따름이지요.

그러므로 나는 여러분이 연설문을 글자 그대로 읽거나 굳이 달달 외우려고 하지 않기 바랍니다. 그것은 시간 낭비라고 해도 지나친 말이 아니지요. 연단에 올라가 연설문만 달달 외우는 연설자는 청중에게 경직되고 차가운 인상을 주기 십상입니다.

### [세 번째 이야기] 말은 마음속으로 들어가는 길입니다

내가 아닌 다른 사람의 마음을 알기란 참 어려운 일입니다. 이런가 하면 저렇고, 저런가 하면 이렇지요. 아무리 친한 친구 사이라도 가끔은 그 마음을 몰라 답답할 때가 있습니다. 상대방이 내 마음을 속속들이 알지 못하는 것처럼, 나 역시 그 사람의 마음을 분명하게 알 수는 없지요.

서로 마음을 헤아리지 못하면 더 이상 가까워지기 힘듭니다. 매일 얼굴을 마주한다고 해도 데면데면하게 마련이지요. 어쩌다 가끔씩 이야기를 나누어도 건성으로 그러는 탓에 서로 시큰둥할 뿐입니다.

그런 경우에 어떻게 해야 할까요?

가장 바람직한 방법은 진심 어린 대화를 하는 것입니다. 때때로 말은 상대방의 마음속으로 나를 데려다주고는 하지요. 먼저 말문을 트면 잇달아 마음의 문도 열리는 법입니다. 그러면 곧 말이 열어 놓은 길을 따라 사람의 마음과 마음이 만나게 되지요.

출처 - 『초등 대화 기술』(하늘땅사람 지음, 도서출판 책에반하다)

제**4**장

# 기억력 **향상시키기**

# 01

## 집중력을 높여

"보통 사람들은 자신의 기억력을 10퍼센트도 사용하지 못한다. 그들은 90퍼센트의 기억력을 낭비한다."

미국의 심리학자 칼 시쇼어가 한 말입니다. 이것은 인간이 전체 두뇌 능력의 10퍼센트만 사용할 뿐이라는 주장과 비슷한 의미를 담고 있지요.

청소년 여러분도 동의하나요?

만약 시쇼어의 말이 사실이라면, 우리는 지금보다 훨씬 더 많은 지적 활동을 할 수 있습니다. 더 많은 공부를 하고, 더 많은 생각을 하며, 누구 못지않게 훌륭한 글을 쓰고 멋진 연설을 할 수도 있겠지요. 틀림없이 더 나아질 여지가 있으니까요.

그럼 기억력을 향상시키려면 어떻게 해야 할까요?

어떤 일이나 상황에 대해 기억력을 높이려면 무엇보다 집중력이 뛰어나야 합니다. 우리는 집중력 역시 인간이 발휘할 수 있는 능력의 겨우 10퍼센트만 활용하고 나머지 90퍼센트를 낭비하고 있는지 모릅니다.

많은 사람들이 하루 중 대부분의 시간을 이렇다 할 집중력 없이 그냥 흘려보내는 것이 현실입니다. 멍한 정신으로 며칠을 보내는 것보다는 다만 5분이라도 집중하는 편이 어떤 성과를 거두는 데 더 효율적인데 말이지요. 성공한 사업가 유진 그레이스는 "내가 배운 가장 중요한 가르침은 지금 하는 일에 최대한 집중하라는 것이다. 나는 매일 어떤 상황에 놓여 있는지, 내가 하려는 일에 온 힘을 기울여 집중하려고 노력한다."라고 말했습니다.

발명왕 토머스 에디슨도 "보통 사람의 두뇌는 눈이 보는 것의 천분의 일도 알아차리지 못한다. 인간의 관찰력은 정말 형편없다."라고 주장했습니다. 그가 이야기한 관찰력은 집중력과 떼려야 뗄 수 없는 관계입니다. 집중력이 있어야 무엇을 제대로 관찰하게 되고, 그것이 기억력으로 이어져 어떤 일을 할 때 성공의 확률을 높이지요. 꼭 특별한 일이 아니더라도 집중력과 관찰력, 기억력은 우리의 일상생활에 여러모로 도움이 됩니다.

여러분 학급에 전학 온 낯선 친구가 자신을 소개하는 상황을 떠올려볼까요?

그 친구가 큰 소리로 자기 이름을 밝혀도 학급 구성원 모두가 그것을 기억하지는 못합니다. 몇몇 친구들은 "나는 기억력이 별로 좋지 못해서……."라고 핑계를 댈지 모르겠네요.

하지만 그런 상황은 기억력 이전에 집중력과 관찰력이 부족해 빚어지게 됩니다. 새로 전학 온 친구를 관심 있게 바라보고, 또 그 아이가 하는 말에 귀 기울여 집중하면 누구나 금세 이름을 기억할 수 있지요. 설령 단번에 이름을 기억하지는 못하더라도 곧 여느 친구들과 다름없이 좋은 관계를 맺게 됩니다.

다시 한 번 말하지만, 집중력을 높이면 누구나 기억력을 향상시키는 것이 가능합니다. 우리는 대부분 인간이 기억할 수 있는 능력의 10퍼센트만 사용하고 있으니까요. 기억력이 좋아지면 우리의 삶도 긍정적으로 변화하게 됩니다.

# 02

## 서로 다른 감각을 함께 사용해봐

에이브러햄 링컨에게는 어린 시절부터 이어져온 습관이 하나 있었습니다. 무엇을 기억하고 싶으면 큰 소리로 따라 읽고는 했지요. 이를테면 '능소화'라는 꽃 이름을 외울 때 "능소화! 능소화! 능소화!" 하고 반복해서 크게 소리쳐보는 식이었습니다.

링컨은 성인이 되어 정치인의 길에 들어서고 나서도 그 습관을 버리지 않았습니다. 그는 사무실 의자에 기대어 신문을 읽으면서 특별히 기억하고 싶은 사람의 이름 등을 몇 번씩 소리 내어 읽고는 했지요.

어느 날, 참다못한 동료가 그에게 따지듯 물었습니다.

"이봐, 시끄럽게 자꾸 왜 그래? 꼭 선생님 앞에서 교과서 읽는 초등학생처럼 말이야."

그러자 링컨은 빙긋 미소 지으며 이유를 밝혔습니다.

"이보게, 나처럼 크게 소리 내어 읽으면 기억력이 훨씬 좋아진다네. 눈으로 보는 것과 함께 입으로 따라 읽으면 두 가지 감각이 동시에 작동하게 되지. 그 방법이 기억력을 높이는데 최고라네."

실제로 에이브러햄 링컨의 기억력은 매우 뛰어났다고 합니다. 그는 대통령이 되고 나서 이런저런 회의를 할 때도 놀라운 기억력을 보여줘 주변 사람들을 종종 깜짝 놀라게 했지요.

사실 기억력을 향상시키는 링컨의 방법은 과학적으로도 근거가 있습니다. 우리가 풍경을 볼 때도 시각과 함께 후각이나 촉각을 동원하면 그 장면을 더 오랫동안 정확히 기억하게 되지요. 맛있는 음식의 인증 샷을 찍어놓고 나중에 보면 그 맛과 냄새, 분위기 등이 더 잘 기억나는 것도 그와 비슷한 원리입니다. 음식은 맛과 냄새로 기억되지만 사진이라는 시각적 요소가 기억을 더욱 또렷하게 살려내는 것이지요.

앞서 전학생을 예로 든 경우도 마찬가지입니다. 만약 그때 여러분이 새로운 친구의 이름을 종이에 몇 번 적어본다면, 그냥 귀로 듣고 말았을 때보다 쉽게 잊히지 않겠지요. 인간의 감각은 하나만 따로 작동할 때보다 2~3가지가 한꺼번에 동원되면 그 효과가 몇 배 더 크게 발휘되기 때문입니다.

그 밖에 기억력을 높이는 또 다른 사례를 이야기해볼까요?

비밀번호 '231'을 외워야 한다고 가정해보겠습니다. 그냥 눈으로 본 숫자를 무턱대고 외우는 것도 하나의 방법이겠지요. 하지만 나 같으면 그 숫자를 '동물원 나무 옆을 달려간다.'라는 문장으로 외우겠습니다. 무슨 말이냐고요?

영어로 '동물원(zoo)'은 숫자 '2(two)'와 발음이 비슷합니다. '나무(tree)'는 숫자 '3(three)'과 발음이 비슷하고요. 그리고 '달려간다(run)'는 숫자 '1(one)'과 연관 지을 수 있습니다. 그러므로 '동물원 나무 옆을 달려간다.'로 비밀번호 '231'을 떠올리는 것이 가능하지요. 이것은 또 다른 감각 활용 방법입니다. 같은 시각이지만, 숫자를 구체적인 형상이 있는 그림으로 바꿔 기억하는 것이지요.

물론 내 논리가 좀 억지스럽다고 느낄 수도 있습니다. 그러나 비밀번호를 잊지 않게 기억력을 높이기 위해서는 충분히 의미 있는 방법이라고 생각합니다.

# 03

## 반복하고 연상해

인간의 기억력은 한계가 있습니다. 특히 어떤 것을 학습한 후 8시간 안에 아주 많은 내용을 잊어버리게 되지요. 한 연구 결과에 따르면, 학습 후 8시간 안에 기억에서 사라지는 양이 그 후 30일 동안 잊어버리는 양과 비슷하다고 합니다.

그럼 기억력을 향상시키기 위해 어떻게 해야 할까요?

가장 기본적인 방법은 반복입니다. 여러분이 학교에서 수업한 내용을 여러 차례 복습하면 좀처럼 잊어먹지 않는 것으로 그 효과를 알 수 있지요.

그리고 또 다른 방법은 연상력을 키우는 훈련을 하는 것입니다. 연상력이란, 어떤 사물이나 상황을 보거나 듣거나 생각할 때 그것과 관련된 것을 머릿속에 떠올리는 능력이지요. 자신이 잊어버리고 싶지 않은 내용과 주변의 사소한 것들을 잘 연상해 떠올리면 기억력을 한층 발달시킬 수 있습니다.

이때 반복적인 암기와 연상력 훈련은 기억력 향상에 밀접한 관계가 있습니다. 무엇을 반복해서 머릿속에 입력하다 보면 무의식이 연상력을 높이지요. 우리의 두뇌가 자기도 의식하지 못하는 사이에 주변의 사물이나 상황과 기억할 내용을 서로 연결시키는 것입니다.

여기에 덧붙여 여러분이 꼭 알아야 할 점은 무엇을 암기할 때 적당한 간격을 둬야 효과가 좋아진다는 사실입니다. 이를테면 어떤 단어를 하루에 12번 외우는 것보다, 사흘에 걸쳐 하루에 4번씩 암기하는 편이 기억력을 높이는 데 효과적이라는 말이지요. 한꺼번에 실컷 외우고 복습하지 않는 것보다는 조금씩 여러 번에 걸쳐 반복하는 것이 낫다는 뜻입니다.

그렇다면 우리가 일상생활에서 맞닥뜨리는 2가지 사례를 통해 기억력 향상에 관해 좀 더 이야기해볼까요? 지금까지 내가 설명한 원칙을 바탕으로 아래의 방법을 실생활에 활용하면 기억력 향상에 큰 도움이 될 것입니다.

먼저 처음 만나는 사람의 이름을 기억하는 일입니다. 우리는 누군가로부터 이름을 전해 듣고도 좀처럼 기억하지 못할 때가 있지요. 그때 상대방의 이름을 외우는 가장 단순한 방법은 이미 이야기한 대로 반복입니다. 그 다음에는 상대방의 외모나 말투, 옷차림 등과 이름을 연상시키는 방법이 있지요.

만약 한국에서 상대방의 이름이 '강아름'일 경우 그가 강아지를 키운다든지, 그의 외모가 아름답다는 식으로 이름을 연상하는 것입니다.

그러므로 우리는 누군가를 처음 만날 때 그 사람에게 최대한 집중할 필요가 있습니다. 상대방의 생김새와 행동, 취미, 좋아하는 것 등에 대해 관심을 기울여야 하지요. 그러면 연상력이 발휘되어 이름쯤은 아주 쉽게 기억할 수 있습니다.

그와 반대로 자신의 이름을 소개할 때라면 상대방의 기억력을 높일 방법을 스스로 제시하는 것이 좋습니다. 나는 언젠가 '소터'라는 이름을 가진 중년 부인을 소개받은 적이 있습니다. 그때 그녀는 자신의 이름이 그리스어로 '구세주'라는 뜻을 담고 있다고 말했지요. 그 후 나는 그녀의 이름이 잘 생각나지 않을 때마다 구세주의 그리스어를 찾아보았습니다.

두 번째 사례는 연도를 기억하는 일입니다. 흔히 학교에서 역사나 사회 공부를 하다 보면 어떤 사건이 일어난 연도를 외워야 할 때가 있습니다. 한국 학생들의 눈높이에 맞춰 이야기해보지요. 여러분은 일제강점기에 3·1운동이 일어난 해를 알고 있나요? 네, 정답은 1919년입니다. 이 경우 무턱대고 숫자를 외우기보다는 '아이구(19), 아이구(19)'라는 감탄사를 활용하는 편이 기억력을 높이는 데 효과가 있습니다.

하나 더 예를 들어보지요. 조선시대에 임진왜란은 언제 일어났을까요? 정답은 1592년입니다. 이때도 그냥 연도를 달달 외우기보다는 '전쟁이 일어났으니 일(1) 오(5) 구(9) 이(2)쓸 때가 아니다'라는 문장을 떠올리면 됩니다. 이것도 일종의 연상력을 통한 기억력 향상 방법입니다.

# 04

## 갑자기 기억이 안 나면 어떡해

 

 

오랜 시간 충분히 준비하고 연단에 올랐는데도 연설할 내용이 도무지 떠오르지 않을 때가 있습니다. 정말 상상하기도 싫을 만큼 끔찍한 상황이지요. 그렇다고 그냥 연설을 얼버무리기에는 자존심이 허락하지 않습니다. 나 역시 두어 번 그런 경험이 있는데, 그때 다음과 같은 방법을 사용했습니다.

그것은 바로 앞에서 말했던 단어를 순발력 있게 새로운 문장의 출발점으로 삼는 기술입니다. 무슨 말이냐고요?

예를 들어 연설에서 "보통의 직원들이 성공하지 못하는 것은 자신의 일에 관심이 없고 주도적으로 나서지 않기 때문입니다."라는 문장을 이야기했다고 가정해보겠습니다. 그런데 다음 구절이 도통 머릿속에 떠오르지 않습니다. 그러면 나는 '주도적'이라는 단어를 새로운 문장의 시작점으로 삼아 연설을 계속 해 나가지요. "여기서 주도적인 행동이란, 능동적인 태도로 회사 생활을 하는 것입니다. 즉 상사가 지시할 때까지 마냥 기다리는 것이 아니라 스스로 할 일을 찾아서 하는 것이지요."라는 식으로 말입니다.

 말하나 마나, 처음에 치밀하게 준비한 대로 연설을 끝까지 마치는 것이 가장 바람직합니다. 하지만 연설 내용이 잘 생각나지 않는 돌발 사태가 벌어졌다면, 몹시 당황하다가 중간에 얼렁뚱땅 마무리하는 것보다는 그렇게라도 이야기를 이어나가는 편이 낫지요. 그러다 보면 서서히 애초에 계획했던 연설의 주제를 되찾게 되니까요.

 물론 연설 중 기억력에 문제가 생겼을 때 했던 나의 방식이 유일한 해결책은 아닙니다. 여러분은 자기 자신에게 맞는 나름의 방식대로 위기를 벗어나면 되지요. 다만 중요한 점은 연설 내용이 기억나지 않는다고 해서 절대 우왕좌왕하지 말라는 것입니다. 그러기 위해서는 철저히 연설을 준비하는 만큼 연단에서 벌어질지 모를 다양한 문제에 미리 대비하는 자세가 필요합니다.

 인간의 기억력이란 때때로 믿을 수 없습니다. 그래서 많은 연설자들이 연설 내용을 줄줄 외울 만큼 충분히 연습한 뒤에도 굳이 원고가 쓰인 종이를 갖고 연단에 오르지요. 그들은 자신의 열정과 노력을 믿지만, 자신의 기억력을 완전히 신뢰하지는 않습니다. 그러므로 연설 내용이 기억나지 않을 때를 대비해 알아보기 쉽게 정리한 연설문을 미리 준비해두는 것이지요. 따라서 그들은 연설을 하다가 다음 내용이 선뜻 떠오르지 않더라도 허둥대지 않습니다. 아무 일 없다는 듯 여유 있는 시선으로 청중을 휘둘러보다가 자연스럽게 프린트해온 연설문을 찾아보면 그만입니다.

그와 같은 연설자의 행동은 결코 청중에게 흠이 되지 않습니다. 오히려 물 흐르듯 자연스럽게 연설문을 참고하는 모습이 경험 많은 노련한 연설자로 비치게 하지요. 당연한 말이지만, 연단이 암기력을 테스트하는 자리는 아닙니다. 원고 내용을 완전히 기억해 연설하면 여러 가지 장점이 있겠지만, 그렇다고 해서 연설의 성공이 기억력만으로 결정되는 것은 분명 아닙니다.

## [네 번째 이야기] 말은 화살과 같아요

한 번 쏜 화살은 되돌리지 못합니다. 시위를 떠난 화살은 방향조차 바꿀 수 없지요.

말도 그렇습니다. 일단 내뱉은 말은 다시 주워 담지 못합니다. 실수라며 주워 담는다고 해도 그 말을 들은 사람의 기억까지 지우기는 불가능하지요.

심장에 화살을 맞은 짐승은 이내 숨이 끊어져버립니다. 물렁한 심장이 날카로운 화살촉을 당해 내지 못하니까요.

말도 그렇습니다. 일단 상대방 가슴에 아프게 꽂힌 말은 돌이킬 수 없지요. 아무리 사과를 하고 후회해도 흉터는 남게 마련입니다. 그 사람은 흉터를 바라볼 때마다 잊었던 상처를 새삼 떠올릴 것이 틀림없습니다.

오히려 말은 화살보다 더 조심스럽게 다루어야 합니다. 말은 화살보다 훨씬 빠른 속도로 상대방에게 날아가지요. 화살은 하나의 과녁에 꽂히지만, 때때로 말은 동시에 여러 사람에게 상처를 입힐 수 있습니다.

출처 - 『초등 대화 기술』(하늘땅사람 지음, 도서출판 책에반하다)

# 제5장

## 청중을 깨어 있게 하는 방법

# 01

## 자기 이야기를 진실하게 해

　나는 한동안 유명한 연설가들에게 배워야 할 것이 기법이라고 생각했습니다. 말을 하는 기술이 세련되고 참신해야 성공적인 연설을 할 수 있다고 믿었지요. 하지만 연설 경험이 쌓일수록, 나는 진짜 중요한 것이 연설의 내용이라는 사실을 깨달았습니다.

　그렇다면 그토록 중요한 연설의 내용은 어때야 할까요? 내가 생각하기에, 연설 내용의 성공과 실패를 판가름하는 가장 중요한 기준은 '진실성'입니다.

　연설이 설득력을 가지려면 무엇보다 연설자 자신이 잘 알고 있는 이야기를 해야 합니다. 그래야만 진심을 담을 수 있기 때문입니다. 연설자가 아무리 똑똑해도 진심이 없으면 청중이 그 내용을 진실하게 받아들이지 않습니다. 연설자의 진실성이 전해지지 않는데 청중에게 감동이 있을 리 없지요. "다른 사람의 눈에 눈물이 흐르게 하려면 자신이 먼저 슬픔을 느껴야 한다."라고 했던 어느 시인의 말을 명심할 필요가 있습니다.

연설을 듣는 청중의 태도를 결정하는 것은 당연히 연설자의 몫입니다. 연설자가 열의가 있어야 청중도 그의 연설에 집중하지요. 연설자가 확신이 있어야 청중도 변화를 두려워하지 않습니다. 연설자의 확신 없는 연설은 총알이 들어 있지 않는 총을 들고 전쟁터에 나가는 것과 같지요. 그와 반대로 연설자의 확신 있는 연설은 결코 실패하는 법이 없습니다.

그럼 어떻게 해야 연설자가 확신을 가질 수 있을까요?

그 해답은 바로 진실성에 있습니다. 연설자가 진실하게 자신의 마음을 표현할 때, 청중이 연설자의 확신을 느끼게 되지요. 폴란드에서 태어난 미국 피아니스트 아르투르 루빈스타인은 이렇게 말한 적이 있습니다.

"수많은 연주를 하다 보면, 나도 조금씩 실수할 때가 있습니다. 하지만 내가 연주에 확신을 갖고 청중에게 진실을 전하려고 노력하면 아무런 문제가 되지 않지요. 오히려 그런 연주회에서는 많은 청중이 감격스러운 표정을 짓기까지 합니다. 그와 달리 내가 모든 음표를 정확히 연주한다고 해도 진실성이 부족하면 청중이 감동하지 않지요."

내가 이번 장에서 이야기하려는 연설의 진실성도 루빈스타인의 말과 다르지 않습니다. 좋은 연설의 핵심은 연설자가 진심으로 전하려고 하는 메시지라고 할 수 있지요. 그러므로 내용의 진실성 없이 기교만 뛰어난 연설보다는 조금 서툴더라도 연설자의 진심이 담긴 연설이 더 성공적이게 마련입니다.

내가 앞서 강조했듯, 바람직한 연설 준비는 단순히 연설문을 그대로 외우는 것이 아닙니다. 책이나 신문에서 다른 사람들의 생각을 퍼 나르는 것도 아니지요. 연설자의 바람직한 연설 준비는 자신의 마음 깊은 곳에 감춰져 있는 진실성을 끄집어내는 것입니다. 일체의 허세나 거짓 없이 자신의 마음속을 솔직히 들여다보는 것이지요. 그리고 그것을 겸손한 태도로 청중에게 전달하겠다고 마음먹는 것입니다.

앞으로 청소년 여러분에게 연설할 기회가 주어진다면, 반드시 청중에게 자신의 이야기를 들려주세요. 괜히 없는 이야기를 지어내거나 자신의 지식을 과시하려 들지 말고 진실성 있게 솔직히 이야기하세요. 그것이 여러분의 연설을 듣는 청중을 깨어 있게 하는, 나아가 청중에게 감동을 주는 첫걸음입니다.

# 02

## 또렷하게 말하고 자신 있게 행동해

연설 내용의 진실성이 중요하다면, 그것을 담아내는 그릇도 연설의 성공에 큰 영향을 끼칩니다. 여기서 말하는 그릇이란 연설자의 말투와 행동을 일컫지요. 연설자가 연단에서 또렷하게 말하고 자신 있게 행동해야 청중의 몰입도가 높아집니다. 똑같은 내용이라 하더라도 말하는 사람의 태도에 따라 연설의 성패가 갈리게 되지요.

그렇다면 연설자는 어떻게 말하고 행동해야 할까요?

우선 연설자는 목소리가 크고 발음이 정확해야 합니다. 그 자리에 모인 모든 청중에게 연설자의 말이 들려야 하고, 또렷한 발음으로 분명한 의미를 전달해야 하지요.

나는 최근에 한 대학교에 방문해 총장의 연설을 들은 적이 있습니다. 그런데 내 자리가 강연장 중간쯤이었는데도 내용이 잘 들리지 않았지요. 마이크가 설치되어 있기는 했어도 총장의 목소리가 작은데다 발음까지 부정확했기 때문입니다. 그러니 연설 내용이 좋았는지 별로였는지는 판단할 수도 없었지요.

그 다음에 연설자가 신경 써야 할 것은 무대 위에서 보이는 행동입니다. 만약 연설자가 연단 위에 삐딱하게 서거나 탁자에 몸을 기대고 이야기하면 청중의 기분이 어떨까요? 아마도 그 연설자는 청중을 무시한다고 오해받을지 모릅니다. 긴장감이 지나쳐 다리를 떨거나, 연단 위를 이리저리 정신없이 오가는 모습을 보여도 좋은 인상을 주기 어렵겠지요.

연설자는 청중에게 일단 안정감을 줘야 합니다. 마치 출발선에 서 있는 육상 선수처럼 집중력 있는 태도를 보여야 청중도 딴청을 피우지 않지요. 연단에 오른 연설자는 자신감 넘치는 표정으로 눈빛을 반짝여야 합니다. 청중과 눈을 맞추며 여유를 잃지 않아야 하지요. 그래야만 청중이 연설자가 하는 말을 신뢰하게 되니까요.

그렇다고 연설자가 과장되게 행동하라는 것은 결코 아닙니다. 연설 내용이 진실성 없이 허풍으로 가득하면 청중에게 외면당하듯, 연단에서 하는 행동이 거드름이나 피우는 것처럼 보이면 청중의 마음을 사로잡을 수 없지요.

연설자의 행동은 군더더기 없이 단호해야 합니다. 연설자가 우물쭈물하면 청중의 믿음도 순식간에 연기처럼 사라지지요. 연설 내용이 초점 없이 오락가락해서도 안 됩니다. 연설자의 행동은 연설의 내용처럼 진실성이 있어야 합니다. 연설자의 바람직한 태도는 연설의 내용을 더욱 빛나게 하지요. 설령 연설문에 부족함이 조금 있더라도 연설자의 전달력이 좋으면 그 의미가 살아나게 됩니다.

# 03

## 청중을 존중해

청중은 연설자의 말이 머리에서 나오는지 가슴에서 나오는지 단박에 알아차립니다. 단순한 말장난인지 진심어린 열정인지 쉽게 구별한다는 뜻이지요. 지금까지도 미국인이 가장 사랑하는 연설자로 손꼽히는 에이브러햄 링컨은 정직함과 선량함으로 청중을 사로잡았습니다.

링컨은 청중을 절대로 가볍게 여기지 않았습니다. 섣불리 청중을 가르치거나 선동하려고 들지 않았지요. 그는 연단에 올라 늘 청중에게 성실히 설명했으며, 청중을 이해시키고 설득하기 위해 최선을 다했습니다.

그와 같은 링컨의 태도는 세계적인 성악가 에르네슈티네 슈만하잉크가 관객을 대하는 자세와 꼭 닮았습니다. 슈만하잉크는 자신이 성공한 이유에 대해 이렇게 말했지요.

"나는 공연하려고 무대에 오를 때마다 관객에게 헌신하겠다고 다짐합니다. 적지 않은 돈과 시간을 들여 직접 공연을 보러 온 관객을 나는 진심으로 사랑합니다. 그들은 내 인생의 동반자이며 친구입니다. 나는 그들 앞에 설 때마다 최고의 유대감을 느낍니다. 그러므로 나는 항상 관객을 존중할 수밖에 없습니다. 관객에 대한 존중에서 비롯된 진심어린 헌신이 나의 성공 비결입니다."

슈만하잉크의 고백에서 관객을 청중으로 바꾸면, 그것이 곧 링컨이 성공적인 연설을 할 수 있었던 이유입니다. 그러니까 링컨 역시 자신의 청중을 존중했고, 성심껏 헌신하는 태도로 연설에 임했던 것이지요.

나는 종종 강연장에 갔다가 청중을 우습게 여기는 연설자들을 목격하고는 합니다. 그들은 자신의 학력과 경력 따위를 뽐내며 청중을 마치 어린 학생들 대하듯 하지요. 자신감을 넘어 단정적인 말투로 청중을 가르치려 들며, 정확하지 않은 정보나 무책임한 비난을 함부로 쏟아내기 일쑤입니다. 그들에게는 청중에 대한 존중이 전혀 보이지 않지요.

하지만 청중은 똑똑합니다. 그처럼 무례한 연설자의 말에는 얼마 지나지 않아 누구도 귀 기울이지 않지요. 연설자가 어떤 말을 해도 반감만 쌓일 뿐입니다. 청중을 존중하지 않는 연설자는 결코 성공할 수 없습니다.

# 04

## 청중이 졸면 어떻게 할까

나는 이따금 시골 교회 목사 헨리 비처를 만납니다. 하루는 내가 그에게 재미있는 질문을 던졌습니다.

"시골 사람들은 하루 종일 힘든 육체노동을 하지 않습니까? 그분들이 목사님 설교를 듣다가 꾸벅꾸벅 졸면 어떻게 하시나요?"

"허허, 제 설교가 재미없다는 소문을 들으셨군요?"

비처 목사는 나의 질문에 농담을 던지며 말을 이었습니다.

"저는 설교할 때 신도들이 졸면 그 책임이 목사에게 있다고 생각합니다. 그래서 우리 교회 신도들이 눈을 감고 자꾸 머리로 방아 찧는 모습을 보이면 뾰족한 막대기로 저의 팔뚝이나 허벅지를 찌르고는 하지요."

"신도들이 조는데 목사님의 잠을 깨운다고요?"

"네, 그렇습니다. 허허!"

나는 처음에 비처 목사의 말이 선뜻 이해되지 않았습니다. 하지만 곧 그의 말뜻을 알아채고는 큰 깨달음을 얻어 무릎을 쳤지요.

그렇습니다. 비처 목사의 말에 담긴 깊은 의미처럼 연설이 지루해 청중이 졸면 그 책임은 연설자에게 있는 것입니다. 연설자의 준비 부족이나, 연설자의 어설픈 연설 기술에서 문제점을 찾아야 하지 졸고 있는 청중에게 책임을 돌릴 수는 없습니다. 청중은 연설이 너무 따분해서 자기도 모르게 잠의 유혹에 빠져들었을 뿐이니까요.

내가 아는 연설자들 중에는 무대에 오르기 전 독특한 방식으로 긴장감을 푸는 사람들이 있습니다. 어떤 사람은 주먹으로 자기 가슴을 치고, 또 어떤 사람은 아무 의미 없이 목청껏 알파벳을 외치기도 하지요. 그들은 왜 그런 행동을 할까요?

그 이유는 당연히 자신만의 방법으로 긴장감을 풀기 위한 것입니다. 그럼 왜 긴장감을 풀려고 그처럼 우스꽝스런 행동까지 할까요? 그 이유는 긴장감을 풀고 연단에 올라야 연설을 더욱 자신감 있게, 좀 더 재미있게 진행할 수 있기 때문입니다. 연설이 내실 있고 흥미로워야 청중이 지루해하지 않고 끝까지 몰입하기 때문입니다.

어떤 연설이든 연설자의 에너지가 넘쳐야 청중이 깨어 있습니다. 연설자가 온 에너지를 연설에 쏟아 붓고 나면 청중은 오히려 활력을 얻지요. 훌륭한 연설자란 생명력을 북돋는 사람입니다. 그런 강연장에서는 연설이 따분해 졸음에 빠져드는 청중이 거의 없습니다.

이번 장을 마치며, 다시 한 번 비처 목사의 말을 떠올려볼까요? 설교 때 신도들이 졸면 그 책임은 오로지 목사에게 있습니다. 뾰족한 막대기로 잠을 깨워야 할 대상은 청중이 아니라 연단에서 전혀 활력을 불어넣지 못하고 있는 연설자입니다.

## [다섯 번째 이야기] 대화의 기본은 진실한 마음입니다

어떤 일을 하든 진실한 마음으로 최선을 다하면 반드시 이루어 진다는 말이 있습니다. 다른 사람과 대화를 나눌 때도 마찬가지 입니다. 자기의 뜻을 바르게 전하려면 우선 진실한 마음을 지녀 야 하지요.

진실한 마음은 어려움 속에서도 서로 통하는 법입니다. 설령 말 솜씨가 좀 부족하더라도, 자기에게 잘못이 좀 있더라도 상대방에 게 좋은 인상을 심어줄 수 있지요. 진실한 마음이 깃들지 않고 겉 만 그럴듯해서는 오래도록 가까운 관계를 지켜 나가기 어렵습니 다.

나쁜 마음을 지니고 대화하는 사람은 어떻게든 표시가 나게 마 련입니다. 표정에 드러나지 않는다고 해도 결국에는 그 마음 때 문에 갈등이 생기게 마련이지요. 어찌어찌 아무런 문제가 생기지 않는다고 해도 그 사람과 진정한 친구가 될 수는 없습니다.

다른 사람과 대화하다 보면 어쩔 수 없이 다툼이 벌어지기도 합 니다. 그럴 때도 진실한 마음이 있으면 머지않아 화해할 수 있지 요. 그 일을 통해 오히려 서로에게 깊은 관심을 갖게 되기도 합니 다.

출처 - 『초등 대화 기술』(하늘땅사람 지음, 도서출판 책에반하다)

제 **6** 장

# 성공적인 연설이
# 반드시 갖춰야 할 것

# 01

## 끊임없이 노력해야 해

많은 청소년들이 학업에 대한 스트레스를 갖고 있습니다. 우등생 친구처럼 공부를 잘하고 싶은데 뜻대로 되지 않지요. 매일 열심히 노력하는데 결과는 기대에 못 미치기 십상입니다. 어디 공부만 그런가요. 나는 어린 시절에 스케이트를 배웠는데 좀처럼 실력이 늘지 않아 고민에 빠졌던 적이 있습니다.

그런데 대부분의 사람들이 공부를 하거나 무엇을 배울 때 노력하는 것만큼 꼭 실력이 늘지는 않습니다. 어느 순간 좋아지는가 싶나가노 곧 정체기에 빠져들고는 하지요. 그것을 일컬어 심리학에서는 '학습 곡선의 고원'이라고 부릅니다. 꾸준히 상승하던 곡선이 어느 순간 드넓은 고원처럼 아무런 변화도 없는 밋밋한 모습을 보인다는 것이지요. 심지어 어느 경우에는 실력이 이전보다 뒷걸음질 치는 듯한 기분이 들기도 하고요.

　연설도 마찬가지입니다. 장래에 훌륭한 연설자가 되겠다고 마음먹고 열심히 노력해도, 어느 단계에 이르면 더 이상 실력이 늘지 않는 것 같은 경험을 합니다. 그러다 보면 자기가 연설에 영 소질이 없다는 자괴감에 빠지기도 하지요. 만약 의지가 약한 사람이라면 그대로 포기할 가능성이 아주 높습니다.

　하지만 그 고비를 잘 넘겨 꿋꿋이 버텨내면 다시 놀라운 변화를 느끼게 됩니다. 비행기를 타고 학습 곡선의 고원 위를 쌩, 하고 날아가는 듯한 순간을 실감하게 되지요. 갑자기 이런저런 연설의 기술을 자기도 모르게 터득해 실력이 엄청나게 발전한 기분을 만끽하는 것입니다. 마치 하룻밤 새 일어난 것 같은 그와 같은 변화 덕분에 연설이 부쩍 자연스러워지고 자신감이 늘지요.

　그러므로 연설을 훈련하는 과정에서 반드시 명심해야 할 것은 끊임없이 노력하는 태도입니다. 발전 속도가 기대에 못 미치거나 한동안 정체기에 맞닥뜨렸다고 해서 절대 포기하지 말아야 하지요. 절망 가득한 그 시기를 묵묵히 이겨낸 사람만이 자기가 목표한 바를 마침내 이룰 수 있기 때문입니다. 그리고 연설자가 되어 제법 이름을 떨치게 되더라도 끊임없이 노력하는 태도에 변화가 생겨서는 안 됩니다. 자만하지 않는 꾸준한 노력만이 연설에 대한 두려움을 완전히 없애 연단에 올라가는 삶을 즐기게 하니까요.

그렇다면 끊임없는 노력은 어떤 방식으로 이루어져야 할까요?

이 질문에 해답을 제시하는 인물은 미국 제16대 대통령 에이브러햄 링컨입니다. 그는 학교 교육을 거의 받지 못했지요. 하지만 자기 마을과 이웃 동네의 도서관에 있는 모든 책들을 읽었다고 할 만큼 굉장한 독서광이었습니다. 또한 어디에서 좋은 강연이 열린다는 소식을 들으면 어떻게든 찾아가 연설자의 말에 귀 기울였지요. 그와 더불어 자신이 직접 연단에 오르는 상상을 하며 훗날 세상을 변화시킬 꿈을 키웠습니다.

사실 링컨은 숫기가 영 없는 성격이었습니다. 청소년 시절부터 열등감이 컸고 부끄러움이 많았지요. 그럼에도 그는 미래의 꿈을 이루기 위해 스스로 공부했고, 그 지식을 실천할 방법을 꾸준히 연구했습니다. 남들 앞에서 자신의 생각을 분명하게 밝히는 연설 훈련도 멈추지 않았지요. 바로 링컨이 실천한 것과 같은 끊임없는 노력이 청소년 여러분에게도 필요합니다. 그래야만 삼간의 정체와 실패를 극복하고 학습 곡선의 고원을 훌쩍 뛰어넘어 자신이 바라는 꿈을 실현할 수 있습니다.

# 02

## 자신을 믿어야 해

　몇 해 전, 나는 친한 친구와 함께 알프스 산맥의 와일더카이저 봉우리 앞에 섰습니다. 오랜만에 등반에 나설 생각이었지요. 물론 친구와 나는 전문 산악인이 아니었습니다. 가끔 취미로 등산을 즐기는 수준이었지요.

　갑자기 친구가 얕은 한숨을 내쉬며 내게 물었습니다.

　"휴~ 오늘 우리가 무사히 저 봉우리까지 갔다 올 수 있을까?"

　나는 괜히 엄살을 부리는 친구에게 자신감을 불어넣어주었지요.

　"나는 무슨 일이든 실패할지 모른다고 걱정하며 시작하지 않아. 일단 가보는 거지, 뭐. 저 봉우리가 꽤 높기는 하지만 까짓것 한번 해보자고!"

"하여튼 자네는 늘 자신감이 넘치는군."

그제야 친구는 짐짓 걱정스런 표정을 지우고 신발 끈을 다시 야무지게 묶었습니다. 그리고는 내 어깨를 두어 번 토닥이고 나서 자기가 먼저 앞장섰지요. 나 역시 기분 좋은 웃음을 터뜨리며 그의 뒤를 따랐습니다.

나는 그동안 제법 많은 사람들에게 연설 교육을 해왔습니다. 그런데 그들 중 적지 않은 사람들이 열심히 훈련에 참여하고도 자신의 연설 결과에 두려움을 버리지 못했지요. 그때마다 나는 이렇게 말했습니다.

"여러분이 매번 충실하게 노력했다면 결과에 대해 신경 쓰지 않아도 됩니다. 진심어린 노력은 결코 여러분을 배신하지 않을 테니까요. 결과에 대한 두려움을 버리고 자신을 믿으면 어느 날 눈에 띄게 발전한 연설 실력을 깨닫게 될 것입니다."

이것은 사실 미국 하버드대학교 교수이자 심리학자였던 윌리엄 제임스의 말을 응용한 것입니다. 나는 그의 이야기를 처음 들으며 크게 공감했지요. 나 역시 성공적인 연설자가 되는 중요한 조건 중 하나가 자기 자신을 믿는 것이라고 생각해왔으니까요.

그날 제임스는 다음과 같은 말도 덧붙였습니다.

"여러분이 자기 자신을 신뢰하면서 열정을 불태우면 진정으로 원하는 보상을 얻게 됩니다. 자연스럽게, 바라는 목표에

도달할 수 있지요. 여러분이 밤낮 없이 일하면 부자가 될 것이고, 똑똑한 사람이 되려고 하면 박사 학위도 너끈히 딸 수 있습니다. 또 착한 사람이 되고 싶다면 점점 더 착한 사람으로 변해가겠지요. 그와 같은 바람을 이루기 위해서는 가장 먼저 스스로 자신을 믿으며 최선을 다해 노력해야 합니다. 괜히 결과에 대해 걱정하면서 움츠러들 필요가 없습니다."

나는 윌리엄 제임스의 이 말에도 완전히 공감했습니다.

그동안 내가 지켜봐 온 성공한 인물들 중에는 뛰어난 재능을 갖지 못한 사람도 적지 않았습니다. 어느 면에서 보면 탁월한 재능이 꼭 성공을 보장하는 것도 아니었지요. 대부분의 성공한 인물은 우리 주변의 평범한 사람들과 별로 다른 점이 없었습니다. 다만 그들은 자기 자신을 믿고 끊임없이 노력했다는 차이가 있을 뿐이었습니다.

다시 한 번 강조하건대, 재능만으로 성공에 다다르기는 어렵습니다. 지나치게 결과에 신경 쓰거나, 자기가 한 노력에 대한 보상만 기대하는 사람은 자꾸 두려움에 빠져들고 헛된 욕심에 집착하게 됩니다. 그래서 오히려 재능 많은 사람이 쉽게 낙심하거나 오로지 돈벌이 따위에만 몰두하는 어리석은 모습을 보이고는 하지요. 자기 자신을 믿고 끈기 있게 노력하는 사람만이 결국 높은 산봉우리에 우뚝 서게 된다는 사실을 되새겨야 합니다.

# 03

## 해내겠다는 의지를 가져야 해

나폴레옹 보나파르트, 아서 웰링턴, 율리시스 그랜트, 로버트 리, 페르디낭 포슈…… 모두 역사적으로 큰 공을 세운 장군들의 이름입니다. 그들은 뛰어난 전략과 용맹으로 부하들을 이끌어 승전을 거듭했지요.

"전투에서 승패를 가르는 첫 번째 요인은 병사들의 사기다. 어느 쪽의 사기가 높은지에 따라 한쪽은 승리의 나팔을 울리고, 다른 한쪽은 패배해 줄행랑을 친다."

이것은 페르디낭 포슈의 말입니다. 그는 프랑스 출신 장군으로, 제1차 세계 대전 때 연합군 대원수 지리에 올라 수많은 병사들을 지휘했지요. 그는 전투의 승패에 가장 큰 영향을 끼치는 것으로 병사들의 사기를 손꼽았습니다. 적과 용감히 맞붙어 싸우겠다는 사기가 높지 않으면 설령 좋은 무기를 갖고 있어도 전투에서 승리할 수 없다고 본 것입니다.

포슈가 강조한 병사들의 사기를 일상생활 속 용어로 설명한다면 '의지'라고 할 수 있습니다. 여러분도 알다시피, 의지는 어떤 일을 이루고자 하는 마음을 일컫지요. 어떤 목적을 실현하기 위해 자발적으로 행동하는 굳은 마음가짐을 가리킵니다.

병사들이 사기를 잃으면 전투에서 패배하듯, 우리가 의지를 갖지 못하면 인생에서 이룰 수 있는 것이 별로 없습니다. 그 사람이 연설자라면 청중 앞에서 성공적인 연설을 할 수 없지요. 연설을 잘하기 위한 필수 요소 중 하나도 다름 아닌 의지인 것입니다. 굳은 의지를 가진 사람은 뭔가를 꼭 해내고야 말겠다는 열정을 불태우게 마련이지요.

미국 작가 엘버트 허버드는 한 독서 토론회에서 독자들을 만나 의지의 중요성에 관해 연설한 적이 있습니다. 그때 그는 한 편의 시를 낭송하듯 다음과 같이 조언했지요.

"여러분, 집을 나설 때는 고개를 들고 깊이 숨을 들이마십시오. 따사로운 햇살을 즐기세요. 친구를 만나면 웃는 얼굴로 인사하고, 악수에 진심을 담으세요. 남들에게 오해받을까 봐 괜히 두려워 말고, 다른 사람들을 비난하는 데 1분도 낭비하지 마세요. 자기가 하고 싶은 일을 정했다면, 망설이거나 두려워 말고 목표를 향해 꾸준히 나아가야 합니다. 자신의 앞날에 원대한 포부를 품어보세요. 그러면 시간이 흐를수록, 여러분이 꿈을 이룰 수 있는 모든 기회를 자연스럽게 깨닫게 될 것입니다. 마치 산호가 바닷물에서 자연스레 영양분을 흡수하듯 말이지요. 그리고 시간 날 때마다 여러분이 본받고 싶은 유능한 사람들의 이미지를 마음속에 그려보세요. 그런 생각의 반복이 여러분을 바로 그 사람처럼 변하게 만들 것입니다. 우리가 짐작하는 것보다 생각의 힘은 훨씬 더 대단하니까요. 여러분의 진정한 노력은 언젠가 보상을 받게 마련입니다. 인간은 자기가 마음먹은 대로 변하지요. 그러니 집을 나설 때는 고개를 들고 숨을 깊이 들이마셔 보세요. 따사로운 햇살을 맘껏 즐겨 보세요. 지금 우리의 모습은 주름투성이 작은 번데기일지 모릅니다. 하지만 그런 자세로 의지를 갖고 생활하다 보면, 언젠가 우리 모두 아름다운 나비가 될 수 있습니다."

청소년 여러분, 허버드가 작가답게 참 멋진 이야기를 하지 않았나요?

나는 여러분이 허버드의 말을 종종 큰 소리로 따라 읽어보면 좋겠습니다. 그러면 하루를 시작할 때, 또 인생의 목표를 정해 열심히 노력할 때 의지를 북돋울 수 있을 테니까요.

그럼 시인 로버트 서비스의 당부를 덧붙이며 이번 장을 마무리하겠습니다.

"절대 움츠러들지 마십시오. 그만두는 것은 쉽습니다. 납작

엎드리는 것은 쉽습니다. 죽는 것은 쉽습니다. 어렵지만, 용기를 내야 합니다. 당당히 맞서야 합니다. 앞이 막막하고 상처 입더라도 묵묵히 나아가야 합니다. 어렵지만, 의지를 갖고 계속 살아가야 합니다."

## [여섯 번째 이야기] 상대방에게 더 많이 말할 기회를 줘요

대화는 누가 이기나 하는 게임이 아닙니다.

가끔 "나는 누구와 대화해도 지지 않을 자신 있어!"라고 이야기하는 사람이 있습니다. 그런 사람은 대화의 의미를 잘 모르는 것이지요.

대화란 내 생각을 전하고 상대방의 생각을 들어봐 최선의 결론에 이르는 과정입니다. 친구들과 이야기를 나누면서 서로에 대한 이해의 폭을 넓히는 것도 대화가 주는 기쁨 가운데 하나지요. 부모님께 마음 깊숙이 간직했던 고민을 털어놓으며 이야기하는 것도 대화의 긍정적인 모습입니다.

그러므로 대화할 때 쉴 새 없이 말을 해서 내 주장만 밀어붙이겠다는 것은 어리석은 자세입니다. 상대방이 하는 말을 더 많이 들으려고 노력해야 하지요. 상대방이 하는 말을 듣는 가운데 내가 미처 예상하지 못한 훌륭한 결론을 이끌어 낼 수도 있으니까요.

입은 작게 열고, 귀는 크게 열 줄 알아야 현명한 사람입니다.

출처 - 『초등 대화 기술』(하늘땅사람 지음, 도서출판 책에반하다)

# 제**7**장

## 좋은 연설을 하는 **비결**

# 01

## '무엇을' 만큼 중요한 '어떻게'

젊은 음악가가 나를 찾아와 고민을 털어놓은 적이 있습니다.

"선생님, 저는 얼마 전 이그나치 얀 파데레프스키의 피아노 연주회에 다녀왔습니다. 마침 제가 좋아하는 곡을 연주해 무척 흥미로웠지요. 그런데 그날 집에 돌아온 저는 큰 절망감에 빠져들었습니다. 저도 똑같은 악보로 연주하는데, 왜 파데레프스키만큼 감동을 주지 못할까요? 제게 어떤 문제가 있는 걸까요?"

나는 젊은 음악가의 고민을 충분히 이해했습니다. 그리고 그 이유도 잘 알고 있었지요.

"자네는 좋은 연주가 뭐라고 생각하나? 내 생각에, 그것은 음악에 대한 연주자의 감정과 이해를 관객에게 정확히 전달하는 것이네. 그러려면 연주하는 기술뿐만 아니라 연주자의 영혼이 그 안에 담겨야 하지. 오랜 시간 연습하고 또 연습해 단지 악보를 연주하는 것이 아니라 관객에게 어떻게 감동을 전할지 스스로 깨달아야 하네. 그것이 자네와 파데레프스키의 차이점일세."

다행히 젊은 음악가는 나의 말뜻을 잘 받아들였습니다. 나는 그가 먼 훗날 파데레프스키 못지않은 훌륭한 연주자가 될 것이라고 기대했습니다.

연설도 음악과 다르지 않습니다. 나는 2년 전에 어느 형제 탐험가의 강연을 들은 적이 있습니다. 형제는 오전과 오후로 나뉘어 호주의 오지를 함께 탐험한 경험담을 주제로 연설했지요. 그날 나는 오전과 오후 강연회에 모두 참석해 두 사람의 이야기를 들었습니다. 그런데 놀랍게도 강연장 분위기가 180도 달랐지요.

탐험가 형이 강연한 오전에는 청중의 반응이 시큰둥했습니다. 연설을 듣다 말고 졸거나 딴청을 피우는 관객이 적지 않았지요. 그런데 오후 강연의 분위기는 전혀 달랐습니다. 동생 역시 형과 똑같이 경험한 탐험 이야기를 하는데도 청중의 반응이 뜨거웠지요. 동생의 연설이 끝나는 순간까지 청중 중에 졸거나 딴청을 피우는 사람은 거의 보이지 않았습니다.

그처럼 탐험가 형제의 연설 분위기가 달랐던 이유가 무엇이었을까요?

그것은 동생이 '어떻게' 연설해야 하는지 잘 알고 있었기 때문입니다. 그에 비해 형은 오직 '무엇을' 이야기할지만 생각했지요. 연설은 아무리 내용이 흥미로워도 연설자가 효과적으로 전달하지 못하면 청중의 관심을 끌지 못합니다. 아무리 악보를 정확히 연주해도 관객에게 어떻게 감동을 전할지 깨닫지 못하면 그저 그런 연주자로 평가받는 것과 같은 이유지요.

"연단에 올라 무엇을 이야기하느냐가 아니라 어떻게 이야기하느냐에 더 신경을 쓰세요."

나는 중급 수준의 연설 수업 수강생들에게 이런 말을 자주 해왔습니다. 오랜 시간 교육받아 연설 수준이 어느 정도 올라간 사람들에게 내용 못지않게 중요한 연설의 기교에 대해 설명한 것이지요. 기교라고 해서 잔재주를 의미하는 것은 절대 아닙니다. 그보다는 연설자가 청중에게 감정을 전달하는 방식, 연설에 불어넣는 연설자의 진심어린 열정 등을 강조하는 것이지요. 내용을 넘어 그런 것까지 두루 갖춰야 청중이 좋은 연설이라고 평가하니까요.

영국 정치인들 사이에는 '연설의 성공은 내용이 아니라 형식에 달려 있다.'라는 격언이 자주 쓰인다고 합니다. 고대 로마의 교육자였던 퀸틸리아누스의 말이지요. 여러분은 그 격언을 '무엇을'과 함께 '어떻게'도 갖춰야 좋은 연설을 할 수 있다는 뜻으로 받아들이기 바랍니다.

# 02

## 자연스럽게, 친밀하게

세계적인 호텔에서 유명 소설가를 초청해 강연회를 열었습니다. 그런데 소설가의 연설은 몹시 실망스러웠지요. 소설은 누구보다 잘 쓰는 작가였지만, 연설에는 영 소질이 없어 보였습니다. 뭐, 처음부터 강연회에 별 의욕이 없어 보이기도 했고요.

소설가의 연설 주제는 '소설의 미래'였습니다. 어떤가요, 청소년 여러분이 듣기에도 이렇다 할 흥미를 갖기 어려운 주제지요?

그런데 가장 큰 문제는 대중적이지 않은 주제 선정이 아니었습니다. 그는 연설 중에 그 주제를 자기가 결정한 것이 아니라고 고백했지요. 아마도 소설가를 초청한 호텔 홍보실 직원이 선정한 주제인 듯한데, 남이 결정한 주제에 대해 이야기하려면 연설자도 열정을 느끼기 어려운 것이 사실입니다. 게다가 연설 준비 과정도 철저하지 못해 청중의 호응을 이끌어내기 더 힘들었지요.

소설가는 연설하는 내내 급히 작성해온 메모지에 머리를 처박고 작은 목소리로 중얼거렸습니다. 좀처럼 청중과 눈길을 마주치려 하지 않았지요. 그의 시선은 연단 바닥이나 강연장 천장으로 향할 뿐이었습니다. 분명 소설가인데도 소설의 미래 같은 주제로는 할 말이 별로 없는 듯 보였지요.

그날 소설가가 청중 앞에서 한 이야기는 연설이라고 할 수 없었습니다. 그것은 그냥 혼잣말을 내뱉는 독백이었지요. 좋은 연설의 필수 조건이라고 할 청중과 함께하는 의사소통은 전혀 없었으니까요. 좋은 연설은 그 내용이 연설자의 마음에서 청중의 마음으로 자연스럽게 전해져야 하는데 그런 분위기를 전혀 느낄 수 없었습니다. 아무런 의욕도 없는 연설자가 허허벌판에 홀로 서서 중얼대는 것과 다를 바 없었지요.

곰곰이 따져보면, 대중적이지 않은 주제 선정은 별 문제가 아니었습니다. 얼마 후, 소설가가 섰던 그 강연장에서 영국 물리학자 올리버 로지의 연설이 있었지요. 그런데 그날의 분위기는 이전과 달리 무척 활기가 넘쳤습니다. 로지는 '소설의 미래' 못지않게 따분해 보이는 '원자와 세계'라는 주제로 한 시간 넘게 연설하면서도 내내 청중의 관심을 사로잡았지요.

그는 자기가 평생 연구해온 다양한 과학 지식들을 청중의 눈높이에 맞게 설명하면서 매력과 힘이 넘치는 훌륭한 연설을 해냈습니다.

그럼 며칠 간격을 두고 펼쳐졌던 소설가와 물리학자의 연설에는 어떤 차이가 있었을까요?

그것은 한마디로 '자연스러움'과 '친밀감'의 차이였습니다. 소설가는 자기가 선정한 주제가 아닌데다 준비도 충실하지 못해 연단에서 몹시 부자연스러운 모습을 보였지요. 그런 연설자에게 청중이 친밀감을 느끼는 것은 불가능했고요.

그와 달리 올리버 로지는 마치 가까운 사람들과 모여 이야기 나누듯 자연스럽고 친밀한 연설을 해나갔습니다. 다만 많은 사람들을 상대하다 보니 목소리 볼륨을 좀 더 높였을 뿐이지요. 그는 보통 사람들에게 친숙하지 않은 물리학 주제를 일상생활의 평범한 이야기처럼 설명하는 탁월한 재능을 선보였습니다. 그야말로 청중을 몰입시킨 훌륭한 연설이었지요.

그날 로지는 품질 좋은 유리창과 같은 연설자였습니다. 좋은 유리창은 그 자체로 눈에 띄지 않지요. 좋은 유리창은 있는지 없는지 모르게 빛을 받아들이고 밖을 내다보게 할 따름입니다. 좋은 연설자도 그렇습니다. 좋은 연설자는 많은 청중이 자기도 모르게 연설에만 빠져들게 하는 멋진 재능을 가졌습니다.

# 03

## 개성이 필요해

사람은 모두 다릅니다. 세상에 똑같은 사람은 하나도 없습니다. 그러므로 우리는 다른 사람들과 차별되는 개성을 찾아 자신의 가치를 높이기 위해 노력해야 합니다. 어쩌면 사회와 학교가 여러분을 획일적인 인간으로 만들려고 할지 모릅니다. 하지만 우리는 자기만의 색깔을 잃지 말아야 하지요. 모든 사람들이 자신의 방식으로 세상에 존재해야 합니다.

우리가 연설자로서 가져야 할 마음가짐도 마찬가지입니다. 개성은 연설자가 꼭 가져야 소중한 재산이지요. 다른 연설자들과 똑같이 생각하고, 말하고, 몸짓하면 아무런 경쟁력도 갖지 못합니다. 훌륭한 연설자가 되려면 자기만의 방식을 발전시켜 나가야 합니다.

미국 역사상 손꼽히는 연설의 라이벌로 지금까지 언급되는 두 인물이 있습니다. 그들은 에이브러햄 링컨과 스티븐 더글러스입니다. 두 사람은 인기 있는 정치가로서 여러 차례 선의의 경쟁을 펼쳤지요. 그들은 외모와 성격, 연설 방식까지 다른 점이 매우 많았습니다.

우선 링컨은 키가 크고 몸가짐이 어딘지 촌스러웠습니다. 그에 비해 더글러스는 키가 작았고 몸가짐이 아주 세련됐지요. 링컨이 소탈한 성품에 대화 중 비유와 예시를 잘 활용하는 사람이었다면, 더글러스는 빈틈없어 보이는 정갈한 성격에 사람들과 나누는 대화에도 군더더기가 별로 없었습니다. 링컨이 겸손하고 너그러웠다면, 더글러스는 좀 권위적인 분위기를 풍겼지요.

두 사람은 대중 연설을 할 때도 서로 다른 모습을 보였습니다. 링컨에 비해 더글러스는 두뇌 회전이 빠르고 순발력이 뛰어났지요. 링컨의 연설이 청중에게 신중하고 조용히 다가가는 특징이 있다면, 더글러스의 연설은 좀 더 직접적이고 강하게 청중에게 접근했습니다.

그런데 두 사람에게는 공통점도 있었습니다. 둘 다 용기와 자제력을 갖춘 인물이었지요. 또한 사사로운 감정 없이 국가와 국민을 위해 일하겠다는 열정도 가졌습니다. 두 사람 중 누가 정치적 경쟁에서 승리하더라도 더 나은 미국의 앞날을 기대할 만했지요.

그러면서도 링컨과 더글러스는 결코 서로를 흉내 내지 않았습니다. 상대방의 장점을 잘 알면서도 두 사람 모두 자신의 개성을 한껏 발휘해 국민에게 설득력 있는 주장을 펼쳐나갔지요. 그랬기에 오늘날까지 많은 미국인들이 링컨과 더글러스를 훌륭한 연설자로 기억하는 것입니다.

# 04

## 좋은 연설에 필요한 기술

좋은 연설을 완성하려면 여러 가지 조건을 갖춰야 합니다. 연설자의 올바른 태도와 철저한 준비, 청중에게 어울리는 주제와 내용 등 중요한 것이 많지요. 여기에 덧붙여 연설의 기술도 빼놓을 수 없는 요소입니다. 훌륭한 연설자라면 단순한 잔재주가 아니라 연설을 더욱 돋보이게 하는 몇 가지 기술을 터득해야 하지요.

여러 연설의 기술 중 대표적인 것을 이야기하면 다음과 같습니다.

첫째, 연설 중 특별히 중요한 단어는 강하게 말하라.

글을 쓸 때는 필자가 강조하고 싶은 단어에 문장 부호를 붙여 독자의 시선을 끌 수 있습니다. 해당 단어의 활자를 굵게 표시하거나 글씨체를 달리해 도드라져 보이게 할 수도 있지요. 하지만 말로 하는 연설에서는 그런 방법을 적용하지 못하므로 특별히 강조하고 싶은 단어를 힘주어 이야기하는 방법을 사용합니다.

둘째, 문장의 높낮이에 변화를 주어라.

대부분의 연설은 꽤 긴 시간 동안 계속됩니다. 그런데 가끔 모든 문장을 일정한 높낮이로 이야기하는 연설자를 보게 되지요. 그런 연설자는 청중을 지루하게 만듭니다. 마치 단조롭기 짝이 없는 기계음을 듣는 것 같아 짜증이 나기도 하지요. 문장 역시 중요도에 따라 높낮이에 변화를 주면 청중의 집중력을 한층 높일 수 있습니다.

셋째, 말의 속도에 변화를 주어라.

문장의 높낮이에 변화를 줘야 하는 것과 비슷한 이유입니다. 에이브러햄 링컨은 연설에서 이렇다 할 특별한 점이 없는 부분을 빨리 말하고 중요한 부분은 천천히 말해 청중이 좀 더 주목해야 할 내용을 자연스럽게 느끼도록 했습니다.

넷째, 청중에게 강조하려는 문장의 앞뒤에서 잠시 멈추어라.

앞서 사례로 든 영국 물리학자 올리버 로지는 자기가 강조하고 싶은 문장 앞에서 잠시 숨을 골랐습니다. 중요한 부분을 이야기한 뒤에도 잠시 뜸을 들였지요. 대개 쉴 새 없이 말이 이어지는 연설에서 침묵의 순간을 가진 것입니다.

왜 그랬을까요? 그것은 청중의 몰입을 극대화하기 위한 방법이었습니다. 연설자가 쉼 없이 말하다가 잠시 침묵하면 청중의 관심이 일제히 쏠리게 마련이지요. 바로 그때 노련한 연설자는 자기가 강조하고 싶은 말로써 침묵을 깨뜨리는 것입니다. 그러면 연설의 몰입도가 훨씬 더 높아지지요.

앞으로 청소년 여러분에게 연설할 기회가 주어진다면 여기서 설명한 4가지 연설의 기술을 사용해보기 바랍니다. 물론 훌륭한 연설은 무엇보다 먼저 철저한 준비와 끊임없는 연습이 밑받침되어야 하지요. 그러고 나서 4가지 연설의 기술을 더하면 여러분이 좀 더 훌륭한 연설자로 돋보이게 될 것입니다.

## [일곱 번째 이야기] 설레는 기분을 느껴요

누군가와 대화를 나누는 것은 즐거운 일입니다. 내 마음을 전하고, 그 사람의 생각을 알게 되는 것은 신나는 일이지요.

생각해보세요. 친구와 서로 응원하는 스포츠 팀에 관해 이야기를 나누면 재미있지 않나요? 친구와 만화 주인공에 관해 이야기하면 어느 새 기분이 좋아지지 않나요? 친구와 함께 공부하면서 모르는 내용에 관해 이야기하다보면 어느덧 자신감이 생기지 않나요?

대화의 즐거움은 친구들끼리만 느낄 수 있는 것이 아닙니다.

선생님께서 부르시면 덜컥 겁부터 먹는 청소년이 있을 거예요. 아빠 엄마가 가족회의를 하자면 무조건 귀찮아하는 청소년도 있겠지요.

하지만 다시 한 번 생각해봐요. 부모님과 선생님은 우리를 무척 사랑하시잖아요. 그런 분들과 이야기를 나누는 일이 즐거운 것은 당연하지요. 가끔 잘못을 꾸짖기도 하시지만, 그분들만큼 우리를 최고로 여기며 대해주는 사람은 없습니다.

그러니 친구든 선생님이든 부모님이든, 누군가 말을 걸어오면 마음껏 설레어 봐요.

출처 – 『초등 대화 기술』(하늘땅사람 지음, 도서출판 책에반하다)

제**8**장

# 연설하기 전에 **준비할 것**

# 01

## 자신을 매력적으로 만들어

연단에 오르는 누구나 성공적인 연설을 꿈꿉니다. 하지만 모든 일이 그렇듯, 청중의 진심어린 박수를 받는 연설자가 되기는 쉽지 않지요. 연단에 오르기 전 성공적인 연설을 위해 미리 준비해야 할 것이 한두 가지가 아닙니다. 그중 하나가 연설자 자신이 청중에게 매력적인 존재로 비치겠다는 마음가짐이지요.

갑자기 매력적인 존재라고 하니까, 무슨 말인지 잘 이해되지 않나요?

연설자가 청중에게 매력적인 존재로 비치기 위한 준비는 사실 어렵지 않습니다. 연단에 오르기 전에 몇 가지 규칙만 지키면 되니까요.

첫 번째 규칙은 연설하기 전에 충분히 휴식을 취하라는 것입니다.

이를테면, 내일이 연설하는 날인데 전날 밤늦게까지 친구들과 놀면 안 됩니다. 그동안 나는 연설을 앞두고 멀리 여행을 가거나 다른 사람들과 어울려 잔뜩 술을 마시는 연설자들을 보았습니다. 그들은 하나같이 좋은 연설자로 평가받지 못했지요.

두 번째 규칙은 과식을 피하라는 것입니다.

식욕은 인간의 기본적인 욕구 중 하나입니다. 맛있는 음식을 눈앞에 두고 식욕을 억제하기는 쉽지 않지요. 그럼에도 연설을 앞둔 연설자에게 과식은 금물입니다. 지나치게 음식을 먹으면 두뇌 회전에 필요한 혈액이 위장 속 음식을 소화하는 데 이용되기 때문이지요. 그러면 기껏 준비한 연설 내용을 청중에게 효과적으로 전달하지 못하며, 심지어 연단에서 졸음이 밀려오기도 합니다. 그런 까닭에 일부 연설자들은 과식을 피하는 것을 넘어 연단에 오르기 전에는 한동안 아무 음식도 먹지 않지요.

마지막으로 세 번째는 옷차림에 신경 쓰라는 것입니다.

이 말은 단순히 멋을 부리라는 조언이 아닙니다. 값비싼 옷과 액세서리로 치장하라는 것이 아니라, 자신만의 매력을 내보이는 정갈한 옷차림을 하라는 뜻이지요. 그와 같은 준비는 연설자에게 자신감을 키워줘 성공적인 연설을 가능하게 합니다. 연설자 스스로 옷차림부터 청중에 대한 예의를 갖추는 것이므로, 청중도 연설자에게 더욱 집중하게 되지요.

연설을 앞두고 자신을 매력적인 존재로 만들기 위해 노력하는 것은 연설자의 의무이자 책임입니다. 아울러 그것은 연설자의 권리기도 하지요. 연단에서만큼은 그 누구도 아닌 연설자 자신이 주인공입니다. 언젠가 여러분에게 연설할 기회가 주어진다면, 반드시 그런 자부심을 가져야 합니다.

# 02

웃는 얼굴과 밝은 마음으로

얼마 전 나는 뉴욕에서 크게 성공한 금융 전문가를 만나 인터뷰한 적이 있습니다. 나는 그에게 성공의 이유를 물었지요. 그는 거창한 말 대신 누구나 실천할 수 있는 뜻밖의 이유를 이야기했습니다.

"경쟁이 몹시 치열한 금융계에서 제가 성공할 수 있었던 가장 큰 이유는 환한 미소입니다."

"환한 미소라고요?"

"네, 저는 신입사원 때부터 모든 고객을 밝고 따뜻한 미소로 대했습니다. 제 주변에는 서비스 정신을 가져야 하는 은행원인데도 고객에게 퉁명스럽게 대하는 동료들이 적지 않았지요. 고객 입장에서 친절한 은행원과 무뚝뚝한 은행원 중 누구에게 자신의 재산에 관한 상담을 할까요? 두말 할 것 없이 친절한 은행원에게 호감과 믿음을 갖겠지요. 그러다 보니 저는 동료들보다 뛰어난 실적을 올려 빠르게 승진할 수 있었습니다."

나는 이제 뉴욕에서도 손꼽히는 금융 전문가로 인정받는 그의 성공 비결이 연설자가 꼭 갖춰야 할 태도라고 생각합니다. 웃는 얼굴과 밝은 마음으로 청중을 대하는 자세가 연설을 성공적으로 이끌기 때문입니다.

물론 사람에게는 저마다 다른 성격이 있습니다. 성장하면서 조금씩 변하기는 하지만, 세상에 태어날 때부터 갖는 천성이 있지요. 그래서 어떤 사람은 웃음이 많고 밝은 반면 어떤 사람은 자주 무표정하고 심각한 표정을 짓는 것입니다. 또 어떤 사람은 쾌활해 사교적이고 어떤 사람은 조용히 자신만의 세계에 갇혀 지내지요. 다양한 사람들이 어울려 살아가는 세상이므로 어느 쪽이 좋고, 어느 쪽이 나쁘다고 단정 지을 수는 없습니다.

다만 연설자의 성격으로는 아무래도 밝고 쾌활한 쪽에 장점이 많습니다. 우리는 타인의 환한 미소를 보며 경계를 풀고 친밀감을 느끼는 경우가 많으니까요. 앞서 이야기한 성공한 금융 전문가의 사례를 통해서도 그와 같은 사실을 잘 알 수 있습니다.

나는 연설자의 성공에 성격이 매우 중요한 요소라고 생각합니다. 말하나 마나 자신의 타고난 성격을 고치는 것은 간단한 문제가 아니지요. 그럼에도 연단에 오르는 모든 연설자는 청중에게 밝고 따뜻한 미소를 보이기 위해 노력해야 합니다. 어둡고 무표정한 얼굴로는 결코 청중을 설득할 수 없기 때문입니다.

# 03

## 연설하는 환경에도 신경 써

연설자가 철저히 준비하고 올바른 마음가짐을 가지면 모든 준비가 끝난 걸까요?

아닙니다. 그리고 나서도 연설의 성공을 위해 꼭 살펴봐야 할 것이 있습니다. 그것은 다름 아닌, 순조롭게 연설을 진행할 환경이지요.

연단에 오르기 전 살펴봐야 할 연설 환경에는 우선 '시간'이 있습니다.

나는 지금까지 오전과 오후 또는 저녁 시간에 여러 차례 연설을 해보았습니다. 그런데 대체로 저녁 시간에 청중의 반응이 가장 뜨거웠지요. 오전이나 오후 같으면 가벼운 미소를 지었을 이야기에도 저녁 시간의 청중은 크게 박수치며 환호했습니다.

아마도 그 이유가 하루 일과를 무사히 마친 저녁 시간에 사람들의 마음이 좀 더 너그러워지기 때문인지 모르겠습니다. 아무튼 이제 나는 저녁 시간에 연설할 때 훨씬 더 즐거운 마음으로 연단에 오르지요. 곧 마주할 청중의 열렬한 반응을 상상하는 것만으로도 기분이 들뜨는 것입니다.

그 다음에 살펴봐야 할 연설 환경은 '장소'입니다.

무조건 넓고 화려한 강연장이 최고는 아닙니다. 연설에 참석하는 청중의 수와 나이, 성별 등을 고려한 강연장이 바람직하지요. 청중의 수에 비해 강연장이 너무 넓으면 연설자의 메시지가 잘 전달되지 않습니다. 또한 강연장 안 여기저기에 놓인 빈 의자만큼 연설자의 사기를 꺾는 것도 없지요. 어떤 연령대의 청중은 지나치게 화려한 시설에서 편안한 분위기를 느끼지 못하는 경우도 있습니다.

청중의 수가 많아야 성공적인 연설로 평가받는 것은 아닙니다. 청중의 규모에 어울리는 강연장에서 알찬 연설이 이루어져야 연설자의 집중력과 청중의 몰입도가 한층 높아지게 되지요. 그러므로 연설의 성격과 청중의 규모를 미리 잘 따져 강연장을 선정해야 합니다.

그 밖에 시간과 장소 못지않게 중요한 것이 강연장의 '공기'와 '조명'입니다.

특히 실내에서 이루어지는 연설은 강연장의 공기가 신선해야 청중의 졸음을 방지합니다. 아무리 연설이 흥미로워도 강연장의 공기가 탁하면 사람의 육체는 피로를 느끼게 마련이지요. 그리고 불쾌한 냄새가 청중의 기분을 상하게도 합니다.

조명의 중요성은 책상 위의 스탠드를 떠올려보면 실감할 수 있습니다. 여러분이 공부할 때 스탠드 불빛이 집중력을 높여주듯, 강연장의 조명은 연설자의 말과 몸짓에 청중이 더욱 몰입할 수 있도록 도와줍니다. 때로는 연설자에 대한 신비감까지 갖게 하지요.

여기에 덧붙여 나는 연단에 놓인 탁자에 불필요한 물건을 올려두지 말라고 이야기하고 싶습니다. 괜히 꽃이나 리본 등을 이용해 탁자를 장식하려고 했다가는 청중의 시선만 흐트러뜨릴 뿐이지요. 탁자 위에는 연설자가 마실 물 한 잔만 준비해두면 충분합니다. 아예 탁자를 치우는 것도 괜찮은 선택이고요. 연단의 주인공은 연설자가 되어야 합니다.

# 04

## 연설자의 바람직한 태도를 되새겨 봐

연설자는 연단에 등장하는 순간부터 연설을 마칠 때까지 주의를 기울여야 할 몇 가지 사항이 있습니다. 이를테면, 연설이 시작되기 한참 전부터 연설자가 일찌감치 자신을 노출시키는 것은 피해야 하지요. 나는 연설자가 미리 연단에 올라와 있는 것보다 연설이 시작되는 시각에 맞춰 연단에 등장하는 것이 청중의 호기심을 더 자극한다고 생각합니다.

또한 연설자는 연단에서 쓸데없는 동작을 삼가야 합니다. 자꾸 옷매무새를 추스르거나 얼굴과 머리카락을 매만지는 행동 등은 청중의 몰입을 방해하지요. 어떤 연설자는 연단에 뻐딱하게 서서 다리를 떨거나 팔짱을 끼기도 하는데, 모두 청중에게 건방진 인상을 심어주기 십상입니다. 괜한 헛기침을 하는 등 이상한 소리를 반복적으로 내는 행위도 청중에게 불쾌감을 안겨줄 수 있지요.

그리고 연설자의 제스처는 연설의 성격과 청중이 어떤 대상인지에 따라 적절히 이루어져야 합니다. 프랭클린 루스벨트는 연설할 때 표정이 아주 풍부했던 것으로 유명하지요. 영국 정치인 존 글래드스턴은 연단에서 탁자를 손으로 치거나 바닥에 발을 구르는 등 거침없는 제스처를 선보인 것으로 알려져 있습니다. 그 밖에도 여러 유명인이 연설할 때 독특한 제스처로 청중의 눈길을 사로잡고는 했지요. 그들은 연설의 본질을 해치지 않는 적절한 제스처로 청중에 대한 설득력을 높였습니다.

연설의 성격과 청중을 고려하지 않은 제스처는 장점보다 단점이 더 많습니다. 연설자 혼자 분위기 파악을 못해 실패한 연설이 될 확률이 높지요. 연단 위에서 하는 제스처는 반드시 절제가 필요합니다. 연설의 내용을 강조하거나 청중의 동의를 이끌어내는 목적으로 최소화하는 편이 좋지요. 똑같은 제스처를 지겹게 반복하는 것도 금물입니다. 너무 돌발적인 제스처로 청중을 놀라게 해서도 안 되며, 하나 마나 한 성급한 제스처로 괜히 분위기만 산만하게 만드는 것도 조심해야 합니다.

## [여덟 번째 이야기] 겉모습으로 판단하면 안 돼요

세상에는 가난해도 바르게 사는 사람이 많습니다. 똑똑하지만 항상 겸손해하는 사람도 많지요. 부자라도 검소하게 생활하는 사람 역시 적지 않고요.

옷차림새가 허름하다고 그 사람의 마음까지 볼품없지는 않습니다. 주머니에 돈이 없다고 그 사람의 머릿속까지 텅 비어 있지는 않지요. 공부를 많이 못했다고 지혜까지 부족하지는 않습니다.

가끔 화난 표정을 짓는다고 엄마가 나를 미워하시는 것은 아닙니다. 버럭 소리를 지른다고 아빠가 나를 싫어하시는 것은 아니지요. 키 크고 예쁜 친구라고 모두 마음씀씀이까지 멋진 것은 아닙니다. 못생기고 공부도 못하는 친구의 손길이 제일 따뜻한 경우도 있지요.

겉모습은 얼마든지 꾸며 낼 수 있습니다. 속마음은 '아니오'라도 밖으로는 '예'라고 말할 수 있습니다. 좋아하지 않아도 웃을 수 있지요. 슬프지 않아도 울 수 있고요. 알면서 모르는 척할 수도 있습니다.

어느 면에서는 겉모습도 중요하지만, 자칫 겉모습에 속아 진실을 잊으면 안 됩니다.

출처 – 『초등 대화 기술』(하늘땅사람 지음, 도서출판 책에반하다)

# 제**9**장

## 어떻게 **연설을 시작할까**

# 01

## 호기심을 자극해

강연장에 모인 청중이 모두 자발적으로 참석하는 것은 아닙니다. 그중에는 어떤 단체에 소속되어 온 사람도 있고, 주최 측의 초대를 받아 온 경우도 있지요. 또 제 발로 찾아온 청중이라 하더라도 그날의 연설에 별다른 기대를 하지 않을 수 있습니다. 청소년 여러분이 참여하는 행사라고 해도 크게 다르지 않지요.

그렇다면 연설자가 다양한 청중을 최대한 만족시키려면 어떻게 해야 할까요?

가장 **효과적인** 방법은 연설자가 연설을 시작하고 나서 되도록 빨리 청중의 호기심을 자극하는 것입니다. 그 자리에 모인 이유는 저마다 다르겠지만 연설자의 말 한 마디 한 마디에 빨리 관심을 갖도록 만들어야 하지요. 처음부터 청중의 눈길을 사로잡는다면 더할 나위 없이 좋습니다. 왜냐하면 청중은 참을성이 많지 않거든요. 연설이 시시하다고 느끼면 곧장 졸음에 빠져들거나 다른 일에 몰두하기 십상입니다.

그래서 나는 청중의 호기심을 자극하기 위해 유명인의 이야기로 연설을 시작하고는 합니다. 성공한 기업인이나 정치인의 일화를 들려주면 강연장에 모인 청중의 눈과 귀가 일제히 나에게 쏠리는 것을 느끼지요. 요즘은 많은 청중이 연예인이나 스포츠 스타에 관한 이야기에 더 큰 관심을 보이기도 합니다. 예를 들어 BTS가 어쩌고 하며 연설을 시작하면 강연장 분위기가 순식간에 후끈 달아오를 정도지요.

만약 여러분이 학급 회장이나 전교 청소년 회장 선거에 나가게 되더라도 마찬가지입니다. 누구나 아는 연예인이나 스포츠 스타 이야기로 친구들의 기대를 부풀게 할 수 있지요. 꼭 유명인 아니더라도 담임선생님이나 다른 친구들에 관한 재밌는 이야기를 들려주면 청중의 호기심을 자극할 수 있습니다.

# 02

## 인간적인 이야기를 담아내

연설이든 대화든 상대방의 마음을 움직이기 위해 반드시 필요한 것은 진심입니다. 진심을 담지 않은 이야기로 상대방을 잠깐 속일 수는 있겠지만, 머지않아 거짓과 과장은 들통나게 마련이지요. 진심을 담아내지 못하면, 기껏 청중의 호기심을 자극하며 연설을 시작해도 곧 사람들의 외면을 받게 됩니다.

연설을 통해 상대방을 설득하고 변화시키는 데 인간적인 접근만큼 효과적인 것은 없습니다. 흔히 사람들은 타인의 솔직한 인생 이야기에 관심이 많지요. 거기서 상대방의 진심을 엿보기 때문입니다.

인간은 다른 사람의 안타까운 사연에 눈물을 보이고, 다른 사람의 행복한 모습을 바라보며 괜히 뿌듯해 하기도 합니다. 그게 다 인간이 가진 공감 능력 덕분이지요. 공감 능력이란,

타인이 처한 상황이나 기분을 같이 느낄 수 있는 능력입니다.

그렇다고 해서 거창하고 감정적인 이야기를 해야만 인간적인 접근에 성공하는 것은 아닙니다. 평범한 이야기라 하더라도 진심이 담겨 함께 공감할 수 있으면 그만이지요. 언젠가 내가 참석했던 강연에서 한 연설자가 이렇게 말문을 열었습니다.

"나는 오늘 기차를 타고 이곳에 왔습니다. 가만히 창문 밖을 내다보고 있자니 문득 어린 시절이 떠오르더군요. 제 어머니는 매일 기차를 타고 다니며 행상을 하셨습니다. 비가 오나 눈이 오나 하루도 빠짐없이 먼 길을 다니셨지요. 당시 기차는 지금의 기차와 비교할 수 없을 만큼 낡고 지저분했습니다. 속도도 무척 느렸고요. 어머니는 새벽같이 제일 가격이 싼 표를 끊어 이웃 마을에서 열리는 장터를 찾아다니며 오남매를 키우셨습니다. 그래서 비록 가난한 살림이었지만 자식들을 굶기지 않았고, 학교에도 보내주셨지요."

연설자가 이 정도 이야기했을 때 강연장 한쪽에서 눈물을 훔치는 청중이 보였습니다. 다른 사람들도 연설자의 말에 더없이 집중했지요. 그들은 모두 연설자의 솔직하고 인간적인 이야기에 감동한 것입니다. 그 이야기에는 연설자의 진심이 담겼기 때문이지요. 청중은 저절로 저마다의 추억에 잠기며 연설자가 하는 이야기에 공감했습니다.

인간적인 이야기의 힘은 상대방을 설득하고 변화시킵니다. 한국 텔레비전에서 〈인간극장〉 같은 프로그램이 오랫동안 인기를 끄는 것도 같은 이유지요. 여러분이 연설의 성공을 바란다면 청중의 호기심을 끄는 것 못지않게 인간적으로 진심을 담아내는 것이 중요합니다.

# 03

## 구체적인 사례를 들어봐

누군가와 대화를 나누다 보면 "뜬구름 잡는 이야기 좀 그만 해!"라는 핀잔을 들을 때가 있습니다. 연설도 다르지 않습니다. 청중이 공감하지 못하는 이야기만 반복하다 보면 연설을 마친 후 좋은 평가를 받기 어렵지요. 많은 사람들이 집으로 돌아가는 길에 "오늘 연설자가 대체 무슨 이야기를 한 거야?"라며 허탈해하게 됩니다.

그처럼 연설이 뜬구름 잡는 이야기가 되지 않으려면, 연설자가 구체적인 사례와 자료를 덧붙여야 합니다. 청중은 연설 내용이 추상적이면 금세 흥미를 잃지요. 실제적인 사례와 자료가 청중의 호기심을 불러일으키며 이해를 돕습니다.

실제적인 사례로는 앞서 언급한 기업인, 정치인, 연예인, 스포츠 스타의 등의 일화를 들 만합니다. 국내외 역사에 관련된 실화를 들려주는 것도 좋은 방법이지요. 청소년 여러분이라면 주변 친구들과 사이에 일어났던 재미있는 에피소드를 이야기하는 것도 청중의 관심을 끄는 데 도움이 됩니다. 그리고 자료도 중요한데, 그것이 여러분이 하는 연설에 믿음을 더하기 때문입니다. 통계 숫자나 그래프 등을 자료로 제시하면 청중의 집중력과 연설의 신빙성을 높이게 되지요.

한 가지 예를 들어볼까요?

(가) 대한민국은 선진국이다.

(나) 대한민국 국내총생산(GDP)은 미국·중국·본·독일·영국·인도·프랑스·이탈리아·캐나다에 이어 세계 10위다. 그 뒤를 러시아·브라질·호주 등이 잇는다.

청소년 여러분이라면 연설자 (가)와 연설자 (나) 중 어느 쪽의 말에 더 신뢰가 가나요? 당연히 (나)겠지요. 그냥 사실만 이야기한 (가)에 비해 (나)는 좀 더 정확한 자료를 바탕으로 이야기하기 때문입니다. 누군가는 (가)의 말을 듣고 '설마?' 하며 의심할 수도 있지요. 하지만 (나)의 말을 들으면 대한민국의 경제력을 실감하게 됩니다.

다만 이때 지나치게 많은 자료를 제시하는 것이 꼭 바람직하지는 않습니다. 전문가를 상대로 한 연설이라면 그럴 필요

도 있겠지만, 평범한 사람들을 대상으로 하는 연설이라면 대
한민국 국내총생산 순위가 주요 국가들과 비교해 어떤 수준
인지만 설명해도 충분하지요.

# 04

## 청중을 참여시켜

 

청중 없는 연설은 존재 가치가 없습니다. 청중이 있어도 연설자의 이야기에 몰입하지 않는다면, 그 또한 성공적인 연설이라고 할 수 없습니다. 청중이 가만히 앉아 연설자의 말에 집중하기만 해도 큰 문제는 없습니다. 그러나 한 걸음 더 나아가 청중이 자유롭게 질문하는 등 적극적으로 호응하면 더욱 성공적인 연설로 평가받습니다.

한번 상상해보세요.

만약 여러분이 학급 회장 선거에 출마했는데 같은 반 친구들이 관심을 갖지 않는다면 무슨 소용일까요? 물론 친구들이 조용히 자리에 앉아 여러분의 연설을 들어주기만 해도 절반은 성공한 셈입니다. 그런데 친구들이 여러분의 연설에 더욱 집중해 환호하며 이런저런 질문까지 던진다면 분위가 더 좋을 것이 틀림없지요.

노련한 연설자는 자기 연설에 청중을 참여시킬 줄 압니다. 연설을 시작하면서부터 호기심을 불러일으키며 자연스럽게 청중의 참여를 유도하지요. 그와 달리 미숙한 연설자는 청중의 참여는커녕 반응조차 제대로 살피지 못한 채 자기 이야기만 쏟아내기 바쁩니다.

그럼 노련한 연설자가 연설에 청중을 참여시키는 방법에는 어떤 것이 있을까요?

나의 경우에는 종종 청중에게 질문을 던져 자발적인 참여를 이끌어냅니다. 이를테면 메모의 중요성에 대해 연설하다가 관심이 커 보이는 한 청중에게 "선생님은 수첩에 메모하시나요, 아니면 스마트폰 메모장에 기억할 것을 적어두시나요?"라고 질문하지요. 그러면 그 청중이 "저는 아직 수첩을 이용합니다."라는 식으로 대답하며 나의 연설을 거들게 됩니다. 그러다 보면 연설에 대한 다른 청중의 몰입도 높아지게 되지요.

그러니 앞서 이야기했듯 여러분이 학급 회장 선거에 출마했다면 나와 같은 방법으로 친구들의 참여를 유도하는 것도 좋습니다. 여러분이 내거는 공약에 대해 친구들의 생각을 묻는 방식으로 말이지요. 예를 들어 "너는 교실에 어떤 화분을 가져다놓는 게 좋을 것 같아?"라고 묻는 것이 "나는 교실에 고

무나무 화분을 두려고 해."라고 그냥 통보하는 것보다 친구들
의 참여를 이끌어내는 데 도움이 됩니다.

# 05

## 이러면 연설을 망칠지 몰라

가끔 연단에 오르자마자 우스갯소리부터 늘어놓는 연설자가 있습니다. 연설을 시작하면 바로 청중의 호기심을 불러일으켜야 된다는 부담감을 가져 무리수를 던지는 것이지요. 제법 경력이 쌓인 연설자도 이따금 벌이는 실수입니다.

『톰 소여의 모험』을 쓴 마크 트웨인은 유머 감각이 매우 뛰어난 연설자였습니다. 그는 대중 강연을 할 때마다 재치 있는 말솜씨로 청중을 사로잡았지요. 하지만 그와 똑같은 방식으로 100명이 이야기한다고 해도 99명은 청중을 웃기는 데 실패할 수밖에 없습니다. 유머 감각은 어느 정도 타고나는 것이며, 마크 트웨인의 방식을 모든 사람이 제대로 흉내 내기는 불가능하기 때문입니다.

그러므로 자신의 유머 감각이 부족하다고 느끼는 연설자라면 굳이 청중을 웃기려고 무리할 필요가 없습니다. 청중이 꼭 유머를 통해서만 연설에 재미를 느끼는 것은 아니니까요. 적절한 유머가 더해지면 더욱 좋겠지만, 차라리 하지 않는 편이 나은 우스갯소리는 피하는 것이 낫습니다. 얼핏 지루해 보이는 연설일지라도 연설자가 솔직한 태도로 진심을 담아 노력하면 청중이 주목하게 마련입니다.

또 하나, 이번에는 연설 초보자들이 자주 범하는 실수가 있습니다. 그것은 불필요한 사과를 하는 것이지요. 무슨 말이냐고요?

일부 초보자들은 연단에 올라 다짜고짜 "저는 말을 잘 못합니다."라거나 "제가 준비를 제대로 못했습니다." 같은 사과로 청중에게 말문을 엽니다. "저는 이 주제에 대해 아는 것이 별로 없습니다."라고 말해 청중의 기대를 한순간에 허물어뜨리기도 하고요. 연설자가 그 주제에 대해 잘 모른다는데 누가 연설에 관심을 갖겠습니까?

인간관계에서 먼저 사과하는 자세는 인격적으로 좋은 평가를 받을 수 있습니다. 하지만 연설에 관한 이야기라면 다르지요. 연단에 오른 연설자가 다짜고짜 자신의 부족함부터 털어놓으면 청중은 금빙 믿음을 서두게 됩니다. 아니면, 연설자가 철저히 준비하지 않은 채 핑계 댈 준비부터 한다고 오해할 수도 있지요. 연설자에게도 사과가 필요한 순간이 있겠지만, 그것은 항상 상황에 맞게 적절한 수준으로 이루어져야 합니다.

## [아홉 번째 이야기] 당연하다고 생각하지 말아요

누군가와 진지한 대화를 나누려면 이런저런 마음의 준비를 해야 합니다. 그 준비가 꼭 무엇을 갖추는 것만을 의미하지는 않지요. 오히려 버려야 할 것도 있습니다.

그게 뭐냐고요? 그건 바로 '당연히 이래야 해.', '마땅히 그래야 옳아.', '절대 그럴 수는 없어.' 같은 생각들입니다.

물론 자기의 굳은 신념과 분명한 판단은 있어야 합니다. 하지만 지레짐작이나 섣부른 고집은 버려야 하지요. 그런 생각을 갖고는 상대방과 마음을 터놓고 대화할 수 없습니다. 서로 여유를 갖고 대화해야 보다 많은 것을 느끼게 되는 법이지요.

크레파스가 가득 칠해진 도화지에는 새로운 그림을 그릴 수 없습니다. 그와 마찬가지로 '선입견(직접 경험하기 전에 갖고 있는 생각)'과 '고정관념(이미 굳어져 좀처럼 변하지 않는 생각)'이 지나치면 누구의 말도 있는 그대로 받아들이기 어렵습니다.

출처 – 『초등 대화 기술』(하늘땅사람 지음, 도서출판 책에반하다)

제 **10** 장

## 청중을 휘어잡는 방법

# 01

## 진실한 친구 되기

'꿀 한 방울이 쓸개즙 한 통보다 파리를 더 잘 잡는다.'

이것은 미국 속담입니다. 여러 경우에 인용할 수 있는데, 대화나 연설에도 딱 들어맞는 말이지요. 마냥 비판적이고 공격적인 연설보다는 상대방을 이해하고 다독이는 따뜻한 연설이 청중을 더 잘 변화시킬 수 있다는 뜻입니다.

에이브러햄 링컨은 이 속담을 연설에 제대로 적용한 사람이었습니다. 1858년, 그는 상원 의원 선거에 출마해 수십 번 연단에 오르게 됐지요. 하루는 그에게 적대감을 가진 유권자가 많은 일리노이 주에서 연설을 하게 됐습니다. 당시만 해도 그 지역 사람들은 아무렇지 않게 칼과 총을 지니고 다녀 자칫 큰 사고가 발생할 위험이 있었지요.

"후보님, 일리노이 주 연설은 취소하시는 게 좋겠습니다.

그곳에는 노예 제도 폐지에 반대하는 사람들이 너무 많아 무슨 짓을 벌일지 모릅니다."

보좌관들 중 한 사람이 링컨을 말렸습니다. 하지만 링컨은 그럴 생각이 전혀 없었지요. 그가 오히려 보좌관을 설득했습니다.

"나에게 반대하는 유권자가 많을 지역일수록 더 자주 찾아가 정책을 설명해야 하지 않겠나? 나는 연설을 통해 그들의 마음을 바꿀 자신이 있네."

링컨의 이 말은 관한 허세가 아니었습니다. 그는 실제로 일리노이 주에 마련된 연단에 올라가 자신에게 반대하는 사람들을 당당히 만났지요. 그는 청중에게 자신을 정중히 소개한 다음 원하는 모든 이들과 일일이 악수를 나누었습니다.

그날 연단에 오른 링컨의 얼굴 표정은 한없이 평화로워 보였습니다. 어떤 위협도 느끼지 않는 듯했지요. 그의 목소리에는 진심이 묻어났고, 연설 내용은 자신의 정책에 반대하는 사람들까지 관대하게 포용했습니다. 그러니 청중도 연설자의 말 한 마디 한 마디에 차분히 귀 기울이는 모습을 보였지요. 나중에는 적지 않은 수의 일리노이 주 사람들이 링컨에게 박수치며 환호를 보내기까지 했습니다. 어느새 그들은 친구처럼 다정한 사이가 된 것이지요.

나와 생각이 다른 사람들을 설득하는 일은 매우 어렵습니다. 마치 부정적인 반응을 보이려고 작정한 듯한 사람들에게 나의 이야기를 끝까지 들려주는 일은 그 자체로 난관이지요.

나에게 반대하는 사람들은 자존심 때문에라도 좀처럼 생각을 바꾸지 않습니다. 자신의 의견을 굽히는 것을 패배로 받아들이는 탓입니다. 그런 청중 앞에서 연설할 때는 이야기의 내용보다 긍정적인 방향으로 분위기를 이끄는 것이 더욱 중요합니다. 상대방이 나를 친구로, 최소한 적으로 여기지는 않게 만들어야 하니까요.

그와 같은 면에서 링컨은 아주 노련한 연설자였습니다. 그는 "청중에게 긍정적인 답변을 이끌어내려면 우선 공통분모를 찾아야 합니다."라고 말한 적이 있지요. 일리노이 주에서도 링컨은 연설을 시작하고 나서 30분 동안은 상대방의 주장에 이해하고 동의하면서 우호적인 분위기를 만드는 데 집중했습니다. 그리고 시간이 흐르면서 조금씩 그들과 다른 자신의 생각을 이야기했지요. 친구처럼 다가서는 그의 이야기에 결국 반대자들도 하나둘 마음을 열었습니다.

# 02

## 논쟁은 피하고 차분히 설명해

앞서 이야기한 일리노이 주 연설에서 만약 링컨이 청중에게 적개심을 내보였다면 어땠을까요? 설령 눈에 띄게 분노를 내비치지는 않더라도 자신에게 반대하는 사람들의 의견에 일일이 논쟁을 벌였다면 어땠을까요?

만약 그랬다면, 그날 링컨은 아무런 소득도 얻지 못하고 연단을 내려왔을 것이 틀림없습니다. 그렇지 않아도 마음에 들지 않는 정치인인데 자신들을 이해하기는커녕 논쟁만 벌이려는 후보에게 표를 찍어줄 유권자는 한 사람도 없었겠지요.

연설자가 공격적인 모습을 보이면 당연히 청중도 평화적인 태도를 갖지 않습니다. '어떻게 하나 두고 보자.'라는 심정으로 연설자를 노려보지요. 그러다가 연설자가 작은 실수라도 하게 되면 '내가 그럴 줄 알았어. 저 따위 연설자가 하는 말은 하나도 귀담아 들을 필요가 없어.'라는 조롱을 쏟아 붓습니다.

그런데 연설의 분위기가 그와 같이 망가지는 가장 큰 책임은 연설자에게 있습니다. 일찍이 링컨이 이야기한 공통분모를 찾기는커녕 연설자 자신과 청중의 차이부터 부각시키는 것은 그릇된 행동이지요. 처음부터 나와 논쟁부터 벌이겠다는 상대방에게 누가 마음을 열겠습니까?

내가 존경하는 미국 정치인 중에 헨리 로지라는 인물이 있습니다. 그는 여러 차례 상원 의원에 당선되어 미국 사회의 발전을 위해 노력했지요. 그런데 그는 연설 솜씨가 뛰어났던 것으로도 유명합니다. 그는 경쟁 정당에 소속된 많은 의원들에게도 좋은 인상을 심어주었지요. 그 이유가 무엇이었을까요?

로지는 다른 정당 사람들 앞에서 연설할 때 항상 모든 의원이 미국의 발전을 위해 일한다는 사실을 상기시켰습니다. "이 문제를 해결하는 방법에 대해 여러분과 저의 판단이 다를 수는 있습니다. 하지만 우리 모두 세계 평화와 미국의 발전이라는 큰 뜻은 함께하고 있지요."라는 식으로 말입니다. 그는 연단에 올라 상대편과 논쟁부터 벌이려는 공격적인 태도를 보이지 않았습니다. 그런 까닭에 그의 연설에는 경쟁 정당에 소속된 의원들도 끝까지 귀를 기울이는 예의를 갖췄지요.

인간관계에서 벌어지는 무슨 일이든 강하게 밀어붙이면 흔히 부작용이 생기고는 합니다. 언뜻 강하게 밀어붙이는 쪽의 의도대로 일이 풀리는 듯하지만 이내 상대편의 반발을 사 아무런 실속도 얻지 못하기 일쑤지요.

　연설도 마찬가지입니다. 연설자가 처음부터 자기 주장을 밀어붙이면서 논쟁을 피하지 않으면 청중이 잔뜩 움츠러들게 마련입니다. 하지만 그것이 청중을 설득하거나 변화시켰다는 증거는 결코 아니지요. 설령 모든 청중이 연설이 끝나도록 잠잠히 앉아 있다 하더라도 연설자의 이야기에 수긍하는 것은 절대 아닙니다. 그들은 무례한 연설자 앞에서 불쾌한 자신의 감정을 감추고 있을 뿐입니다.

　연설자가 논쟁하는 사람이 되어서는 안 됩니다. 연설자는 청중에게 찬찬히 설명하고 이해를 구하는 사람이 되어야 하지요. 그러다 보면 언젠가는 청중이 변화해 제 발로 연설자에게 다가오게 됩니다.

# 03

## 청중의 마음을 흔들어

어느 학교의 학급 회의를 상상해보겠습니다.

회장이 스승의 날을 맞아 담임선생님께 드릴 꽃다발을 사자고 제안합니다. 그러자 한 친구가 회장의 의견에 반대했지요.

"이번에는 돈 주고 꽃다발을 사기보다 우리끼리 힘을 합쳐 만드는 게 어때? 선생님도 우리가 색종이로 직접 만든 꽃을 더 좋아하실 거야."

그 친구의 말에 또 다른 친구가 손사래를 쳤습니다.

"우리가 색종이로 꽃을 만들어봤자 하나도 예쁘지 않아. 괜히 힘만 든다고. 게다가 우리 담임선생님은 남자라서 꽃을 별로 좋아하시지도 않을 거야. 그보다는 선생님께 꼭 필요한 선물을 해드리는 게 나을 것 같아."

우리가 세상을 살아가다보면 학교에서나 사회에서나 이처

럼 서로의 의견이 충돌하는 경우를 흔히 맞닥뜨리게 됩니다. 사람들 사이에 이견, 그러니까 서로 다른 의견이 있는 것은 매우 당연한 일이지요. 어느 한쪽이 무조건 옳거나 틀리다고 말하기 쉽지 않습니다.

그러므로 연단에 오른 연설자가 자기 주장만 옳다면서 청중에게 일방적으로 강요하는 태도는 바람직하지 않습니다. 그렇게 해서는 청중의 마음을 절대로 얻을 수 없지요. 상대방을 마음 없이 억지로 행동만 바꾸게 해봤자 그와 같은 변화가 오래 지속될 리 없습니다. 위에 사례로 든 학급 회장이 그냥 자신의 생각을 밀어붙이면 학급 친구들의 반감을 사게 되겠지요. 그렇게 꽃다발을 산들 일부 친구들은 마냥 투덜거리게 될 뿐입니다.

내가 보기에, 많은 연설자들이 착각하는 문제가 하나 있습니다. 그들은 자신의 생각대로 청중을 변화시키겠다고 다짐하며 연단에 오르는 듯하지요. 하지만 인간은 다른 누군가의 몇 마디 말에 따라 쉽게 달라지지 않습니다. 더구나 마음을 움직이지 못한 채 머릿속의 생각만 아무리 강요한들 좀처럼 받아들이려고 하지 않지요.

노련한 연설자는 연단에서 청중의 마음을 흔들기 위해 노력합니다. 사탕발림 같은 말로 꼬드기려 들기보다 진심어린 솔직한 이야기로 청중의 마음을 열기 위해 노력합니다.

나만 옳고 여러분은 틀렸어, 라는 자세로는 청중의 마음을 움직일 수 없습니다. 우선 자신과 청중의 공통분모를 찾고, 자신의 생각을 차분히 설명한 다음, 청중을 이해하고 설득하며 마음을 열게 해야 연설자가 바라는 대로 진정한 변화가 이루어집니다. 그러면 청중이 기꺼이 연설자의 제안에 동참하며 도움의 손길을 내밀기도 합니다.

## [열 번째 이야기] 웃으며 헤어지겠다고 다짐해요

대화란 늘 좋은 결론으로 끝을 맺을 수 없습니다. 사람의 얼굴이 저마다 다르듯 생각 또한 똑같지 않기 때문이지요. 때로는 서로 다른 의견 때문에 얼굴을 붉히기도 합니다.

그러나 대화를 시작할 때는 결론에 상관없이 웃으며 헤어지겠다고 마음먹을 필요가 있습니다. 설령 생각이 다르다고 해서 상대방을 미워하면 안 된다는 이야기지요. 생각은 시간이 지나면서 변할 수 있지만, 한번 미워한 사람과 다시 가까워지기는 참 어려운 법입니다.

사실 생각이 좀 다른 것은 아무런 문제도 아닙니다. 아니, 서로 다른 생각을 이해하고 설득하는 과정에 더욱 바람직한 결론을 이끌어 낼 수 있지요. 민주주의란, 한마디로 모든 사람이 서로 다르다는 사실을 인정하는 것입니다. 나와 다른 남을 넓은 마음으로 받아들일 때 비로소 편안하게 대화할 수 있는 환경이 만들어집니다.

출처 - 『초등 대화 기술』(하늘땅사람 지음, 도서출판 책에반하다)

제 **11** 장

# 어떻게 **마무리 할까**

# 01

## 시작만큼 중요한 마무리

연설자의 능력은 연설 전체를 통해 판단할 수 있습니다. 그중에서도 시작과 끝부분이 매우 중요하지요. 앞서 연설의 시작이 얼마나 중요한지 살펴봤는데, 그에 못지않게 연설을 어떻게 마무리하는지도 성패에 큰 영향을 끼칩니다.

연극계 사람들은 종종 이런 말을 합니다. "배우가 등장하고 퇴장하는 모습만으로도 그 배우의 수준을 알 수 있다."라고요. 그만큼 시작과 마무리가 중요하다는 뜻이지요. 연설의 경우가 바로 그렇습니다.

시작과 마무리. 사실 연설자가 이것을 모두 능숙하게 처리하기는 쉽지 않습니다. 특히 마무리는 전략적인 면에서 볼 때 연설에서 가장 중요한 부분이지요. 대개 연설자가 마지막에 하는 말이 청중의 귓전에 오래도록 맴돌기 때문입니다. 그럼에도 연설 초보자들은 마무리의 중요성을 잘 깨닫지 못하지요.

이따금 나는 "이 문제에 대해 제가 할 말은 여기까지입니다. 이만 여기서 마쳐야겠군요."라고 하며 연단에서 내려오는 연설자를 목격합니다. 내가 보기에는 결코 바람직하지 않은 모습이지요. 이것은 아직 자신이 아마추어 연설자라는 것을 인정하는 꼴입니다. 연설을 통해 할 이야기를 다했으면 즉시 말을 멈춰야지, 불필요한 이야기를 덧붙이며 마무리할 필요는 전혀 없습니다.

그러므로 연설자는 연설을 준비하는 단계에서부터 특별히 마무리를 잘 계획해야 합니다. 연설의 마무리는 여러 차례 반복해 연습해도 지나치지 않지요. 마무리를 잘하면, 설령 연설하는 내내 부족한 부분이 좀 있었더라도 청중에게 좋은 인상을 남길 수 있습니다.

한자 문화권에서 자주 사용하는 사자성어 가운데 '화룡점정'이라는 것이 있습니다. 말 그대로 해석하면 용을 그린 다음 마지막으로 눈동자를 그린다는 뜻이지요. 그 속뜻은 눈동자로 상징한 마무리가 가장 중요하다는 의미입니다. 그러니까 아무리 용을 멋지게 꾸며놓아도 마무리 부분인 눈동자를 제대로 그리지 못하면 아무 소용없다는 것이지요. 화룡점정은 연설에서 절대 빼놓을 수 없는 성공 요소입니다.

# 02

## 마무리는 간단히

이미 말했지만, 연설의 마무리는 준비 과정에서부터 철저히 계획해둬야 합니다. 어떻게 마무리할 것인지 미리 분명하게 대비해놓아야 하지요.

다른 사람들의 강연에 참석해보면, 어떤 연설자들은 도무지 언제 어떻게 끝내야 할지 헷갈려하는 모습을 보입니다. 자기가 했던 말을 쓸데없이 반복하며 연설을 끝낼 듯 말 듯 허둥대기 일쑤지요. 말하나 마나 그런 사람들은 더 많은 준비와 연습이 필요합니다.

또한 초보자의 경우는 실컷 연설하는 도중에 갑자기 진행을 멈추고 서둘러 끝내버리는 모습을 보이기도 합니다. 그들의 마무리에는 매끄러움이 부족하지요. 그들은 아무런 신호도 없이, 시속 100킬로미터로 달리던 자동차가 급브레이크를 밟

듯 연설을 끝마쳐버립니다. 그것은 마치 친구들과 신나게 이야기를 나누다가 인사도 없이 갑자기 자리를 떠나버리는 것과 다를 바 없지요.

그렇다고 연설의 마무리에 무조건 근사한 말만 잔뜩 늘어놓는 것이 바람직하다는 것은 아닙니다. 뭐든 빠르게 변화하는 시대 흐름에 맞춰, 연설의 마무리 역시 간단명료하게 하는 것이 좋지요. 연설의 마무리를 괜히 지루하게 이어가는 연설자는 청중에게 환영받지 못합니다. 무엇보다 짧으면서도 분명한 메시지를 담는 효과적인 마무리가 되어야 하지요.

사람들이 자주 하는 말 가운데 "박수칠 때 떠나라."라는 것이 있습니다. 다른 사람들이 환호하는 순간이 뒤로 물러나기 가장 좋을 때라는 의미로 쓰이지요. 연설도 마찬가지입니다. 청중이 좀 더 이야기를 듣고 싶다는 반응을 보일 때, 오히려 연설자가 마무리를 잘하면 더욱 강렬한 인상을 남기게 됩니다.

청소년 여러분이 좋아하는 음식을 눈앞에 둔 장면을 떠올려볼까요?

아무리 좋아하는 음식이라도 그것이 너무 많으면 소중함을 느끼지 못합니다. 그와 달리 좋아하는 음식이 약간 부족한 듯 보이면 그 음식을 더 귀하게 여기게 되지요. 양이 좀 모자란 듯싶으면 맛도 더 좋게 느껴지는 신기한 경험을 하기도 합니다.

연설도 그렇습니다. 무슨 이야기를 하다가 흐지부지하면 절대로 안 되지만, 노련한 연설자는 청중이 다음에도 자신의 연설을 기대하게 만드는 재주가 있지요. 그러려면 적절한 시점에, 연설을 간단명료하게 마무리 지어야 합니다.

# 03

## 연설을 마무리하는 구체적인 방법

　연설을 마무리하는 데도 몇 가지 구체적인 방법이 있습니다. 지금은 초보자라 하더라도 다음에 설명하는 마무리 기술들을 잘 활용하면 뛰어난 연설자로 성장할 수 있지요. 물론 좋은 마무리를 하기 위해서는 연설의 전체 내용이 훌륭해야 합니다. 머리와 몸통이 형편없는데 꼬리만 그럴싸해 보일 수는 없으니까요.

　우선, 연설의 마무리 부분에는 핵심을 요약하는 이야기가 있어야 합니다.

　연설자는 오랜 시간 자신의 연설 내용에 대해 생각합니다. 성공적인 연설을 하기 위해 철저히 준비하다 보면 눈 감고도 연설문을 전부 외울 수 있을 정도가 되지요. 하지만 청중은 그날 그 자리에서 연설 내용을 처음 접할 따름입니다. 그래서 아무리 연설을 집중해 들어도 연설자가 정작 무엇을 전달하려고 하는지 헷갈릴 때가 있지요.

그런 까닭에 연설자는 연단에서 내려오기 전 청중에게 연설의 요점을 다시 한 번 각인시킬 필요가 있습니다. 각인이란, 도장을 새기듯 머릿속에 깊고 또렷하게 기억한다는 뜻입니다. 즉 여러분이 학교에서 종종 갖는 요점 정리 시간이라고 할 수 있겠지요.

연설자가 마무리 부분에 핵심을 잘 요약하면 설령 연설 시간에 한눈을 팔았던 청중이라 하더라도 대략의 내용을 이해하게 됩니다. 그것이 최선은 아니지만, 연설 내용을 하나도 모르고 집으로 돌아가는 것보다는 낫겠지요. 또한 연설 내내 집중했던 청중도 연설자가 이야기하려는 핵심을 다시 한 번 되새기는 효과가 있습니다.

또한 연설의 마무리 부분에는 청중의 행동을 촉구하는 당부가 있어야 합니다.

연설의 궁극적인 목적은 청중의 공감과 변화를 이끌어내는 것입니다. 청중이 연설자의 이야기에 그냥 고개만 끄덕이는 것으로 그치지 않고 행동으로 이어진다면 더 바랄 나위 없지요. 그러기 위해 연설자는 청중의 행동이 가져올 긍정적인 변화에 대해 희망을 심어줘야 합니다. 나아가 그런 변화를 가져올 청중의 재능과 노력을 칭찬으로 북돋워야 하지요.

연설이 연설로만 끝나면 공허한 메아리로 들리기 십상입니다. 연설자가 오랜 시간 준비해 열정적으로 연설하는 이유는 청중이 조금이나마 변화하기를 바라기 때문이지요. 그것이 단지 생각의 변화인 경우도 있겠지만, 청중의 행동이 변화할 때 진정으로 우리의 삶과 세상이 달라지게 됩니다. 그것이 바로 연설의 가치입니다.

아울러 연설의 마무리에 시 구절을 인용하거나 간단한 유머로서 청중을 한 번 더 몰입하게 해야 합니다.

청중을 위해 핵심을 요약하거나 적극적인 행동을 촉구하다 보면 연설의 마무리가 딱딱해지기 십상입니다. 그러다 보면 자칫 연설이 지나치게 교훈적인 분위기로 끝날 수 있지요.

'당의정'이라는 말이 있습니다. 알약을 제조할 때 쓴맛이나 불쾌한 냄새를 감추기 위해 표면에 당분을 입힌 것을 일컫지요. 연설 역시 그처럼 당의정이 되어야 바람직합니다. 이야기 속에는 교훈적인 내용을 담더라도 청중에게는 그것을 되도록 쉽고 재밌게 전달해야 하지요.

연설을 당의정으로 만드는 데는 시 구절을 인용하거나 유머를 활용하는 것이 좋습니다. 내가 아는 유명 연설자 가운데 해리 로더라는 인물이 있습니다. 그는 언젠가 연설을 마치며 다음과 같은 시 구절로 마무리했지요.

계절이 또 왔다가 가네.

모든 것은 시드는 법.

그러나 아침이슬처럼 생생하게 피어나는 것이 있으니

그것은 바로 당신을 향한 나의 사랑.

나는 지금 이 시가 누구의 작품인지 기억나지 않습니다. 하지만 그날 로더의 연설은 여전히 머릿속에서 지워지지 않지요. 그게 다 그가 인용한 시 구절 때문입니다. 그는 이 시를 통해 자신과 청중의 인연을 강조했지요. 아마도 나뿐만 아니라 많은 청중이 이 시 구절로써 그날의 연설을 기억할 것이 틀림없습니다.

유머 역시 시 구절을 인용하는 것 못지않게 청중의 마지막 몰입을 유도하는 데 안성맞춤입니다. 다만 마무리 부분의 유머일수록 간단명료해야 하지요. 여기서 말하는 유머는 단순한 우스갯소리를 의미하지 않습니다. 얼핏 실없는 소리로 들릴지 몰라도 그 속에는 연설의 핵심을 되새길 만한 실마리가 들어 있어야 하지요.

덧붙여, 기독교 신자가 많은 미국이라면 성경 구절을 인용하며 연설을 마치는 것도 좋은 방법입니다. 당연히 불교 신자가 많은 곳에서라면 불경 구절을 담아야 하고요. 사람들은 자신이 믿는 종교의 경전을 이야기할 때 더욱 신뢰감을 갖기 때

문입니다. 연설자가 경건한 분위기로 연설을 끝내고 싶을 때
도 종교적인 내용을 마무리에 담으면 효과가 좋지요.

### [열한 번째 이야기] **때로는 침묵이 말보다 나아요**

백 마디 말보다 침묵하는 편이 바람직할 때가 있습니다. 말은 서로를 이해하는 데 더없이 좋은 수단이지만, 자칫 쓸데없는 오해를 불러일으키기도 하지요. 일일이 옳고 그름을 가리는 것이 대화의 목적은 아닙니다. 어떤 경우에는 가만히 상대방의 감정을 헤아려주는 편이 훨씬 중요할 때가 있지요.

그런데 침묵한다고 해서 아무 말도 하지 않는 것은 아닙니다. 침묵 속에 백 마디 말보다 더 깊은 의미가 담길 수 있으니까요. 말은 구체적으로 어떤 내용을 표현하지만, 침묵은 상대방에게 다양한 상상력을 불러일으킵니다. 내가 틀림없이 잘못했는데도 혼내지 않고 침묵하고 계신 선생님이 오히려 더 무섭지 않던가요?

어쩌면 침묵은 지혜로운 사람들이 즐기는 대화의 방법이라고 할 수 있습니다.

출처 - 『초등 대화 기술』(하늘땅사람 지음, 도서출판 책에반하다)

# 제 12 장

# 연설의 의미를
## 명확하게 하려면

# 01

## 청중에게 맞춤 연설을 해

연설의 목적이 무엇일까요?

크게 4가지로 이야기할 수 있습니다. '첫째, 연설자의 지식과 생각을 전달합니다. 둘째, 청중에게 감동을 전합니다. 셋째, 청중의 변화를 이끌어 행동하게 합니다. 넷째, 청중에게 즐거움을 줍니다.' 이 밖에도 연설의 목적을 더 이야기할 수 있으나, 보통은 방금 설명한 4가지로 정리할 수 있습니다.

연설자는 연설을 준비하면서 자신이 연단에 오르는 목적을 따져봐야 합니다. 연설의 목적을 정확하게 알고, 그것을 제대로 이루기 위해 명확한 의미를 연설 내용에 담아야 하지요. 그러려면 무엇보다 청중의 기대와 수준을 고려한 맞춤 연설을 해야 합니다.

만약 연설자가 청중의 기대와 수준을 염두에 두지 않는다면 성공적인 연설이 되기 어렵습니다. 연설자가 무슨 말을 하는지조차 청중이 이해하기 어려울 테니까요. 연설자가 자기 잘난 맛에 전문 용어만 잔뜩 늘어놓는다면 청중이 연설에 몰입할 수 없습니다.

영국 출신 물리학자 올리버 로지는 과학 지식이 별로 없는 청중에게 어떻게 원자의 크기와 성질을 설명할까 고민했습니다. 그는 연단에 올라 물 한 방울에 들어 있는 원자 수가 지중해의 물방울 개수만큼 많다고 이야기했지요. 또 어느 때는 물 한 방울에 지구상의 풀잎 개수만큼 많은 원자가 들어 있다고도 설명했습니다. 그 덕분에 청중은 물질을 구성하는 최소 단위인 원자에 대해 조금이나마 이해력을 높일 수 있었지요.

올리버 로지는 청중이 어느 수준의 과학 지식을 갖추고 있는가에 따라 연설 내용에 변화를 주었습니다. 그것은 연설의 의미를 명확히 전달하기 위해 연설자가 갖춰야 할 바람직한 자세지요. 여러분이 연단에 오를 때도 그 점을 명심해야 합니다. 여러분 앞에 앉아 있는 청중이 학생인지, 선생님인지, 가족인지에 따라 연설 내용과 이야기를 전달하는 방식이 달라야 하지요. 청중의 직업이 농부인지, 과학자인지, 군인인지에 따라서도 거기에 어울리는 맞춤 연설을 해야 합니다.

"나는 어렸을 적에 일부러 어렵게 말하는 어른들을 보면 왠지 짜증이 났습니다. 그들은 상대방이 어떤 사람인지 살펴 이해시키기보다, 단지 자신의 지식을 자랑하려는 것처럼 보였지요. 그래서 나는 성인이 된 후 타인과 대화하거나 연설할 때 어떻게 하면 상대방에게 그 내용을 효과적으로 전달할 수 있을까 고민했습니다. 그 해답은, 내가 먼저 대화와 연설의 내용을 완벽히 공부한 다음 되도록 쉬운 말로 표현하기 위해 노력하는 것이었지요. 그 습관이 정치인이 된 지금도 내게 남아 있습니다."

이것은 에이브러햄 링컨의 말입니다. 그가 되도록 쉬운 말로 표현하기 위해 노력했다는 것이 다름 아닌 청중을 배려한 맞춤 연설을 의미합니다.

# 02

## 시각 효과를 이용해

이미 설명했듯, 인간의 뇌는 청각보다 시각에 더 예민합니다. 인간은 귀로 듣는 것보다 눈으로 보는 것에 25배나 더 주의를 기울인다고 하지요. 그러니 동양 속담에 '백 번 듣는 것보다 한 번 보는 것이 낫다.'라는 말도 있는 것입니다.

따라서 연설자가 청중 앞에서 연설할 때는 시각 효과를 적극 활용하는 것이 좋습니다. 그 방법으로 다양한 시각 자료를 제시하거나, 어떤 형상을 떠올리도록 구체적인 사례를 들며 연설할 수 있겠지. 그냥 말로만 아프리카 대륙의 기아 참상을 이야기하기보다 오랫동안 굶주려 비쩍 마른 그곳 아이들의 모습을 사진으로 보여주면 청중의 집중력이 더 높아지는 식입니다. 또 예를 들어 개에 대해 이야기할 때도 구체적인 견종과 독특한 생김새를 설명하면 청중의 이해력이 한층 높아지게 됩니다.

시각 효과를 잘 이용하는 연설자는 연단에서 청중의 주목을 받게 됩니다. 요즘은 컴퓨터 프로그램을 활용해 만든 다채로운 표와 그래프 등을 연설에 사용하는 것도 좋은 방법이지요. 아울러 인터넷 검색을 통해 준비하는 각종 시각 자료도 청중의 집중력을 높이는 데 매우 효과적입니다. 그와 같은 노력이 더해져 비로소 연설의 의미가 명확해지는 것이지요.

# 03

## 핵심은 반복해서 설명해

　연설자가 어떤 사실에 대해 잘 알고 그 내용을 최선을 다해 전달했다고 해서 청중이 완전히 이해하는 것은 아닙니다. 어느 경우에는 연설자가 한 시간 넘게 열심히 설명해도 대부분의 청중이 하나도 모르겠다는 표정을 짓고는 하지요.

　누구든 새로운 지식을 이해하는 데는 시간이 걸리게 마련입니다. 더구나 청중이 그 지식을 온전히 자기 것으로 받아들여 행동의 변화로 나타내기까지는 연설자의 더 많은 노력이 요구되지요. 그때 필요한 것이 바로 '반복'입니다. 청중이 이해할 때까지 반복해서 설명하고, 반복해서 확인하는 과정이 필요하다는 것입니다.

　하지만 반복이라고 해서 똑같은 말을 되풀이하는 것을 의미하지는 않습니다. 단순히 똑같은 말을 반복하면 오히려 청중이 흥미를 잃어 연설에 무관심해지기 십상이지요. 어쩌면 청중이 연설자를 향해 반발심을 드러낼지도 모릅니다.

그러면 무엇을, 어떻게 반복해야 할까요?

연설자가 반복해 설명해야 하는 것은 그 연설의 핵심 내용입니다. 중요하지 않은 내용을 반복해 설명했다가는 그나마 청중에게 전달한 핵심 내용까지 흐지부지 잊히게 되지요. 그러므로 연설자의 반복은 가장 중요한 내용에 한정돼 이루어져야 합니다.

또한 핵심 내용을 반복해 설명할 때도 가능한 한 새로운 사례와 단어를 이용하는 편이 좋습니다. 똑같은 내용을 이야기한다고 해도 되도록 색다른 표현 방법을 찾으라는 뜻이지요. 아무리 중요한 내용이라 해도 앵무새처럼 단조롭게 반복하다 보면 청중이 지루함을 느낄 수밖에 없으니까요.

# 04

## 일반적이고 구체적인 사례가 필요해

연설 내내 아무런 자료나 사례 없이 연설자의 주장만 계속된다면 청중이 그 의미를 명확히 이해하기 어렵습니다. 일단 청중이 재미를 느낄 수 없지요. 연설자가 자신의 주장을 명확하게 표현하는 가장 확실한 방법은 '일반적인 사례'와 '구체적인 사례'를 드는 것입니다.

무슨 말이냐고요?

"엄청나게 많은 수입을 올리는 스포츠 스타가 있다."라는 말을 예로 들어보겠습니다. 이 문장은 일반적이지도, 구체적이지도 않지요. 이 문장이 일반적인 사례가 되려면 "프로 스포츠 스타 중에는 변호사, 배우, 가수, 심지어 대기업 사장보다 많은 연봉을 받는 선수들이 있다."라는 식으로 말해야 합니다. 서로 비교할 만한 고소득 직업군을 예로 들어 청중이 좀 더 실감할 만하게 유도하는 것이지요.

하지만 그 경우도 구체적인 사례라고 말할 수는 없습니다. "프로 축구 스타 리오넬 메시는 미국 인터 마이애미 팀으로 이적하면서 무려 5천400만 달러의 연봉을 받게 됐다."라는 식으로 이야기해야 구체적인 사례가 되지요. 어떤 인물이 얼마큼의 연봉을 받는다고 정확한 사례를 들어야 연설의 내용이 두루뭉술해지는 한계를 피할 수 있습니다.

연설자가 청중에게 연설의 의미를 명확히 이해시키려면 그처럼 일반적인 사례와 구체적인 사례를 모두 효과적으로 활용해야 합니다. 연설 중 적절한 시기에 그와 같은 사례를 들어 연설자에 대한 신뢰를 높여야 하지요. 또한 연설자가 올바른 방식으로 다양한 사례를 언급하면 청중의 호기심을 자극하게 됩니다. 그것은 곧 청중의 뜨거운 호응으로 이어지지요.

# 05

## 너무 많은 내용을 담지 마

　동양 사람들이 자주 쓰는 사자성어 중에 '과유불급'이라는 말이 있습니다. '일정한 정도를 지나치면 거기에 못 미치는 것과 같다.'라는 뜻이지요. 연설도 그렇습니다. 연설자가 정해진 시간 안에 너무 많은 이야기를 하려고 들면 오히려 부작용만 커지지요.

　미국의 심리학자 윌리엄 제임스는 "하나의 강연에서는 한 가지만 강조해야 한다."라고 주장했습니다. 나는 언젠가 불과 5분짜리 연설에서 무려 9가지의 내용을 이야기하는 연설자를 본 적이 있지요. 당연히 그 연설은 실패하고 말았습니다. 연설자가 무엇을 이야기하려는지 청중이 도저히 갈피를 잡을 수 없었으니까요.

　그런데 의외로 적지 않은 연설 초보자들이 그와 같은 실수를 범하고는 합니다. 너무 의욕이 넘쳐 자기에게 주어진 그릇에 다 담지도 못할 엄청난 내용을 쏟아내는 것이지요. 한정된 시간에 지나치게 많은 의미를 전달하려고 해 오히려 청중의 외면을 받는다는 말입니다.

청소년 여러분도 교장 선생님의 훈화 말씀이 너무 길어 지루했던 경험이 있지 않나요?

연설이 너무 길면 청중은 집중력을 잃어 딴청을 피우기 십상입니다. 성공적인 연설이 되려면 되도록 짧은 시간 안에 핵심 내용을 명확히 전달해야 하지요.

그리고 정해진 시간 안에 여러 가지 내용을 이야기하려는 지나친 욕심도 금물입니다. 만약 교장 선생님께서 학생들에게 바라는 점을 한꺼번에 이것저것 이야기하면 어떻게 될까요? 그 경우 학생들은 무엇 하나도 명확히 기억하지 못할 위험이 큽니다. 차라리 교장 선생님이 꼭 당부하고 싶은 내용을 한두 가지만 전달하는 편이 훨씬 효과적이지요.

연설자에게 필요한 재능 중 하나는 한정된 시간 안에 연설의 서론, 본론, 결론을 논리적으로 풀어내는 것입니다. 또한 자기가 이야기하려는 주제를 명확히 해 청중의 집중력을 높여야 하지요. 연설자가 한 자리에서 너무 많은 정보를 제공하면 청중이 어리둥절한 표정을 지을 수밖에 없습니다.

연설자는 자신이 하려는 말을 간단명료하게 정리할 줄 알아야 합니다. 그래야만 청중에게 인상 깊은 연설을 하고, 연설의 목표를 명확히 실현할 수 있지요. 다시 한 번 과유불급이라는 사자성어를 되새겨봐야 합니다.

## [열두 번째 이야기] 잘난 체하면 안 돼요

사람은 저마다 재능에 차이가 있습니다. 누구는 국어를 잘하고, 누구는 수학에 재능이 있지요. 누구는 노래를 잘하고, 누구는 운동에 소질이 있습니다.

물론 공부도 운동도 노래도 잘 못하는 친구 역시 있겠지요. 하지만 그 친구는 자신의 재능이 아직 드러나지 않았을 뿐입니다. 훗날 그 친구에게 어떤 능력이 활짝 꽃피게 될지 아무도 알 수 없습니다.

그러므로 내가 상대방보다 조금 나은 면이 있다고 우쭐대며 이야기를 하면 안 됩니다. 별볼일없는 사람일수록 잘났다고 으스대는 법이지요. 진짜 잘난 사람은 부족한 사람을 감싸안아줄 수 있어야 합니다.

다시 말하지만, 대화를 하면서 말로써 잘난 체한다면 못난 사람입니다. 무릇 재능은 말이 아니라 자연스럽게 행동으로 보여 줘야 하는 것입니다.

출처 - 『초등 대화 기술』(하늘땅사람 지음, 도서출판 책에반하다)

# 제 13 장

# 설득력 있게 **연설하려면**

# 01

## '인식'을 이용해

"인간은 자신의 머릿속 생각이 반대 개념과 충돌하지 않으면 계속 사실로 받아들이는 경향이 있다." 이것은 미국 노스웨스턴대학교 총장을 지낸 월터 스콧의 말입니다.

무슨 말인지 선뜻 이해되지 않는다고요? 그러니까 그의 이야기는 사람이 한번 머릿속에 입력한 생각을 좀처럼 바꾸지 않는다는 의미를 담고 있습니다. 그 생각을 바꿀 만큼 획기적인 반대 개념을 받아들이지 않는다면 말이지요.

그와 같은 인간의 심리를 잘 이용하는 것이 다름 아닌 광고입니다. 예를 들어 광고를 통해 '코카콜라가 가장 시원하고 맛있어.'라는 이미지를 사람들 머릿속에 '인식'시키면 오랜 시간이 지나도 좀처럼 그 판단을 바꾸지 않지요. 여기서 인식은 사람이 어떤 대상에 대해 갖는, 그것이 사실이라고 믿는 생각을 뜻합니다.

흔히 사람들은 그럴듯한 이미지와 설명에 쉽게 믿음을 갖고는 합니다. 무엇을 의심해 질문하려면 경험과 지식이 필요한데, 많은 사람들은 그 일을 번거롭게 여기지요. 그래서 광고의 경우처럼 자신에게 제시되는 정보를 무의식중에 그대로 믿을 뿐입니다.

그러므로 연단에서도 연설자가 자신이 의도하는 내용을 청중에게 효과적으로 인식시킬 필요가 있습니다. 그렇게 한번 인식된 내용은 오랫동안 청중에게 영향을 끼치니까요. 그 생각을 완전히 뒤엎을 만한 정보가 제공되지 않는 한 청중은 그날의 연설 내용을 사실로 믿어 의심치 않습니다. 마치 한 편의 광고처럼 연설자의 의도가 청중의 머릿속에 자연스럽게 스며드는 것이지요.

인간은 의외로 논리적인 존재가 아닙니다. 모든 것을 깊이 판단해 행동하는 것처럼 보이지만 한번 인식된 생각에 얽매이기 일쑤지요. 연설자는 바로 그와 같은 인간의 속성을 잘 이용해야 합니다. 연설자가 의도하는 바를 분명히 인식시키기 위해 노력해야 하지요. 물론 그 일에 성공하려면 청중에게 하는 질문 하나에도 치밀함이 필요합니다.

예를 들어 보겠습니다.

내가 상대방에게 "커피 안 마실 거지요?"라고 물으면 "네,

안 마실 거예요."라고 대답하기 십상입니다. 그런데 상대방에게 "지금 커피를 마실래요, 좀 이따가 마실래요?"라고 물으면 지금이든 나중이든 커피를 마시겠다고 대답할 확률이 높지요.

앞에 한 질문의 경우, 내가 이미 상대방에게 커피를 마시지 말라는 인식을 심어준 것과 다름없습니다. 반대로 다음에 한 질문은 내가 상대방에게 언제든 커피를 마시라는 인식을 갖게 한 것이고요. 연설자가 청중을 어떻게 인식시키느냐가 그만큼 중요하다는 말입니다.

# 02

## '숫자'를 이용해

'숫자'를 제시하는 것만큼 청중의 관심과 이해력을 끌어올리는 자료도 별로 없습니다. 다음의 두 문장을 비교해보겠습니다.

(가) 당신은 금연해야 돈도 절약하고 건강하게 살 수 있습니다.

(나) 당신은 한 갑에 5천 원짜리 담배를 매일 피우고 있습니다. 그 습관만 버리면 1년에 1,825,000원을 모을 수 있지요. 게다가 건강은 덤이고요.

여러분이 청중이라면 어떤 방식으로 이야기하는 연설자에게 더 호응할까요?

말하나 마나 (나)입니다. (가)가 그냥 단순하고 재미없는 충고라면, (나)는 금연의 효과를 청중이 실감하게 하지요. 그것이 바로 숫자의 힘입니다.

연설에 숫자를 이용한 사례를 하나 더 이야기해보겠습니다.

나는 한 강연에서 열심히 연설하다가 20초 동안 침묵했습니다. 연설자가 갑자기 아무 말도 하지 않자 무슨 사고라도 났나 싶어 많은 청중이 내게서 눈을 떼지 못했지요. 슬며시 주위를 두리번거리는 사람들도 보였습니다. 정확히 20초 후 내가 다시 말문을 열었지요.

"여러분, 제가 얼마 동안 이야기를 멈추었는지 아시나요? 딱 20초입니다. 그 사이 아프리카에 사는 또 한 명의 청소년가 굶주림과 물 부족으로 생명을 잃었습니다."

그날 나는 침묵하지 않고 "지금 아프리카에서는 수많은 청소년들이 굶주림과 물 부족으로 죽음을 맞고 있습니다."라고 말할 수도 있었습니다. 하지만 20초라는 구체적인 숫자를 제시해 심각성을 더 잘 깨우치게 했고, 그 시간 동안 잠시 이야기를 멈춰 20초가 얼마나 짧은지 청중이 실감하게 했지요.

# 03

## '반복'을 이용해

선생님은 학생들에게 복습의 중요성을 자주 이야기합니다. 인간은 대체로 한 번 본 것보다 여러 번 '반복'해서 본 것을 더 잘 기억하는 법이니까요. 심지어 인간은 사실이 아닌 것조차 여러 차례 반복해서 이야기하면 그대로 믿는 모습을 보이기도 합니다.

무엇이든 반복하면 '축적'되게 마련입니다. 축적이란 지식이나 경험 따위가 차곡차곡 쌓이는 것을 의미하지요.

나는 얼마 전 『효과적인 말하기』라는 연설 지침서를 읽은 적이 있습니다. 거기에서 다음과 같은 인상 깊은 구절을 보았습니다.

'연설자는 청중이 처음 받은 감동을 지속시킬 수 있어야 한다. 연설자로부터 받은 신선한 자극이 오래도록 유지되게 하려면 반복의 기술을 발휘할 필요가 있다. 연설 내용 중 청중이 꼭 기억했으면 하는 부분을 지루하거나 거슬리지 않게 반복하는 것이다. 그 과정이 성공적으로 마무리되면 청중은 오랜 시간이 지나도 연설자의 바람대로 스스로 변화를 시도하게 된다. 그것을 축적의 효과라고 한다.'

나는 이 구절에서 특히 '지루하거나 거슬리지 않게 반복하는 것'이라는 말에 눈길이 갔습니다. 그러려면 내가 앞 장에서 설명했듯 '일반적인 사례'와 '구체적인 사례'가 필요하지요. 그와 같은 사례를 제시하면 청중을 집중시키는 데 효과가 큽니다. 사례를 통해 반복하면, 연설자가 같은 내용의 이야기를 거듭해도 따분해하거나 불쾌해하지 않지요.

또한 일반적이고 구체적인 사례를 통한 반복은 연설자에 대해 신뢰를 갖게 합니다. 그것이 모두 연설자의 주장을 믿게 하는 증거로 받아들여지기 때문이지요. 그처럼 효과적인 반복은 연설의 설득력을 높이는 데 매우 좋은 수단이 됩니다. 반복을 이용한 축적을 잘하는 사람이 노련한 연설자로 평가받지요.

# 04

## '권위'를 이용해

요즘은 '권위'가 부정적인 의미로 쓰이는 경우가 적지 않습니다. 하지만 원래 권위는 나쁜 의미를 담은 단어가 아니지요. 남을 지휘하거나 통솔하여 따르게 하는 힘을 가리키니까요. 또는 일정한 분야에서 사회적으로 인정받아 영향력을 끼칠 수 있는 수준을 뜻하니까요.

내가 이번에 이야기하는 권위는 바로 그와 같은 긍정적인 의미입니다. 연설하면서 권위 있는 누군가의 말이나 글을 인용하면 한층 더 설득력을 높일 수 있지요. 나아가 많은 사람들이 유명인의 의견에 흔쾌히 동의하는 모습을 보이기도 합니다. 유명인이 앞장서면 그 뒤를 따라 청중이 우르르 쫓아가는 광경이라고나 할까요.

물론 유명인의 말과 글에 무조건 호응하는 청중의 모습이 항상 바람직한 것은 아닙니다. 유명인이 아닌 평범한 사람이 어떤 문제에 대해 더 슬기로운 해법을 제시하기도 하지요. 하지만 연설자 입장에서는 유명인의 권위에 기대어 설득력을 높이는 것에 여러 장점이 있는 것을 무시할 수 없습니다. 무엇보다 청중의 신뢰를 얻을 수 있으니까요. 아울러 연설에 지루함을 느낄지 모를 청중의 호기심을 자극할 수 있으니까요.

여기에 내가 몇 가지 더 조언한다면, 우선 사람들의 평가가 무난한 유명인을 언급하라는 것입니다. 사람들이 극단적으로 좋아하거나 극단적으로 싫어하는 유명인의 사례를 들면 불쾌해하는 청중이 있게 마련이지요. 그러면 강연 분위기가 예민해지기 십상입니다. 청중이 연설자의 말에 집중하기보다 사례로 든 유명인에 대해 이러쿵저러쿵 평가하기 때문이지요.

그렇다고 해서 뚜렷한 색깔 없이 상황에 따라 원칙을 내팽개치는 유명인을 언급하는 것도 바람직하지 않습니다. 그런 유명인이 청중의 모범이 될 수는 없으니까요. 한마디로 많은 사람들이 인정할 만한 자격을 갖춘 유명인을 사례로 들어야 합니다. 자칫 사회적 평판이 나쁜 유명인을 이야기했다가는 오히려 연설의 성공에 역효과를 불러올지 모릅니다.

그리고 하나 더 조언한다면, 청중의 기대와 수준에 어울리는 유명인을 언급하라는 것입니다. 만약 청중이 여러분과 같은 청소년이라면 아이돌이나 스포츠 스타, 프로게이머 같은 사람들의 일화를 들려주는 것도 좋겠지요. 청소년을 청중으로 앉혀놓고 기업인이나 정치인의 말과 글을 사례로 들면 호기심을 불러일으키기 어렵습니다. 되도록 청중이 친밀감을 느낄 만한 유명인을 이야기해야 연설의 분위기가 편안해집니다.

## [열세 번째 이야기] 절대로 험담하지 말아요

대화란 생각과 마음을 함께 나누며 이야기하는 것입니다. 뒤돌아서서 이러쿵저러쿵하는 것은 대화가 아닙니다.

"소은이 걔는 왜 말이 많은지 몰라. 공부도 못 하면서."
"나는 민수가 마음에 안 들어. 옷은 또 얼마나 화려하게 입는지……."
"쳇! 너희들 한별이가 얼마나 치사한 줄 아니?"

이런 말들은 대화가 아니라 험담입니다. 험담이 특히 나쁜 것은 등 뒤에서 말이 오간다는 점이지요. 나도 모르는 사이에 다른 사람들이 이러니저러니 나쁘게 말한다면 불쾌하게 마련입니다. 더구나 그런 말일수록 사실이 아닌 경우가 많지요.

누가 내게 다른 사람에 관한 험담을 늘어놓는다면 그 사람을 조심해야 합니다. 그 사람은 또 다른 사람에게 나에 관한 험담을 늘어놓을 가능성이 크니까요.

출처 – 『초등 대화 기술』(하늘땅사람 지음, 도서출판 책에반하다)

# 제14장

# 어떻게 **청중의 관심을 끌까**

# 01

## 청중은 자기 이야기를 좋아해

인간은 결국 자기 자신에게 관심을 가질 뿐입니다. 거의 모든 사람이 하루 중 대부분의 시간을 자기 자신에 대해 생각하지요. 좀 극단적으로 말해, 다른 나라에 지진이 나서 수천 명이 죽었다는 사실보다 오늘 점심 메뉴를 더 신경 쓰는 것이 인간입니다. 그것이 인간의 본능 중 하나라고 말할 수 있지요.

여러 사람이 모여 대화를 나누는 장면을 떠올려볼까요?

그중 어느 한 사람이 목청 높여 무인가를 계속 이야기하는데, 다른 사람들은 아무런 흥미를 느끼지 못합니다. 왜 그럴까요? 그 이유는 대개 그가 줄곧 자기 자신에 관한 이야기만 늘어놓기 때문입니다. 다른 사람들은 자기와 관련된 이야기가 아니므로 아무런 관심을 두지 않지요. 사람들은 자기 자신과 관련된 주제가 아니면 지루함을 감추지 못합니다.

이제 여러분은 내가 갑자기 인간의 본능을 언급하는 까닭을 알겠지요?

네, 그렇습니다. 연설을 할 때도 그와 같은 점을 꼭 기억할 필요가 있습니다. 연단에서 성공적인 연설을 하려면 청중이 피부로 실감할 만한 이야기를 들려줘야 하지요. 강연장에 들어선 청중이 자기 자신에 관한 주제라고 생각한다면 그 연설은 절대 실패하지 않습니다.

만약 청중이 가정주부들이라면 어떤 주제를 선택해야 할까요?

그들이 하루 일과 중 가장 긴 시간을 투자하는 것이 살림이므로 물가나 각종 상품 정보를 연설에 활용하면 좋을 것입니다. 또 자녀 교육에 관한 통계나 신문 기사를 제시해도 크게 관심을 끌 수 있겠지요.

그럼 청중이 여러분과 같은 학생이라면 어떻게 해야 할까요?

그 경우 연설자가 학교와 학원에서 끊임없이 공부에 시달리는 학생들의 어려움에 공감하면 청중의 집중력을 높일 수 있을 것입니다. 연설 중간에 학생들이 열광하는 아이돌 스타 이야기를 곁들여도 좋겠지요. 그렇게 학생들의 관심을 끈 다음에 연설자가 전하고 싶은 메시지를 이야기하면 성공적인 연설이 될 가능성이 아주 큽니다.

그와 마찬가지로 청중이 평범한 회사원들이라면 기업의 연봉과 복지 등에 관한 이야기로 연설을 시작하는 것이 효과적입니다. 만약 운동선수들이 청중이라면 유명한 스포츠 스타들의 일화를 들려주며 꿈을 심어주는 것이 바람직하겠지요. 노인들을 대상으로 하는 연설이라면 무엇보다 건강 문제를 다루는 것이 집중력을 높이는 데 도움이 될 테고요.

사람들이 자기 자신에 대해서만 관심을 갖는 것을 이기주의라고 비판할 수는 있습니다. 그러나 그것은 분명한 현실이지요. 대중 연설을 하면서 현실을 외면하는 것은 어리석은 짓입니다. 옳든 그르든 현실을 인정하면서, 그런 가운데 연설자가 목표하는 바를 이루기 위해 최선을 다해야 합니다.

청중은 자신들의 삶에 직접 와 닿는 이야기를 좋아한다는 점, 꼭 명심하세요.

# 02

## '사람 이야기'를 들려줘

지금 이 순간에도 많은 사람들이 대화에 열중합니다. 집 안에서, 학교에서, 회사에서, 카페에서, 식당에서 다른 사람들과 이런저런 이야기를 나누고 있습니다.

그렇다면 사람들의 가장 흔한 대화 주제는 무엇일까요?

나는 그것이 '사람 이야기'라고 생각합니다. 자기 자신에 관한 것이든 타인에 관한 것이든, 사람 이야기가 빠질 수는 없지요. 요즘 유행하는 '뒷담화'라는 말도 따지고 보면 다 사람 이야기입니다. 다만 그 대상이 함께 자리하고 있지 않은 타인에 관한 이야기라는 특성이 있을 뿐이지요.

내게는 목사 친구가 있는데, 어느 날 그가 이렇게 말했습니다.

"이보게, 교회에 오는 신도들이 어떤 이야기에 가장 흥미를 느끼는지 아나? 물론 그들은 성경 말씀에 관한 나의 설교를 들으러 교회에 오지만, 그렇다고 해서 지루한 이야기를 듣고 싶어 하지는 않네. 이왕이면 재미있는 설교를 듣고 싶어 하지."

그의 말에 내가 호기심이 일어 반문했습니다.

"재미있는 설교라고?"

"그렇다네. 교회 신도들도 다른 사람들처럼 타인에 관한 이야기를 제일 흥미로워한다네. 사람이 사람 이야기를 좋아하는 것을 나무랄 수는 없지. 그래서 나는 설교할 때 종종 두 종류의 사람 이야기를 들려준다네. 한 사람은 어떤 일에 성공한 사람, 또 한 사람은 어떤 일에 실패한 사람 말일세. 두 사람의 이야기를 재미있는 일화로 풀어내 비교하면 신도들이 깊은 관심을 갖는다네. 나는 성공한 사람과 실패한 사람의 이야기를 통해 자연스럽게 하나님의 말씀을 전하는 것이지."

나는 목사 친구의 말에 공감했습니다. 그는 연설에서 사람 이야기가 얼마나 청중의 관심을 끄는지 잘 알고 있었지요. 그런 까닭에 그는 설교를 재미있게 하는 목사로 이웃 마을에까지 소문이 자자했던 것입니다.

청소년 여러분도 곰곰이 생각해보세요.

다른 사람과 친구들에 관한 이야기를 주고받으면 왠지 재미있지 않던가요? 누가 게임을 잘하고, 누가 노래를 못하고, 누가 누구를 좋아한다는 식의 이야기 말이에요. 그때 자리에 없는 친구를 모함하거나 친구의 허락 없이 비밀을 함부로 털어 놓으면 절대 안 되지만, 사람에 관한 이야기만큼 귀가 솔깃한 것도 드물지요.

또 선생님께서 위인들의 일화를 들려주면 그냥 단조롭게 수업할 때보다 집중력이 높아지지 않던가요? 그 이유는 위인의 일화가 바로 사람 이야기이기 때문입니다. 많은 사람들이 알고 있는 위인들의 성공과 실패에 관한 이야기는 자연스럽게 교훈을 전하지요. 학생들이 그냥 재미있게 듣다 보면 스스로 깨우치는 것이 있다는 말입니다.

시청자들에게 인기 있는 텔레비전 프로그램을 봐도 사람 이야기를 다루는 경우가 아주 많습니다. 그 대상이 유명인이든 평범한 이웃이든 사람 이야기만큼 시청자의 관심을 끄는 소재도 별로 없지요. 사람들은 타인의 삶을 들여다보며 자신의 삶이 나아갈 바를 깨닫습니다. 타인의 이야기를 통해 마치 거울을 들여다보듯 자신을 돌아보게 됩니다.

그러므로 여러분이 청중의 관심을 끄는 연설을 하고 싶다면, 무엇보다 사람 이야기를 많이 준비해야 합니다. 그 어떤 사례도 사람에 관한 이야기만큼 청중을 몰입시키지는 못하지요. 우리 모두 인간이니까, 어떤 것보다 사람에 대해 호기심을 가질 수밖에 없습니다.

# 03

## 구체적으로 이야기해

다른 장에서도 강조했지만, 연설 내용은 구체적일수록 좋습니다. 연설자가 막연하게 이야기하면 청중이 그 내용을 제대로 이해하기 어렵지요.

다음의 2가지 이야기를 비교해보세요.

(가) 마르틴 루터는 어린 시절에 고집이 셌다.

(나) 마르틴 루터는 엄마에게 고집을 부리다가 회초리를 20대나 맞은 적이 있다.

여러분은 2가지 이야기 중 어느 쪽에서 마르틴 루터가 고집이 셌다는 사실이 더 실감나나요?

네, 대부분 (나)라고 대답하겠지요. 왜냐하면 (가)에 비해

(나)가 구체적인 설명이기 때문입니다. 하나 더 예를 들어보지요.

> (가) 마이클 리는 가난하지만 정직한 부모 밑에서 태어났다. 그의 부모는 시장에서 튀김 장사를 하며 자식들을 키웠다.
>
> (나) 마이클 리의 부모는 시장에서 튀김 장사를 하며 싸구려 기름을 쓰거나 무게를 속이는 법이 없었다. 그래서 돈을 잘 벌지 못했지만, 열심히 자식들을 키웠다.

여러분은 (가)와 (나) 중 어느 쪽 이야기에서 마이클 리 부모님의 정직함이 더 잘 느껴지나요?

당연히 (나)가 마이클 리 부모님의 올바른 인성을 나타내는 데 훨씬 효과적입니다. '싸구려 기름을 쓰거나 무게를 속이는 법이 없었다'라는 말이 (가)의 '정직한'이라는 단순한 표현보다 구체적이기 때문이지요.

그처럼 연설자는 되도록 구체적인 이야기를 청중에게 들려줘야 집중력과 이해력을 높일 수 있습니다. 괜히 전문적인 용어를 자주 쓰거나 두루뭉술하게 표현해서는 청중의 공감을 얻기 힘들지요. 진짜 전문가는 평범한 사람들까지 알아듣게 자신의 지식을 쉽게 설명할 줄 압니다. 노련한 연설자는 예를 들어 그냥 '아름답다'가 아니라 어디가 어떻게 매력적인지 구체적으로 이야기하지요.

나는 앞서 제9장에서도 구체적인 사례의 중요성을 설명했습니다. 그 방법으로는 '그림'과 '비교'를 들 수 있지요.

여기서 그림이란, 청중이 연설을 들으며 머릿속에 그림을 그리게 하라는 뜻입니다. 만약 연설자가 요리에 관해 말하며 재료와 조리 과정을 청중이 머릿속에 그림으로 그릴 수 있게 하면 성공적인 연설에 가까워진다는 것이지요. 아울러 양이나 크기 따위를 설명할 때 청중이 이미 알고 있는 어떤 대상과 비교하면 이해력이 더욱 커진다는 의미입니다.

- 제 도끼에 발등 찍힌다.(한국 속담)
- 싱가포르의 국토 면적은 서울과 비슷하다.

연단의 연설자가 위 속담을 들려준다면 청중의 머릿속에 도끼에 찍힌 자기 발등이 떠오르며 고통까지 상상하게 되지 않을까요? 또 그냥 작은 나라라고 말하는 것보다, 서울만 한 크기라는 표현으로 싱가포르가 얼마나 작은지 실감할 수 있지 않나요? 이와 같은 구체적인 연설을 통해 청중이 연설자에게 좀 더 관심을 기울이게 됩니다.

## [열네 번째 이야기] 핵심을 잘 파악해요

쓸데없이 말이 많은 사람이 있습니다. 주위가 산만해 앞뒤 없이 이런저런 이야기를 막 쏟아내는 사람도 있지요. 그런 사람들일수록 무엇을 말하려는지 감을 잡기 쉽지 않습니다.

그렇다고 조리 있게 말하는 사람들하고만 이야기하며 살 수는 없는 노릇입니다. 누구와도 원만하게 대화를 나눌 줄 알아야 하지요. 세련된 말재주가 없는 사람의 말뜻을 제대로 헤아리는 것은 매우 훌륭한 능력입니다.

생쥐든 코끼리든 심장은 하나뿐입니다. 심장이 쉴 새 없이 움직여 신선한 피를 계속 돌리기 때문에 생명을 유지할 수 있지요. 그 동물이 죽었는지 잠들었는지 알고 싶다면 심장의 위치를 파악해 귀를 대보면 됩니다.

우리가 나누는 대화도 마찬가지입니다. 대화의 심장이 어느 부분인지 알아채 좀 더 가까이 귀를 기울여보아야 하지요. 그러면 엄청나게 말을 쏟아 부어도 그 사람이 무엇을 이야기하려는지 핵심을 알아챌 수 있습니다. '대화의 심장'을 알면 '대화의 덩치'가 아무리 커도 그 뜻이 정확하게 느껴진다는 말입니다.

출처 - 『초등 대화 기술』(하늘땅사람 지음, 도서출판 책에반하다)

# 제 **15** 장

## 청중의 행동 **이끌어내기**

# 01

## 청중의 마음을 움직여

청중이 연설을 듣고 나서 스스로 변화하게 하려면 마음을 움직여야 합니다. 청중의 마음이 움직이지 않는데 억지로 달리 행동하게 해봤자 아무 소용없는 일이지요. 연설자로서 다른 사람들의 마음을 움직이는 것은 아무나 갖지 못하는 특별한 재능입니다.

그럼 청중의 마음과 행동을 차례로 변화시키기 위해 연설자는 어떻게 해야 할까요?

첫 단계는 청중이 주목을 받아야 합니다. 연단에 서 있는 연설자를 향해 청중이 기대어린 눈길을 보내도록 만들어야 하지요. 기대가 없으면 관심을 갖지 않는 법이니까요.

청중의 주목을 받으려면 무엇보다 연설 준비를 철저히 해야 합니다. 연설을 시작하면서부터 청중의 집중력을 불러일으킬 만한 내용을 이야기하도록 노력해야 하지요. 다른 조건들이 아무리 훌륭해도 내용이 부실한 연설은 결코 성공할 수 없습니다.

그리고 이미 다른 장에서 설명했듯 강연장 분위기와 연설자의 몸가짐도 중요합니다. 적절한 넓이의 강연장과 조명 시설, 연설자의 단정한 옷차림과 세련된 제스처 등이 청중의 몰입을 돕지요. 청중이 연설자에게 주목하면 성공적인 연설의 첫 단추를 잘 채우는 셈입니다.

그 다음 두 번째 단계는 청중의 신뢰를 얻는 것입니다. 청중의 신뢰를 얻지 못한 연설자는 어떤 말을 해도 믿음을 주지 못하지요.

청중의 신뢰를 얻기 위해 연설자가 반드시 갖춰야 할 태도는 진실성입니다. 아무리 똑똑하고 재치 넘치는 연설자라 하더라도 진실성이 없으면 청중의 행동 변화를 이끌어낼 수 없지요. 여러분 주변에서도 솔직하고 꾸밈없는 친구들이 더 인기 있지 않나요? 인간은 언제나 진실한 사람에게 마음을 열게 마련입니다.

나는 어느 유명인의 강연에 참석했다가 청중이 보인 뜻밖의 반응에 놀란 적이 있습니다. 그날의 연설 분위기는 대체로 좋았습니다. 연설자가 워낙 유명한데다 말솜씨가 뛰어났기 때문이지요. 자기 분야에 대해 아는 것도 많아 전문성까지 갖춘 연설이었습니다.

그런데 그처럼 화기애애하던 연설이 끝나고 나서 많은 청중의 얼굴에 왠지 모를 공허함이 엿보였습니다. 한마디로 재밌는 연설이기는 한데, 청중의 행동 변화를 이끌어낼 만한 수준은 아니었지요.

그 이유는 바로 연설자의 진실성이 부족했기 때문입니다. 그날의 연설자는 마치 쇼를 하듯, 줄곧 청중 앞에서 가면을 쓰고 연기하는 것처럼 보였지요. 강연에 참석한 사람들은 텔레비전에서 보던 그의 모습을 또다시 확인하려고 그 자리에 모인 것이 아니었습니다. 그들은 연설자에게서 그동안 접하지 못했던 진실성을 느끼고 싶어 했지요. 진실성은 연설자가 청중 앞에서 반드시 갖춰야 할 올바른 자세입니다.

# 02

## 개인적인 경험을 들려주고 귀를 열어

청중은 연설자의 개인적인 이야기에 관심이 많습니다. 때때로 유명인의 일화를 들려줘 청중의 호기심을 자극하는 것도 좋지만, 연설자 자신의 특별한 경험담을 털어놓아 친밀감을 느끼게 할 필요가 있지요. 청중이 연설자에게 친밀감을 가져야 스스로 행동의 변화에 나서게 됩니다.

같은 날 다른 장소에서 2명의 전문가가 강연한다고 가정해 보겠습니다.

그중 한 명의 전문가는 이론 중심의 연설을 한다고 알려져 있습니다. 그는 인터넷에서 다양한 사람들의 사례를 조사해 청중에게 들려주지요. 그리고 다른 한 명의 전문가는 이론보다 자기가 실제 관찰하고 경험한 사례를 중심으로 연설합니다. 그는 이따금 자신의 비밀스런 이야기까지 솔직히 덧붙여 청중을 깜짝 놀라게 하지요.

만약 여러분이 청중이라면 어느 쪽 강연에 참석하고 싶나요?

나라면 두 번째 전문가의 강연장으로 발걸음을 옮기겠습니다. 연설자가 직접 자기 이야기를 들려주는 것만큼 청중을 실감나게 하는 것도 없으니까요. 그런 연설을 들으면 마치 연설자가 내 앞에서 개인적인 비밀 이야기를 털어놓는 것처럼 느껴지기도 합니다.

사실 대부분의 사람들은 유명인의 일화를 듣고 어떤 변화를 행동으로 옮기지 않습니다. 유명인의 삶은 나와 전혀 다른 딴 세상 이야기처럼 여겨지는 탓이지요. 그러나 눈앞에 서 있는 평범한 연설자가 자신의 개인적인 경험담을 들려주면 너나없이 진지한 관심을 보이게 됩니다. 그 정도 변화는 누구나 행동으로 옮길 수 있다는 자신감이 들기 때문이지요.

그리고 한 가지 더 강조한다면, 연설자가 청중의 의문과 질문에 귀를 열어야 한다는 것입니다. 연설자의 관찰과 경험은 지극히 개인적인 것이므로 일부 청중의 생각이 다를 수 있지요. 당연한 말이지만, 어느 누구도 다른 사람에게 자신의 생각을 강요할 수는 없습니다. 그러므로 연설자는 청중이 고개를 가로젓거나 정반대의 의견을 내더라도 기꺼이 귀를 기울여야 합니다. 그래야만 그들도 연설자가 바라는 대로 행동을 변화시킬 가능성이 있으니까요.

상대방을 너그럽게 만들려면 나부터 상대방의 비판을 흔쾌히 받아들여야 합니다. 그와 같은 마음을 가진 연설자에게 청중은 친밀감을 보이며 연설의 내용을 신뢰합니다.

# 03

## 동기 부여가 필요해

'동기 부여'란, 어떠한 목적이나 이루고자 하는 목표를 위해 노력하도록 동기를 자극하는 것을 말합니다. '동기'는 어떤 일이나 행동을 일으키게 하는 계기를 일컫지요.

그러므로 연설자가 청중의 행동 변화를 이끌어내려면 적절한 동기 부여를 해줘야 합니다. 청중이 스스로 움직일 계기를 마련해줘야 한다는 뜻이지요. 청중에게 동기 부여를 하는 가장 좋은 방법은 인간의 욕망을 북돋는 것입니다.

인간에게는 다양한 욕망이 있습니다. 그중에는 이익을 얻으려는 욕망, 자신을 보호하려는 욕망, 타인에게 인정받으려는 욕망 등도 포함되지요. 연설자가 그런 욕망들을 올바른 방향으로 자극하면 청중이 행동에 변화를 가져오게 됩니다.

연설자가 이익을 얻고 싶어 하는 욕망을 북돋우면 청중이 어떻게 달라질까요?

많은 사람들이 경제적 이익을 얻겠다는 동기 부여가 돼 더욱 부지런히 일하게 됩니다. 아침 일찍 일어나 일터로 나가고, 쓸데없는 낭비를 삼가겠지요. 꼭 물질적인 이익이 아니더라도 인간관계나 취미 활동 등에서 무언가를 얻고 싶어 좀 더 열심히 생활하게 됩니다.

연설자가 자신을 보호하려는 욕망을 북돋우면 청중이 어떻게 달라질까요?

많은 사람들이 젊을 적에는 건강의 소중함을 잘 느끼지 못합니다. 그러나 연설자가 건강을 잃어버린 삶의 위험성을 제대로 설명하면, 그것이 동기 부여가 돼 지금부터라도 건강관리를 철저히 하게 되지요. 또 위험한 놀이나 장난이 가져올 손해와 고통을 실감나게 이야기하면 많은 사람들이 자신의 잘못된 생활방식을 되돌아보는 계기가 될 것입니다.

그리고, 연설자가 타인에게 인정받으려는 욕망을 북돋우면 청중이 어떻게 달라질까요?

누군가에게 인정받으려는 욕망은 자칫 비뚤어진 탐욕으로 나타날 수도 있습니다. 어떤 사람들은 타인 앞에서 비굴하거나 폭력적인 모습을 내보이기도 하지요. 하지만 그 욕망이 올바른 방향으로 발전하면 인생에 더욱 최선을 다하는 긍정적인 변화를 가져옵니다. 바로 그런 면에서 연설자의 역할이 필요하지요.

연설자가 타인에게 인정받으려는 욕망을 북돋우면 청중이 자신의 삶에 충실하게 됩니다. 학생이라면 공부에 열중하고, 직장인라면 회사 생활에 열정을 불사르겠지요. 사람에게 동기 부여를 하는 데 욕망을 자극하는 것만큼 좋은 방법도 없습니다.

수년 전 나에게 한 대학생 축구 선수가 찾아와 고민 상담을 한 적이 있습니다. 그는 나중에 유럽 프로 리그로 가서 활동하는 선수가 되고 싶은데 실력이 별로 늘지 않아 걱정이었지요. 내가 그에게 물었습니다.

"혹시 학생은 술이나 담배를 하나요?"

"네, 둘 다 종종 합니다. 경기에 진 날에는 과음하기도 하고요."

나는 그의 말을 듣고 심각한 표정을 지었습니다. 운동선수가 술과 담배를 즐기는 것은 바람직하지 않지요. 그러나 나는 그 점을 꾸짖기 전에 프로 선수가 되는 미래의 멋진 모습을 새삼 일깨워주었습니다.

"지금까지 축구를 했으면 프로 선수가 되어 관중의 환호를 들어봐야 하지 않겠어요? 그 무대가 유럽 프로 리그라면 더 바랄 나위 없겠지요. 재능에 앞서 중요한 것이 절제와 노력입니다. 지금부터라도 학생이 마음가짐을 단단히 한다면, 설령 유럽이 아니더라도 어느 무대에서나 인정받는 프로 선수가 될 수 있을 겁니다."

그로부터 몇 달이 지나고 나서, 나는 그 선수의 이름을 신문에서 보게 되었습니다. 그가 큰 대회에서 두 골이나 넣었다는 기쁜 소식이었지요. 그는 인터뷰 기사에서 술과 담배를 완전히 끊었다는 말도 했습니다. 그날 나의 상담이 그에게는 축구에 더욱 최선을 다하는 동기 부여가 됐던 것이지요. 내가 축구에 대한 그의 욕망을 긍정적으로 북돋웠던 것입니다.

## [열다섯 번째 이야기] 가르치려고 하지 말아요

고대 그리스 철학자 소크라테스는 진리 탐구의 방법으로 '대화법'을 사용했습니다. 대화법이란 상대방에게 질문하고 답을 얻는 과정을 통해 조금씩 올바른 개념에 다다르는 것이지요.

소크라테스처럼 위대한 철학자가 제자들에게까지 자기 생각을 무조건 강요하지 않았다는 사실이 놀랍지 않나요? 소크라테스는 지식의 길잡이 역할만 한 채 제자들이 스스로 깨닫도록 참을성 있게 기다려주었습니다.

그런데 우리는 얕은 지식을 밑천으로 너무 쉽게 상대방을 가르치려 들고는 합니다. 조금만 잘못해도 상대방을 꾸짖으며 충고를 늘어놓지요. 그런 상황에서 상대방이 깨달음을 얻기는 어렵습니다. 오히려 반감만 사기 십상이지요.

우리는 소크라테스의 대화법을 일상생활을 하며 나누는 대화에도 적용할 필요가 있습니다. 섣불리 남을 가르치려 들 것이 아니라, 이런저런 이야기를 통해 상대방이 스스로 느끼고 깨닫게 해야 바람직하다는 말이지요. 그러다 보면 우리는 오히려 자신의 생각이 틀렸다는 것을 깨우치게 될 때도 있습니다.

출처 – 『초등 대화 기술』(하늘땅사람 지음, 도서출판 책에반하다)

연설을 잘한다는 것은 말을 잘한다는 것과 크게 다르지 않습니다. 말을 잘한다는 의미는 겉만 번지르르하고 내실 없는 사탕발림이 아니라, 상대방이 마음을 열고 진정으로 귀 기울이게 하는 능력을 일컫지요. 나아가 말을 잘하면 상대방에게 감동을 줄 수도 있습니다.

그럼 말을 잘하고 연설을 잘하려면 어떻게 해야 할까요?

첫째, 모국어를 정확하고 세련되게 구사할 줄 알아야 합니다.

여러분에게 모국어는 다름 아닌 한국어입니다. 요즘은 워낙 영어의 중요성을 강조하다 보니 오히려 모국어 능력을 가볍게 여기는 경향이 있지요. 하지만 언어학자들은 모국어를 잘하는 사람이 외국어도 수준 높게 구사하게 된다고 강조합니다. 설령 영어 실력이 좋아도 모국어로 말하고 쓰는 능력이 형편없으면 금방 한계를 드러내고 말지요.

"교육의 중요한 역할 중 하나는 학생들이 모국어를 정확하고 품위 있게 사용하도록 가르치는 것이다."

미국 하버드대학교 총장을 지낸 찰스 엘리엇이 한 말입니다. 한마디로 모국어 능력은 그 사람의 언어 수준을 보여주며, 그것은 곧 말하고 연설하는 능력과 비례합니다.

둘째, 독서를 습관화해야 합니다.

요즘은 인터넷 문화가 발달해 책을 읽는 사람이 점점 줄어드는 시대입니다. 굳이 독서하지 않아도 쉽게 정보를 얻을 수 있고, 책 읽은 것보다 재미있는 일이 주위에 수두룩하기 때문이지요. 그러나 독서는 여전히 인간의 사고 능력과 언어 능력을 키워주는 가장 훌륭한 수단입니다. 그것은 인터넷 검색을 통해 얻는 단순한 정보와 달라, 세상에 대한 깊이 있는 인식과 올바른 삶의 가치관을 갖게 하지요.

미국의 종교학자 존 브라이트는 15살까지만 학교 교육을 받았습니다. 그 이후에는 생계를 꾸리느라 공장에서 일해야 했지요. 하지만 그는 훗날 최고의 종교학자이자 유명 연설자로 이름을 떨쳤습니다. 그가 성공을 이룬 밑바탕에는 바로 독서가 있었지요. 그는 "도서관에 올 때마다 인생이 별로 길지 않다는 사실이 슬프다. 이렇게 읽을 책이 많은데 시간은 한정돼 있으니까."라고 고백할 정도로 독서를 좋아했습니다.

셋째, 주변 사람들이 가진 장점을 배워야 합니다.

'세상 모든 사람들에게서 배울 점을 찾는 사람이 가장 슬기롭다.'

이것은 오랜 세월 동안 유대인의 정신적 지주 역할을 해온 『탈무드』에 나오는 구절입니다. 나 아닌 모든 사람들에게 배울 점이 있으니, 그것을 정확히 알아채 자신의 발전에 도움이 되게 하라는 뜻이지요.

하지만 나는 그 말을 조금 수정하고 싶습니다. 주위 사람들에게서 배울 점을 찾되, 그럴 만한 자격을 갖춘 사람들로 한정해야 하지요. 특히 언어 능력은 어떤 사람들과 가까이 하느냐에 따라 크게 영향을 받습니다. 여러분 주위에 욕설이나 험한 말을 하는 친구들이 많으면 자기도 모르게 종종 그런 모습을 보이는 것처럼 말이지요.

그와 달리 여러분 주변에 독서를 좋아하고 품위 있는 언어를 사용하는 친구들이 많으면 자신도 그 영향을 받는 것을 느끼게 됩니다. 에이브러햄 링컨은 평소 문학인들과 자주 자리를 함께했지요. 그는 문학인들을 통해 다채로운 언어 표현 방법을 배우고 상대방을 설득하는 요령을 터득했습니다. 만약 링컨이 정치인들하고만 교류했다면 남다른 연설 실력을 갖기 어려웠을지 모르지요. 그러니 여러분도 정확하고 품위 있게 말하는 친구들과 가까이 지내며 자신의 언어 습관을 돌이켜볼 필요가 있습니다.

넷째, 상투적인 말 대신 늘 새로운 표현을 공부해야 합니다.

'상투적'이란 '늘 써서 버릇이 되다시피 한'이라는 뜻입니다. 연설자가 연단에 올라 상투적인 표현만 늘어놓는다면 청중의 관심을 끌지 못합니다. 똑같은 내용이라 하더라도 참신한 표현으로 이야기해야 청중의 몰입을 이끌어낼 수 있지요. 사람들은 새로움 없이 지루하게 이어지는 일이나 말에 금세 흥미를 잃어버리기 일쑤입니다.

그렇다면 상투적인 말 대신 새로운 표현을 사용하기 위해 어떤 노력을 해야 할까요?

앞서 독서의 중요성을 설명했는데, 책을 읽는 태도에도 옳고 그름이 있습니다. 어떤 사람은 한 권의 책을 읽어도 그냥 별 생각 없이 스토리만 따라갈 뿐이지요. 그에 비해 어떤 사람은 책의 내용을 여러 번 곱씹으면서, 낯선 단어와 개념어들을 공부합니다. 그는 자기가 모르는 어휘를 발견하면 당장 사전을 찾아 정확한 의미를 익히지요. 꼭 책이 아니라 신문 등을 읽을 때도 마찬가지입니다. 그러다 보면 연설자로서 갖는 언어 능력도 훨씬 발전하게 되지요.

캐슬린 노리스는 아름다운 문체를 구사했던 작가로 잘 알려져 있습니다. 노리스는 자신이 쓴 글을 몇 번이나 반복해서 퇴고했지요. 그녀는 "나는 내가 쓴 글을 읽어보며 진부한 표현을 찾아내는 데 집중합니다. 독자들은 상투적인 표현에서 아무런 감동도 느끼지 못하니까요."라고 말했습니다. 그 원칙은 연설에도 똑같이 적용할 수 있습니다.

말과 연설은 그 사람의 품격을 드러냅니다. 말하고 연설하는 것만 들어봐도 그 사람이 어떤 환경에서 일하며, 어떤 사람들과 친하게 지내는지 짐작할 수 있지요. 그 사람의 교육 수준과 교양도 헤아릴 수 있고요.

그러므로 어떻게 말하고 연설하는지는 여러분의 삶에 아주 중요합니다. 인생을 살아가다 보면 무슨 내용을 어떻게 말하고 연설하는지에 따라 자신을 평가받는 순간이 종종 있지요. 그런 점에서, 나는 여러분이 이 책을 통해 말하고 연설하는 능력을 조금이나마 향상시키기를 바랍니다. 어린 시절부터 그렇게 노력하면 훗날 대학생이 되고 사회인이 되었을 때 좀 더 효과적으로 자신을 표현할 수 있습니다.